Une Vie Bénie

Une Vie Bénie

Discours sur la vie spirituelle
par
Swami Ramakrishnananda Puri

Mata Amritanandamayi Center, San Ramon
Californie, États-Unis

Une Vie Bénie
Discours sur la vie spirituelle
par Swami Ramakrishnananda Puri

Publié par :
Mata Amritanandamayi Center
P.O. Box 613
San Ramon, CA 94583
États-Unis

Première édition par le Centre MA : septembre 2016

En France :
Ferme du Plessis
28190 Pontgouin
www.ammafrance.org

En Inde :
www.amritapuri.org
inform@amritapuri.org

Dédicace

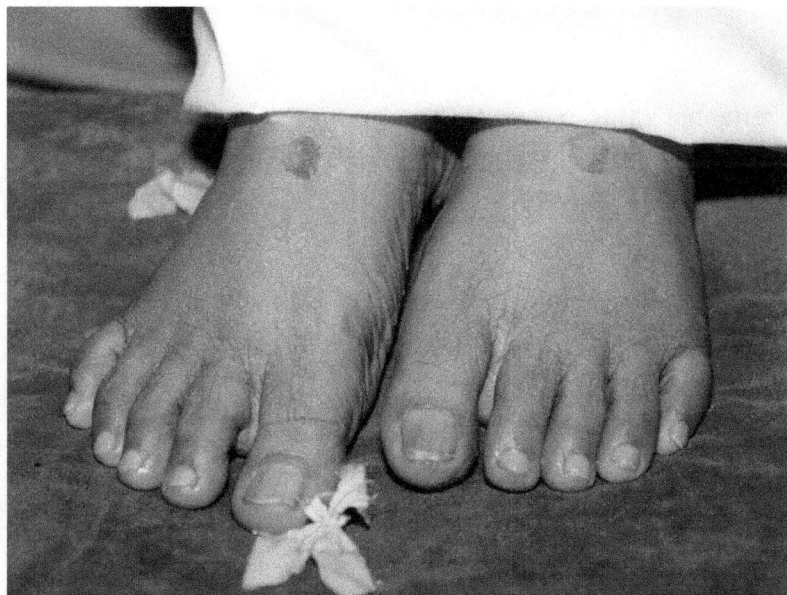

*J'offre humblement ce livre aux pieds de lotus
de mon Satguru bien-aimé,
Sri Mata Amritanandamayi .*

Durlabhaṁ trayam ev'aitat daiv'ānugraha-hetukam;
manuṣyatvaṁ mumukṣutvaṁ mahā-puruṣa-saṁśrayah.

Trois choses sont difficiles à obtenir : une naissance humaine, le
désir intense de la libération et le lien avec une grande âme. Elles
sont le fruit de la grâce divine.

–Viveka Chudamani I.3

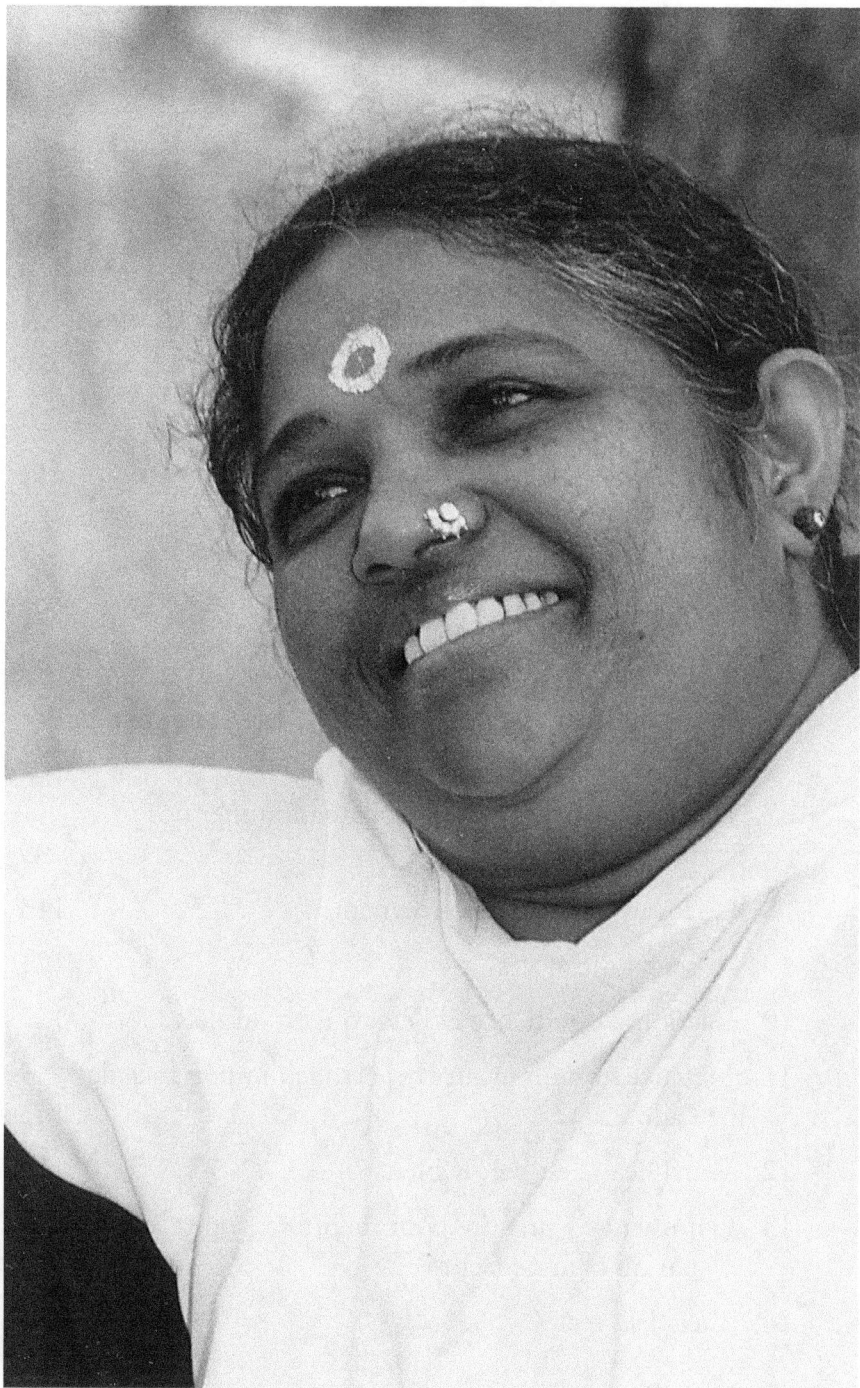

Table des Matières

Introduction

À vingt-deux ans, je travaillais dans une banque au sud du Kérala et je ne m'intéressais guère à la spiritualité. Bien qu'ayant grandi au sein d'une famille brahmane traditionnelle, je n'avais jamais vraiment réfléchi à la religion ni à la spiritualité. Jusqu'au jour où, à la banque, un client m'a parlé d'une jeune sainte, connue sous le nom d' « Amma », et qui vivait dans un village de pêcheurs tout proche. Sur un coup de tête, j'ai décidé un soir d'aller la voir, après le travail. Je voulais être muté dans une banque de ma ville natale et je me disais que si c'était vraiment une sainte, sa bénédiction m'aiderait pour ce projet.

Amma se trouvait à l'intérieur d'un temple minuscule et je fus stupéfait de découvrir qu'elle bénissait les gens en les prenant dans ses bras, l'un après l'autre. Quand mon tour est arrivé, j'ai fait comme tout le monde : à genoux face à elle, je posai la tête sur ses genoux. Et, tandis qu'elle me serrait dans ses bras, je me suis mis spontanément à pleurer à chaudes larmes. Cela ne m'était pas arrivé depuis mes années d'écolier et pourtant, dans ses bras, j'avais les joues ruisselantes de larmes. Je ne comprenais pas ce qui m'arrivait. Je pensais : « Tout va bien dans ma vie, je ne suis pas triste du tout, pourquoi est-ce que je pleure comme ça ? » C'était comme si mon cœur s'était complètement ouvert. Je me sentais totalement vulnérable, et pourtant, en parfaite sécurité et merveilleusement léger. Moi qui étais venu pour lui demander sa bénédiction, je me suis retrouvé incapable de prononcer un mot.

Mais ce soir-là, autre chose m'a impressionné plus profondément encore. Le *darshan*[1] touchait à sa fin et on a invité la

---

[1] Le mot « darshan » signifie littéralement « voir ». Il est traditionnellement employé pour désigner la rencontre avec un saint ou bien la vue d'une

dernière personne à entrer. Un lépreux nommé Dattan a pénétré dans le temple et s'est approché d'Amma. Il était atteint d'un type particulier de lèpre qui le couvrait de nombreuses crevasses d'où suintaient du pus et du sang. Une forte puanteur se dégageait de ses plaies. Presque tout le monde dans le temple semblait horrifié et complètement dégoûté. On se bouchait le nez avec un mouchoir. Ceux qui redoutaient la contamination sont sortis du temple en catastrophe. Je m'apprêtais à les suivre quand quelque chose m'a retenu. La scène dont j'ai alors été témoin a dépassé tout ce que j'aurais pu imaginer.

Sans marquer la moindre hésitation, et le visage rayonnant de compassion, Amma a accueilli Dattan, qui s'est agenouillé devant elle. Elle a posé sa tête sur ses genoux et s'est mise à examiner ses blessures. Puis, à ma profonde stupéfaction, elle a sucé le pus de certaines plaies pour le recracher dans un bol. À d'autres endroits, elle a enduit la peau de sa salive[2]. À cette vue, le vertige m'a pris et j'ai cru que j'allais m'évanouir. Dans l'assistance, d'autres personnes avaient fermé les yeux, incapables de supporter un tel spectacle.

Amma l'a soigné pendant près de dix minutes. Elle lui a ensuite appliqué de la cendre sacrée sur le corps.

Je me suis dit : « Suis-je en train de rêver ou est-ce bien la réalité ? » J'étais, je le sentais bien, en présence d'un être qui surpassait même Dieu en amour et en compassion. Une mère hésiterait à agir ainsi pour son propre enfant, mais voilà que quelqu'un faisait cela pour un mendiant atteint de la lèpre !

---

représentation de Dieu (image, statue …) ou encore l'expérience d'une vision de Dieu. Dans ce livre, « darshan » se réfère à l'étreinte maternelle d'Amma, qui est aussi une bénédiction.

[2] On dit que la salive d'un maître spirituel authentique a des propriétés curatives. En effet, en quelques années, les plaies de Dattan se sont cicatrisées et, encore aujourd'hui, il vient à l'ashram, avec quelques cicatrices, mais il ne souffre plus de cette terrible maladie.

Instinctivement, je sentais que le lépreux était plus en sécurité auprès d'Amma que n'importe où ailleurs. Et c'est à cet instant-là que j'ai décidé que quoi qu'il arrive, je resterai toujours avec Amma, et que je ne la quitterai jamais.

Quand je suis venu la voir la fois suivante, Amma m'a invité à m'asseoir près d'elle pour méditer. Je lui ai avoué que je n'avais jamais médité de ma vie. Elle a souri et m'a assuré : « Pas de problème. Assieds-toi simplement là et ferme les yeux. » Je me suis contenté de faire ce qu'elle m'avait dit. J'ai fermé les yeux et rapidement j'ai fait l'expérience profonde d'une paix indicible. Au bout de ce que j'estimais être quelques minutes, j'ai ouvert les yeux et découvert que j'étais resté assis pendant trois heures ! J'ai cru que ma montre marchait mal et j'ai demandé l'heure. Il s'était bien écoulé trois heures. Même après, la joie et le bonheur ne m'ont pas quitté.

Cette légèreté a persisté le lendemain. Je suis allé à la banque mais je n'arrivais pas à me concentrer sur mon travail. Je me découvrais complètement détaché de tout. Il m'a fallu presque une semaine pour retrouver à peu près mon état habituel. Et même alors, je n'arrivais pas à oublier Amma ni le cadeau inexplicable qu'elle m'avait fait, par sa simple présence.

La troisième fois que je suis allé la voir, Amma m'a tendu une petite image de la Minakshi de Madurai, la représentation de la Mère Divine qui se trouve dans le célèbre temple de Madurai, la ville où je suis né. J'avais toujours rendu un culte particulier à cette déesse, mais comment Amma l'avait-elle su ?

À la suite de ces premières expériences, je me demandais souvent : « Qui est vraiment Amma ? » Il m'est arrivé parfois de lui poser la question directement. Elle ne m'a jamais répondu. Elle s'est toujours contentée de sourire. Un jour que je méditais sur la forme de Minakshi, intérieurement j'ai soudain vu Amma marcher vers la déesse et se fondre en elle. J'ai su que c'était la réponse à ma question : Amma est la Mère Divine Elle-même. J'en ai la profonde conviction.

Avant de la rencontrer, j'avais deux grands soucis dans la vie : le lit trop dur de la chambre que je louais et le manque de saveur de la nourriture. Je regrettais continuellement la maison familiale, la cuisine de ma mère et mon lit douillet. Du jour au lendemain, auprès d'Amma, je me suis mis à dormir chaque nuit à même le sable. Il n'y avait pas grand chose à manger et les repas étaient toujours très simples. Pourtant, je me sentais comblé.

Amma m'a montré que ce qui compte vraiment dans la vie, ce n'est ni le confort du corps ni le bonheur éphémère que nous offrent les plaisirs matériels et les relations humaines ordinaires, mais la réalisation de l'*Atman*, la lumière de la Conscience qui imprègne, soutient et éclaire l'univers entier, le Soi véritable de tous les êtres.

Si la religion nous attire, nous pensons peut-être que nous avons une âme. Nous imaginons alors, le plus souvent, l'âme comme une entité séparée et presque aussi limitée que le corps physique. Toutefois, le *Sanatana Dharma*[3] affirme qu'il n'y a qu'une seule Âme, présente dans tous les êtres. La meilleure façon d'expliquer ce qu'est cette Âme, ou le Soi, est de la décrire comme « le fait d'être conscient », la conscience du « je » libre de toute condition ou circonstance. Si nous regardons profondément en nous, nous découvrons que ce « je » est le seul élément permanent dans un monde impermanent, qu'il imprègne tout. En faire l'expérience dans toute sa pureté, c'est être absorbé pour toujours dans la béatitude suprême.

On demande un jour à Mullah Nasrudin :

– « Qu'est-ce qui est le plus nécessaire à l'humanité, le soleil ou la lune ? »

---

[3] Sanatana Dharma est à l'origine le nom de l'hindouisme. Il signifie « L'éternel mode de vie. »

– « La lune, bien sûr », répond Mullah sans hésiter. « Parce que c'est le soir que nous avons le plus besoin de lumière. »

Nous sommes comme Mullah qui ne comprenait pas que la lumière de la lune est celle du soleil, nous oublions que tout dans l'univers doit sa beauté et son charme à la lumière de l'Atman. Si nous voulons mener la vie bénie qu'Amma nous propose, il faut apprendre à nous centrer davantage sur le Soi. Cela ne veut pas dire ne plus savourer ce que le monde nous offre, mais plutôt cesser de complètement ignorer la Source du monde. Amma donne l'exemple d'un pique-nique : nous nous détendons dans un parc et nous sommes ravis de regarder le paysage, d'écouter les sons et de manger le délicieux repas que nous avons emporté, mais nous n'oublions pas pour autant notre maison et nous nous rappelons qu'il nous faudra bientôt rentrer. De même, nous ne devons jamais oublier le Soi, l'Atman, ni le fait que Cela seul restera avec nous pour toujours.

Amma nous accorde sa bénédiction en permanence. Que nous la recevions ou pas, cela dépend de notre ouverture. Si un seau est posé à l'envers, il ne va pas se remplir même s'il pleut à verse. Il fera toujours sombre à l'intérieur d'une pièce, même quand le soleil brille en plein été, si nous oublions d'en ouvrir les volets. De même, pour devenir réceptifs, il est possible que nous ayons à ajuster quelque peu notre mode de vie. Ce livre tente de faire le point sur ce que nous pouvons faire et sur les attitudes à adopter pour nous purifier afin de permettre à la grâce d'Amma de nous habiter et transformer notre vie en une véritable bénédiction.

Swami Ramakrishnananda Puri
Amritapuri, le 27 septembre 2005.

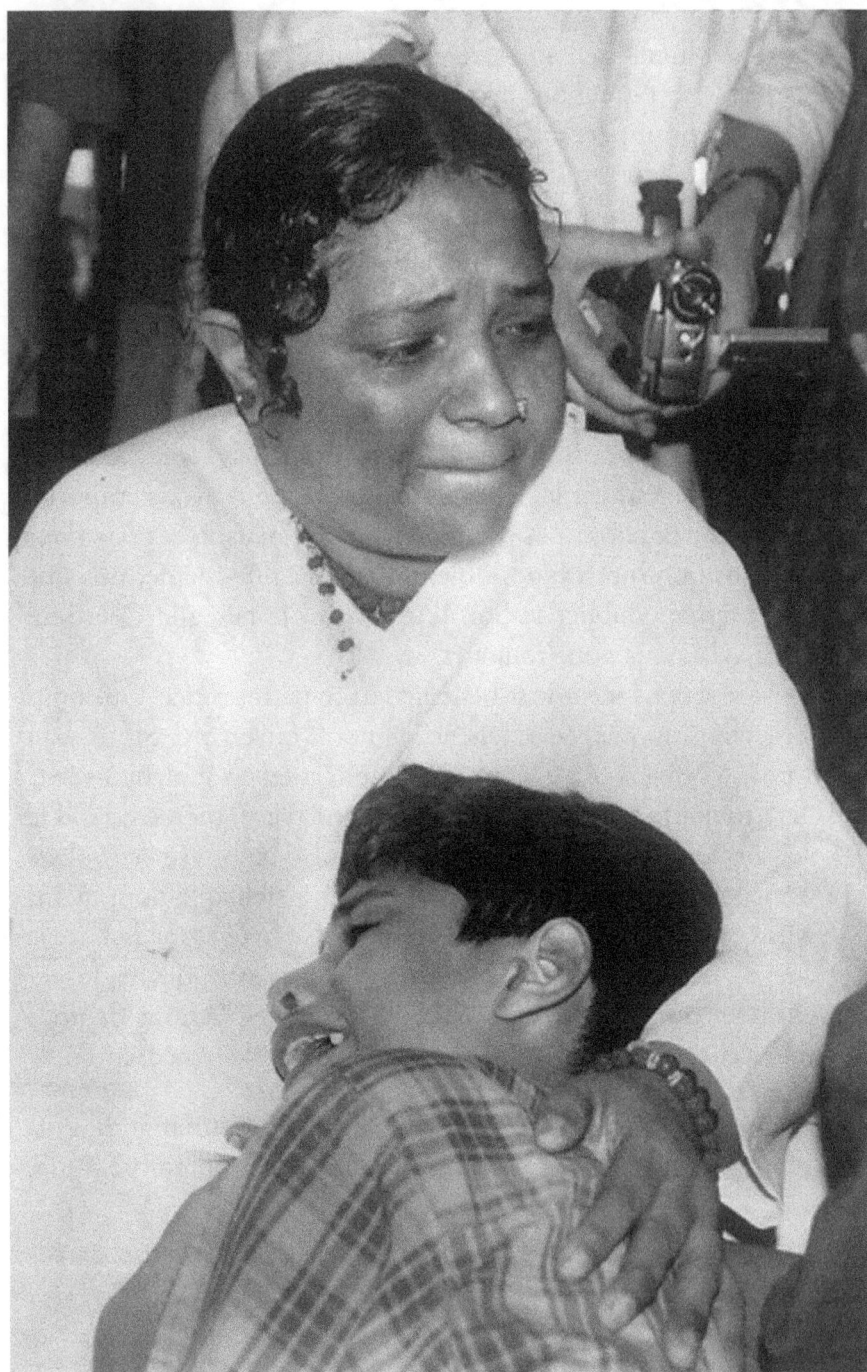

La vie d'Amma selon ses propres paroles.

« Tant qu'il y aura assez de force dans ces mains pour les tendre vers ceux qui viennent à elle et les poser sur l'épaule de celui qui pleure, Amma continuera de le faire… Caresser affectueusement les gens, les consoler et essuyer leurs larmes, voilà ce qu'Amma souhaite faire jusqu'au dernier souffle de cette enveloppe mortelle. »

Amma

Amma est née dans un village perdu sur la côte du Kérala, au sud de l'Inde. Elle dit qu'elle a toujours su qu'il existait une réalité supérieure, au-delà de ce monde changeant de formes et de noms. Encore enfant, Amma exprimait déjà son amour et sa compassion envers tous les êtres. « Un courant d'amour ininterrompu s'écoule d'Amma vers tous les êtres de l'univers. C'est la nature d'Amma. » dit-elle.

Au sujet de ses premières années, elle confie : « Dès l'enfance, Amma se demandait pourquoi les gens souffraient, pourquoi ils étaient pauvres, pourquoi ils mouraient de faim. Par exemple, dans la région où Amma a grandi, il arrive que les pêcheurs partent en mer mais n'attrapent rien, et doivent se passer de nourriture, parfois pendant plusieurs jours. Amma était très proche de ces villageois et a souvent eu l'occasion de comprendre la nature du monde en observant leur vie et leurs difficultés. »

« Amma était chargée de toutes les tâches domestiques, et par exemple, elle devait nourrir les nombreuses vaches et chèvres de la famille. Pour ce faire, elle devait se rendre dans une trentaine

17

ou une quarantaine de maisons du voisinage pour récupérer des pelures de tapioca ou d'autres épluchures. Chaque fois qu'elle allait chez les gens, elle les voyait toujours en train de souffrir, que ce soit à cause de leur grand âge, de leur pauvreté ou de quelque maladie. Amma s'asseyait à côté d'eux, elle les écoutait raconter leurs problèmes, partageait leur souffrance et priait pour eux. »

« Chaque fois qu'elle en avait le temps, Amma amenait les voisins chez ses parents. Là, elle leur faisait prendre un bain chaud, elle leur donnait à manger, prenait des choses chez elle pour les donner à ces familles qui mouraient de faim. »

« Amma a remarqué que lorsque les enfants sont petits, et qu'ils dépendent de leurs parents, ils prient pour que ceux-ci soient en bonne santé et vivent longtemps. Mais quand ces mêmes enfants deviennent adultes, ils considèrent leurs parents devenus vieux comme un fardeau. Ils pensent alors : « Pourquoi devrais-je me donner autant de mal pour eux ? » Les jeunes gens qui trouvent que c'est une corvée de nourrir leurs parents, de faire leur lessive et de les soigner sont ceux-là même qui priaient pour qu'ils vivent longtemps. Amma se demandait continuellement : « Pourquoi y a-t-il tant de contradictions dans ce monde ? Pourquoi n'y a-t-il aucun amour sincère ? Quelle est la véritable cause de toute cette souffrance et comment y remédier ? »

« Dès l'enfance, Amma savait que seul Dieu, le Soi, le Pouvoir Suprême, était la Vérité et que le monde n'était pas la réalité absolue. Ainsi, elle passait de longues périodes plongée en profonde méditation. Les parents d'Amma et les membres de la famille ne comprenaient pas ce qui se passait. Par ignorance, ils se sont mis à la gronder et à s'opposer à ses pratiques spirituelles. »

Mais Amma était plongée dans son propre monde, totalement détachée des critiques et des punitions infligées par sa famille. Nuit et jour, elle vivait dehors, à la belle étoile, sans manger ni dormir.

C'étaient les animaux qui prenaient soin d'elle et la tiraient de ses profondes méditations pour la nourrir.

Elle précise : « Qu'elle soit en méditation ou pas, et toute la journée, Amma cherchait à connaître la source du chagrin et de la souffrance qu'elle voyait autour d'elle. À un moment donné, elle a senti que la souffrance de l'humanité était due au karma des gens, que c'était le résultat de leurs actions passées. Mais Amma ne se satisfaisait pas de cette explication ; elle a continué à chercher plus profond. Alors, la réponse est venue de l'intérieur: « Si c'est leur karma de souffrir, n'est-ce pas ton dharma[1] de les aider ? Si quelqu'un tombe dans un fossé, est-il juste de poursuivre ton chemin en disant : « C'est son karma de souffrir ainsi. » ? Non, c'est notre devoir de l'aider à en sortir. »

« Dans son expérience d'unité avec la création, Amma a compris que le dessein de sa vie c'était d'élever le niveau spirituel de l'humanité souffrante. C'est à ce moment-là qu'elle a commencé sa mission spirituelle et qu'elle s'est mise à répandre ce message de vérité, d'amour et de compassion partout dans le monde en accueillant tous les êtres sans exception. »

Désormais, Amma passe la plus grande partie de l'année à voyager dans toute l'Inde et dans le monde, afin d'aider l'humanité qui souffre à progresser spirituellement grâce à ses paroles et à son étreinte affectueuse.

Son ashram abrite trois mille résidents auxquels s'ajoutent quotidiennement des milliers de visiteurs venus de toute l'Inde et de la planète entière. Inspirés par l'exemple d'Amma, résidents et visiteurs se vouent au service du monde. Grâce au vaste réseau d'œuvres caritatives d'Amma, ils construisent des maisons pour

---

[1] En sanscrit, dharma signifie « ce qui soutient (la création) ». Le mot est utilisé pour désigner différents aspects d'une même chose, selon le contexte. Ici, la traduction la plus proche est « le devoir ». Il y a d'autres significations possibles comme : la droiture, l'équité, et l'harmonie.

les sans-abri, accordent des pensions aux indigents et fournissent des soins médicaux aux malades. Partout dans le monde, on ne compte plus les gens qui participent à ce déploiement d'efforts et d'amour. Tout récemment, Amma a reçu l'éloge de la communauté internationale pour avoir consacré plus de vingt-trois millions de dollars à secourir et réadapter les victimes du tsunami en Inde, au Sri Lanka et dans les îles d'Andaman et de Nicobar.

« En fin de compte, assure Amma, l'amour est le seul remède qui puisse guérir les blessures du monde. Dans cet univers, c'est l'amour qui relie tout. Lorsque nous en prendrons conscience, tout désaccord cessera. Une paix durable régnera. »

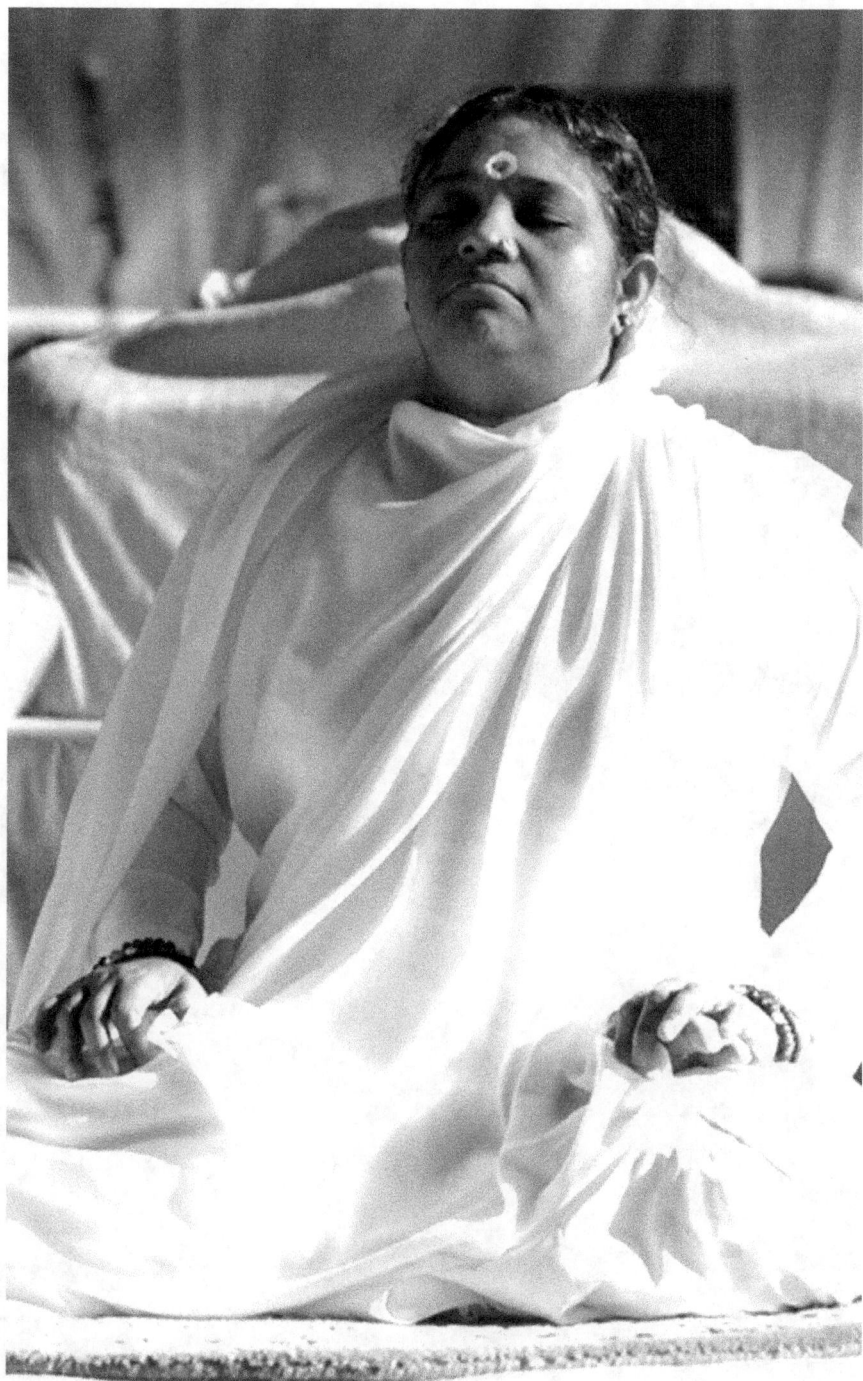

Première partie

Soyons reconnaissants de ce que nous avons

« *Il est précieux de naître en tant qu'être humain.*
C'est un don de Dieu. »

–Amma

Chapitre 1

Soyons heureux d'être nés humains

Bien que Dieu soit présent en tout être, en tout objet et dans tout l'espace entre les êtres et les objets, nous seuls, êtres humains, avons la capacité de réaliser notre unité innée avec la Conscience Suprême qui imprègne toute la création. Cette réalisation est en fait le but même de la vie. Si nous n'utilisons pas notre vie pour essayer d'atteindre ce but, nous nous embourbons toujours plus profondément dans les ornières de l'attachement et de la souffrance qui en résulte. Si nous ne sommes pas attentifs à nos pensées, à nos paroles et à nos actions, il se peut même que nous ayons à nous réincarner à un niveau inférieur.

On dit qu'avant d'atteindre un niveau qui permette d'atteindre une incarnation humaine, l'âme doit évoluer et s'incarner des millions de fois à des stades inférieurs qui vont du brin d'herbe à l'arbre, du vers à l'oiseau qui le mange, en passant par toutes sortes de formes et de tailles diverses. Une histoire bouddhiste traditionnelle raconte qu'un oiseau tenant un ruban de soie dans son bec survole une montagne une fois par an : à chaque passage de l'oiseau, le ruban frôle légèrement le sommet. Il faudrait autant de temps à l'oiseau pour éroder la montagne avec son ruban qu'il faut à l'âme pour évoluer avant d'atteindre le règne humain : Telle est la valeur inestimable d'une incarnation humaine.

L'incarnation humaine est une bénédiction, mais si nous n'en faisons pas bon usage, elle peut se transformer en malédiction. Sous le coup du désespoir, il arrive que les gens en viennent à s'écrier : « Plutôt mourir ! » Mais si nous proposons à l'un de ces désespérés un million d'euros pour lui acheter ses mains, il acceptera éventuellement de donner un rein, mais jamais ses mains, ni ses jambes, ni ses yeux, sa tête ou son cœur..., et la liste est loin d'être complète. J'ai récemment lu dans un magazine qu'une machine ne suffirait pas à accomplir toutes les fonctions du foie. Il faudrait une usine qui coûterait des millions d'euros. Si nous nous mettons à faire les comptes dans ce domaine, nous constatons que Dieu a beaucoup investi pour nous. Amma dit qu'en soi, un corps humain, même ordinaire, est un cadeau inestimable, sans parler des qualités humaines qui vont de pair avec ce corps. Malheureusement la plupart d'entre nous ignore comment faire bon usage de ce cadeau précieux qu'est une incarnation humaine. C'était mon cas avant que je rencontre Amma : je ne connaissais pas le but réel de la vie et je ne savais pas non plus comment on était censé la vivre.

Lorsque nous faisons l'acquisition d'un nouvel appareil, il y a toujours un mode d'emploi à l'intérieur de la boîte avec toutes les informations nécessaires pour utiliser cet appareil au mieux, de façon efficace et en toute sécurité.

Il y a cependant une exception : à la naissance, lorsque nous faisons l'acquisition de la vie, nous ne recevons aucun manuel pour expliquer le fonctionnement du corps, ni aucun guide de l'usager pour vivre en paix et heureux, ou comprendre la raison pour laquelle nous sommes nés en ce monde.

Si ce genre d'ouvrage existait, comme nous aimerions le lire à fond, de la première à la dernière page, tous les jours ! En fait, ce guide du bon usage de l'incarnation existe bel et bien : la vie et les enseignements d'un *satguru* comme Amma, (un authentique maître spirituel), constituent le plus clair et le meilleur des guides pour vivre pleinement, en harmonie totale avec la création tout entière.

L'être humain n'a pas été créé pour vivre comme n'importe

quel autre animal et se contenter de manger, dormir, procréer et survivre. Le but de l'incarnation humaine et du corps humain est de s'élever jusqu'à la Réalisation du Soi, c'est-à-dire de faire l'expérience que notre nature véritable n'est autre que la Conscience Suprême. Naturellement, des difficultés et des obstacles se présentent. Plus le but est élevé, plus il est difficile de l'atteindre. Par exemple, pour envoyer une fusée dans l'espace, il faut affronter bien des dangers et relever bien des défis : la fusée doit être capable de sortir du champ de l'attraction terrestre, de résister à l'énorme chaleur des couches extérieures de l'atmosphère et de ne pas dévier de l'orbite prévue. Il suffit d'un détail qui ne fonctionne pas pour que les cosmonautes perdent la vie, et pourtant ils sont prêts à tout risquer pour atteindre le but. Si la fusée restait au sol, il n'y aurait aucun danger, mais la fonction même de la fusée, c'est bien d'explorer l'espace. À quoi servirait une fusée qui ne quitterait jamais la Terre ?

De même, si un être humain se contente de vivre comme un animal, et ne se préoccupe que de manger et de dormir, il ne prend aucun risque, mais il n'accomplira rien d'extraordinaire non plus. Personne ne va nous forcer à nous engager sur la voie spirituelle. C'est à chacun de nous de décider ce que nous voulons faire de notre vie. Mais, après avoir lu le mode d'emploi d'un appareil, en général nous sommes motivés pour essayer de l'utiliser le plus efficacement possible. Ainsi, lorsque nous étudions avec sincérité la vie et les enseignements des maîtres, quand nous lisons les textes sacrés et tentons de mettre en pratique les principes spirituels, nous avons bien l'intention d'employer au mieux cette bénédiction rare et précieuse qu'est la vie humaine.

Chapitre 2

Apprendre ce que nous ignorons

Un homme entre dans une chambre d'hôpital psychiatrique et découvre deux hommes distingués assis derrière un bureau. Ils sont tous deux beaux, bien habillés, et semblent parfaitement normaux. Impressionné par leur apparence, le visiteur s'approche de l'un d'eux et demande :

– « Excusez-moi, pourriez-vous me dire pourquoi ce monsieur se trouve dans cet hôpital ? Il a l'air on ne peut plus normal. »

– « Oh, il est complètement dingue. Il se prend pour Jésus-Christ », répond le premier homme.

– « Comment savez-vous qu'il n'est pas Jésus ? », demande le visiteur amusé.

– « Parce que moi, je suis Dieu, et que je ne le connais même pas », explique l'autre.

Cette réplique semble insensée, mais ce que dit cet homme est vrai : « Je suis Dieu et je ne Le connais même pas. » En fait, sans en avoir conscience, nous sommes tous Dieu. Et même si nous le savons intellectuellement, nous n'en avons pas l'expérience.

Tous les grands maîtres ont essayé de nous amener à réaliser cette Vérité unique. Le Christ a dit : « Aime ton prochain comme toi-même. » Mahomet a dit : « Si l'âne de ton ennemi tombe malade, prends-en soin comme si c'était le tien. » Amma est encore plus directe : « *Tu n'es pas différent de moi. Je suis toi et tu es moi.* »

Il se peut que nous doutions de la véracité des paroles

d'Amma, et pourtant il est certain que ce n'est pas une question de foi : il s'agit vraiment de sa propre expérience.

Si Amma ne ressentait pas notre souffrance et nos chagrins comme les siens, si elle ne considérait pas nos problèmes comme étant ses problèmes, lui serait-il possible de passer autant de temps, jour après jour, mois après mois, année après année, à prendre le monde entier dans ses bras ? Nous avons dû bien des fois entendre dire qu'Amma a donné le darshan à vingt-quatre millions de visiteurs ces trente dernières années. Mais avons-nous jamais réfléchi à ce que cela signifie profondément ? Quand, en 2002, le Dr Jane Goodall lui a remis le prix Gandhi-King pour la non-violence, elle a précisé qu'Amma avait donné le darshan à vingt et un millions de personnes. Elle a fait une pause puis interpellé le public : « Vous vous rendez compte : vingt et un millions ? ! » Alors le public s'est rendu compte et a répondu spontanément par un tonnerre d'applaudissements. Lorsque nous prenons du recul pour considérer la vie d'Amma, nous constatons clairement qu'elle constitue l'exemple parfait de la vérité suprême révélée dans les Écritures : « Je suis toi, et tu es moi. »

Parce qu'elle sait que les discours théoriques ne suffisent pas à transformer le monde, Amma ne parle que trente ou quarante-cinq minutes mais passe entre six et vingt-quatre heures à donner le darshan. De cette façon, elle nous montre comment voir Dieu en tout et en chacun.

Sans un tel modèle sous les yeux, nous avons tendance à suivre ce que nous dictent nos pensées, ce qui est motivé par l'égoïsme, par ce que nous aimons et n'aimons pas. Mais l'exemple lumineux des sages d'antan est toujours présent et aujourd'hui, Amma est constamment disponible pour nous inspirer. Si nous ne faisons pas l'effort nécessaire pour apprendre, grâce à elle, à faire le meilleur usage de cette incarnation humaine et atteindre le but de la vie, inutile de tenir notre fabricant, c'est-à-dire Dieu, pour responsable des problèmes que nous créons nous-mêmes.

Le philosophe grec Épictète a écrit : « Il est impossible d'apprendre ce que l'on croit déjà savoir. » Afin de saisir la chance qui nous est offerte d'apprendre auprès d'un maître authentique, nous devons être prêts à admettre que pour l'instant, nous ignorons comment vivre de façon intelligente, ou tout au moins, qu'il existe des choses qui échappent à notre compréhension.

Récemment, lors d'une tournée en Europe, un groupe de jeunes voyous est entré dans le hall où se déroulait le darshan. Ils chahutaient en faisant beaucoup de bruit et des gens ont commencé à se plaindre de leur comportement irrespectueux auprès des organisateurs du programme. Les jeunes voyous semblaient avoir bu ou pris un peu de drogue et tout le monde s'est mis à se méfier. Au bout d'un moment un des organisateurs s'est rendu compte que l'un d'eux avait perdu connaissance. Aussitôt, tout le monde en a déduit que son évanouissement était dû soit à une overdose soit à un abus d'alcool. Après avoir appelé une ambulance, on a informé Amma de la situation en précisant que le jeune semblait avoir trop bu. Mais Amma a voulu qu'on lui amène ce jeune immédiatement.

Elle l'a regardé, lui a mis un chocolat dans la bouche et a demandé qu'on l'allonge. Les dévots observaient anxieusement la façon dont Amma gérait la situation. J'étais pour ma part plutôt inquiet et je lui ai dit : « Donner une sucrerie à quelqu'un qui a trop bu, ça ne va faire qu'aggraver son état. » Comme toujours, Amma m'a répondu en me donnant un excellent conseil spirituel : « *Tais-toi.* »

Quelques minutes plus tard les ambulanciers sont arrivés et ont procédé à un bilan général de l'état de santé du garçon. Contrairement à ce que tout le monde pensait, le jeune homme souffrait seulement d'une crise d'hypoglycémie. Les infirmiers ont déclaré qu'Amma avait fait exactement ce qu'il fallait : lui donner une dose de sucre.

Quand Amma est retournée dans cette ville l'année suivante, c'est en compagnie de nombreux copains que ce jeune homme est venu au programme. La première fois, il était là seulement pour s'amuser, mais la seconde fois, c'était vraiment pour recevoir la grâce d'Amma.

Naturellement, nous pensons toujours avoir raison. Nous sommes bourrés de préjugés et de concepts erronés sur nous-mêmes, sur les autres, sur ce qui est le mieux pour nous ou pour eux. Même si ces préjugés se révèlent complètement faux, nous avons bien du mal à les abandonner.

Ceci me rappelle l'histoire d'un homme qui rencontre un ancien ami dans la rue. Il observe un piéton devant lui et bien qu'il ait d'abord failli ne pas le reconnaître, il est certain maintenant qu'il s'agit de son vieux camarade. Il presse le pas pour le rattraper, lui tape dans le dos et s'exclame :

– « Hé Jean ! Comment vas-tu mon vieux ? Je ne t'ai pas vu depuis des lustres, j'ai eu du mal à te reconnaître. Tu as bien pris quinze kilos. On dirait aussi que tu as grandi de cinquante centimètres. À ce que je vois, tu t'es fait refaire le nez. Et tu t'es même teint les cheveux ! Je n'en crois pas mes yeux ! »

– « Je vous demande pardon, mais je ne m'appelle pas Jean », réplique l'étranger complètement ébahi.

– « Mon Dieu ! Tu as même changé de nom ! » répond le premier, imperturbable.

De la même façon, quelle que soit l'évidence qui se présente à nous, nous réussissons toujours à l'ajuster à nos préjugés par des tours de passe-passe intellectuels, afin de ne pas avoir à changer de comportement, ni de schéma mental. Bien que les paroles et les conseils d'Amma soient la meilleure façon de nous réveiller pour nous débarrasser de notre ignorance, le mental essaie d'ignorer les faits et trouve le moyen de justifier ses propres idées et opinions.

Ainsi, Amma nous répète souvent de ne pas sombrer dans la tristesse en ruminant le passé ou en nous inquiétant de l'avenir. En entendant cela, un étudiant a dit un jour à Amma : « Puisque tu nous dis de ne pas nous faire de souci pour le futur, j'ai décidé qu'au lieu de réviser pour mes examens, j'allais aller au cinéma et faire du surf. » Voilà, bien évidemment, une mauvaise interprétation de l'enseignement d'Amma.

C'est comme l'histoire du médecin qui décide de révéler la vérité à un homme dont les jours sont comptés :

– « Si vous voulez savoir la vérité, je ne crois pas qu'il vous reste beaucoup de temps à vivre. Vous êtes très malade. Maintenant, y-a-t-il quelqu'un que vous aimeriez voir ? »

– « Oui », articule faiblement le patient en réponse au docteur penché sur lui.

– « Qui ça ? » demande-t-il.

– « Un autre médecin », répond le mourant en haussant légèrement la voix.

Telle est l'histoire de notre relation avec Amma. Heureusement, Amma nous donne d'innombrables occasions d'apprendre et elle nous aide à changer notre façon de penser. Elle a même affirmé qu'elle était prête à se réincarner autant de fois qu'il le faudrait par amour pour ses enfants. Par ses enseignements et son exemple, elle détruit les idées préconçues que nous avons sur la nature de la réalité pour les remplacer par une vision claire de la Réalité du monde et du Soi. Grâce à cette compréhension, la paix, l'amour et les vertus comme la patience, la bonté et la compassion s'épanouissent naturellement en nous.

Chapitre 3

Le Monde change mais le Soi est immuable

Salomon, le roi hébreu décide un jour de tester l'humilité de son premier ministre en lui disant :

– « Bénaya, je te donne six mois pour me rapporter un anneau. »

– « Où qu'il soit sur Terre », répond Bénaya sûr de lui, « je le trouverai et le rapporterai à Votre Majesté. Mais qu'est-ce qu'il a de si spécial ? »

– « C'est un anneau magique », répond le roi le plus sérieusement du monde. « En le regardant, celui qui est heureux devient triste et celui qui est triste devient heureux. »

Salomon sait pertinemment que cet anneau n'existe pas, mais afin de donner à son ministre une petite leçon d'humilité, il lui confie une mission impossible à accomplir. Le printemps passe, puis l'été. Bénaya a eu beau fouiller aux quatre coins du royaume, il ignore totalement où peut se cacher cet anneau.

Le dernier soir avant l'expiration des six mois, alors qu'il sait que le lendemain il devra avouer sa défaite au roi, il décide d'aller faire un tour dans un des quartiers les plus pauvres de Jérusalem. Il passe devant un vieux marchand en train d'étaler sur son tapis usé ses quelques trouvailles de la journée. Bénaya qui n'a rien à perdre, lui demande : « Aurais-tu par hasard un anneau magique qui fait oublier sa joie à celui qui est heureux et son chagrin à celui dont le cœur est brisé ? »

Sans dire un mot, le vieux marchand prend un simple anneau en or sur son tapis et y grave quelque chose. Quand Bénaya lit ce qui est inscrit, son visage s'éclaire d'un large sourire.

Ce soir-là Bénaya va voir le roi qu'il trouve entouré de tous ses ministres. « Hé bien, mon ami, commence Salomon sur un ton goguenard, as-tu apporté ce que je t'ai envoyé chercher ? » Et tous les ministres de s'esclaffer de bon coeur, impatients de voir leur pair admettre un échec humiliant.

À la surprise générale, Bénaya montre le petit anneau en or et annonce : « Le voici, Votre Majesté ! » Dès que Salomon lit l'inscription, son sourire s'évanouit. À l'intérieur de l'anneau, le joaillier avait gravé cette expression : « Ceci aussi devra disparaître. » Immédiatement, Salomon comprend que toute sa fortune, sa puissance et son influence sont en réalité éphémères, qu'il sera lui aussi un jour réduit en poussière. C'est inéluctable.

Dans le *Dhammapada*, le Bouddha dit :

Ni dans le ciel,
Ni au milieu de l'océan,
Ni au fin fond des montagnes,
Nulle part
Tu ne peux échapper à ta propre mort.

Amma nous exhorte à nous souvenir constamment que tout ce qui nous entoure dans le monde, y compris le corps, est changeant et transitoire. Toutefois cette prise de conscience ne doit pas nous plonger dans le désespoir. Savoir que notre Véritable Soi est immuable, éternel et de même nature que la béatitude suprême, peut nous aider à choisir nos priorités et nous inciter à poursuivre la recherche du dharma supérieur de la réalisation du Soi. Amma dit que nous mettons systématiquement le corps en premier et Dieu ou le Soi en dernier, alors que nous devrions faire l'inverse. Mais si nous apprenons à donner la place qui convient au corps et aux choses de ce monde, et à reconnaître l'importance de l'Atman, nous pouvons nous servir du corps éphémère comme d'un véhicule pour réaliser l'Atman éternel. Même l'ombre de l'arbre, par définition transitoire, est utile. Nous pouvons nous y abriter provisoirement de la chaleur du soleil. De même, en dépit de son caractère éphémère, le corps a son utilité ainsi que tout ce qui est terrestre. C'est seulement si nous leur accordons trop d'importance, ou que nous leur demandons quelque chose qu'ils ne peuvent pas nous donner que les problèmes surgissent.

L'Inde connut autrefois un monarque remarquable et très puissant du nom de Bhartrihari. Comme le roi Salomon, Bhartrihari apprit la dure leçon de l'éphémère. Après son couronnement, il devint si attaché à son épouse, la reine Pingala, qu'il passait le plus clair de son temps en sa compagnie, négligeant ainsi ses responsabilités de roi. Quand un de ses conseillers tenta de le ramener à la raison, Bhartrihari le bannit de la ville.

Un jour, un ermite de passage offrit au roi un fruit extraordinaire qui devait donner la jeunesse éternelle à celui qui le mangerait. Le roi était à tel point obsédé par Pingala, et attaché à elle, que pour donner le fruit à la reine, il ne le consomma pas lui-même ; car il ne supportait pas l'idée que la beauté de sa jeune femme puisse se faner avec le temps.

En acceptant le cadeau du roi, la reine promit de manger le fruit après son bain. Mais le roi ignorait que Pingala était amoureuse d'un des palefreniers du palais. Cette nuit-là, elle quitta le palais en cachette pour donner le fruit à son bien-aimé. Cependant, à l'insu de la reine, le cœur du garçon d'écurie ne battait que pour une prostituée du quartier et à son tour, l'amant de la reine ne garda pas le fruit pour lui, il en fit cadeau à son amie. Malgré le genre de travail qu'elle faisait, la prostituée avait le sens du dharma. Elle estima qu'il ne fallait pas gaspiller le précieux fruit et que seul le roi en était digne.

Et c'est ainsi que le lendemain du jour où le roi avait donné le fruit béni à sa femme, la prostituée se présenta à la Cour où Bhartrihari siégeait en compagnie de ses ministres, et que toute timide, elle présenta son offrande au roi, tout en expliquant le pouvoir magique de ce fruit.

En reconnaissant le fruit dans les mains de la prostituée, le roi ne sut plus que penser. Il demanda à la jeune femme d'où elle tenait ce fruit. Elle reconnut qu'il lui avait été remis par un des garçons d'écurie du palais. Immédiatement, le roi convoqua le palefrenier. En calculant que seule son honnêteté lui permettrait de sauver sa tête, le garçon avoua qu'il le tenait de la reine elle-même.

Cette nouvelle choqua profondément le roi Bhartrihari. Mais cette épreuve s'avéra une bénédiction. Car le monarque put ainsi surmonter l'attachement démesuré qu'il ressentait pour son épouse. Il comprit qu'en ce monde tout amour a des limites. En fait, il se détacha complètement des choses de ce monde et de leur promesse de bonheur, tant et si bien qu'il renonça à la totalité du royaume, au pouvoir et à tous ses plaisirs pour se retirer dans la forêt en quête de la paix éternelle apportée par la réalisation du Soi.

N'allez pas en conclure que nous devons attendre un choc majeur pour comprendre que tout ce que nous croyons nous appartenir est éphémère. Nous en serons facilement convaincus en étudiant les Écritures et en écoutant les paroles des maîtres authentiques. Quand bien même cela ne suffirait pas, il n'y aurait qu'à observer le monde autour de nous pour en avoir force preuves.

En décembre 2004, après la catastrophe du tsunami, Amma a expliqué que c'était un avertissement, mais personne n'a fait attention à ses paroles. Elle a demandé aux résidents de l'ashram et aux visiteurs d'examiner les leçons que l'on pouvait tirer du tsunami.

« Ce genre de situations imprévisibles nous enseigne que rien ne nous appartient vraiment, a déclaré Amma à ce moment-là.

Nous nous agrippons aux choses et aux gens en croyant qu'ils nous appartiennent, mais ce type de circonstances révèle que rien n'est à nous. Nous ne pouvons même pas nous accrocher à notre propre vie, car elle ne nous appartient pas non plus. »

« Lorsque nous voyons un accident se produire sous nos yeux, nous devenons plus vigilants sur la route. De telles situations nous rendent plus présents et plus conscients. Cette prise de conscience nous montre la direction à suivre, comment avancer. »

« Nous nous accrochons à l'idée du « moi » et du « mien ». Tout le monde dit : « J'ai fait ceci, j'ai fait cela, mais d'où vient ce « je » ? Seul le soleil nous permet de voir la lumière du soleil. Ce que nous appelons nôtre n'est pas vraiment à nous. Ce que Dieu donne, Dieu le reprend aussi. Dieu donne et nous acceptons ce qu'il nous donne. Mais quand Il le souhaite, Dieu le reprend… C'est avec cette attitude que nous devons accepter les circonstances de la vie. »

Les paroles d'Amma font penser à la réaction pleine d'enseignements des villageois du Gujarat après le tremblement de terre effroyable de 2001, qui a anéanti la communauté tout entière. La plupart des foyers ont perdu un ou plusieurs membres de la famille et le toit qui les abritait. Lorsqu'Amma leur a rendu visite et leur a demandé comment ils s'en sortaient, ils ont répondu avec un calme et un sang-froid étonnants : « Nous allons bien. Dieu a repris ce qu'Il avait donné. »

En profitant des choses de ce monde, nous faisons l'expérience d'un bonheur provisoire. Au lieu de laisser ces joies fugaces nous convaincre toujours davantage que nous pouvons faire confiance aux choses de ce monde, souvenons-nous que notre vie est comme un pendule : au moment même où nous sommes heureux, le pendule ne fait que prendre de la force pour s'élancer vers le chagrin. Selon Amma, nous ne pouvons trouver la paix et le contentement véritables que lorsque le pendule s'immobilise au centre. Il ne s'agit pas simplement d'une loi arbitraire mais d'une conséquence logique si nous faisons dépendre notre bonheur des conditions extérieures. Lorsque les circonstances changent, nous sommes alors plongés dans le chagrin. Même si les conditions ne changent pas, le bonheur ne dure pas. Par exemple, il se peut que tel ou tel film nous plaise tout particulièrement. Mais si nous étions condamnés à le regarder éternellement sans pouvoir quitter le cinéma, toute notre joie en serait instantanément gâchée. De même, il se peut que nous raffolions des glaces. Mais combien pouvons-nous en déguster sans tomber malade ? Il arrive un moment où nous ne pouvons plus avaler une bouchée de plus. Ceci montre que le bonheur n'est pas inhérent à ces objets et à ces expériences ; même les petites joies que nous pouvons trouver dans le monde sont éphémères. La seule façon de trouver le bonheur authentique c'est de nous tourner vers l'intérieur pour y découvrir le Soi immuable.

Les gens ordinaires font toujours l'expérience du bonheur par un moyen extérieur, la plupart du temps par le plaisir des sens, la réussite, ou les éloges. Les *mahatmas*[1] eux, peuvent faire l'expérience du bonheur sans dépendre d'aucun support. À l'époque où Amma était forcée de vivre dehors, exposée à la chaleur torride du soleil et aux pluies torrentielles, aux insultes et même à des tentatives d'assassinat, elle restait assise pendant des heures plongée en méditation. Comment réagirions-nous

---

[1] Mahatma signifie littéralement « grande âme ». Bien que le terme soit de nos jours utilisé dans un sens plus large, mahatma signifie dans cet ouvrage « celui qui est établi dans la Connaissance de son unité avec le Soi Universel, ou l'Atman ». Tous les satgurus ou maîtres authentiques sont des mahatmas, mais tous les mahatmas ne sont pas des satgurus. Dans bien des cas, le mahatma préfère rester absorbé dans la béatitude du Soi plutôt que d'œuvrer à élever spirituellement l'humanité. Quant au satguru, tout en faisant l'expérience de la béatitude du Soi, il choisit de descendre au niveau des gens ordinaires pour les aider dans leur croissance spirituelle.

dans des circonstances pareilles ? D'abord, nous ferions tout pour trouver un bon hôtel ou au moins un ami chez qui loger. Ensuite, notre priorité serait d'avoir quelque chose à manger, de préférence avec un ami à qui nous pourrions confier nos malheurs et raconter toutes les injustices dont nous avons été victimes. Et pourtant, Amma n'était pas du tout perturbée par les conditions dans lesquelles elle vivait. Elle n'avait rien à manger, pas de toit ni d'ami, mais elle était parfaitement contente. Elle n'a besoin de rien d'extérieur pour ressentir le contentement, un contentement qui est pourtant bien plus profond que le nôtre.

Que nous en ayons conscience ou pas, nous faisons toujours dépendre notre bonheur de quelqu'un ou de quelque chose. Nous nous accrochons à ceci ou à cela en espérant que cela nous rendra plus heureux. Amma dit que notre « refuge » se trouve simplement là où se dirige constamment le flot de nos pensées, là où le mental demeure continuellement. Et il n'est pas difficile de deviner à quoi nous nous accrochons actuellement : les possessions matérielles, le travail, les amis, les loisirs et les émotions. N'est-ce pas là ce à quoi nous pensons tout le temps ?

Avant de découvrir qu'on pouvait utiliser le tungstène pour fabriquer le filament des ampoules électriques, Thomas Edison avait mis au point plus de deux milles expériences avec des matériaux qui, non conducteurs, ne réussissaient pas à produire de la lumière. Nombreux furent les scientifiques qui tournèrent ses efforts en dérision : « Au bout de deux mille expériences, vous êtes encore incapable de prouver quoi que ce soit. »

Et Edison de répondre : « Vous vous trompez. J'ai prouvé que ces deux mille matériaux ne marchent pas ! »

Ainsi, à condition d'en tirer la leçon adéquate, ne nous culpabilisons pas de chercher le bonheur à l'extérieur. De même que les scientifiques qui ont succédé à Edison n'ont pas eu besoin de refaire ces deux mille expériences, si nous sommes prêts à suivre les pas des grands maîtres spirituels, nous pouvons cesser de chercher le bonheur à l'extérieur.

Il est utile de préciser que si les objets extérieurs ne peuvent nous rendre heureux que de façon très limitée, ils sont capables de nous faire souffrir de façon illimitée. Ceux qui cherchent à être heureux en fumant finissent par attraper le cancer des poumons et meurent, encore jeunes, au terme d'une longue maladie. Ceux qui font dépendre leur bonheur de la présence de leur bien-aimé(e) vont parfois jusqu'à se suicider s'ils sont délaissés pour quelqu'un d'autre. Tout le monde souhaite vivre dans une grande maison, « plus c'est grand, mieux c'est », mais plus la maison est grande, plus les réparations, les soucis et les travaux d'entretien se multiplient.

Dans le Tao Té King, Lao Tseu dit :

> *Si tu recherches argent et sécurité*
> *Ton cœur restera fermé à jamais*
> *La quête de l'approbation*
> *Fera de toi un prisonnier.*

Avant même de devenir Bouddha (l'Éveillé), le jeune prince Siddartha devait avoir une claire vision de la nature du bonheur dans le monde, car il appela son fils « Rahula », ce qui signifie « chaîne » ou « asservissement ». Cela peut sembler dur, mais réfléchissons à notre propre expérience. Nous pensons peut-être qu'un nouveau-né est une source infinie de bonheur, mais qu'en est-il lorsque l'enfant atteint le stade terrible des deux ans ? Plus tard, à l'adolescence, il peut avoir de mauvaises fréquentations, devenir un voyou et même haïr ses parents. Nombreux sont les enfants qui renient leurs parents dès qu'ils sont majeurs. Dans ce cas, ce que nous pensions être une source intarissable de bonheur devient une source intarissable de chagrin.

Cela ne signifie pas qu'il faut s'abstenir d'avoir des enfants et de chercher le bonheur à l'extérieur, mais qu'il faut accepter le malheur aussi bien que le bonheur et se préparer à faire face à toutes les éventualités d'un cœur égal. Souvenons-nous toujours de ne pas trop compter sur quoi que ce soit ni sur quiconque. Dieu seul restera avec nous pour l'éternité. Autrement dit, il n'y a aucun mal à profiter des objets éphémères autour de nous mais nous ne devons pas nous y attacher. Apprenons plutôt à prendre refuge en Dieu ou dans le guru, apprenons à diriger vers eux le flot de nos pensées. N'est-il pas raisonnable de chercher refuge uniquement en ce qui ne nous quittera jamais ?

Un charmeur de serpents connaît leur nature, il sait qu'ils mordent. Ainsi, nous devons accepter qu'il est dans la nature humaine de changer d'avis, d'attitude et d'opinion. Ne nous attendons jamais à ce qu'une personne, une chose ou une situation reste la même. Vivre et agir en comprenant cela, c'est vivre intelligemment. Amma donne l'exemple du changement de vitesse dans une voiture. Quand nous montons une côte bien raide, si nous ne rétrogradons pas, nous ne pourrons pas avancer. Et lorsque nous allons vite, si nous ne passons pas les vitesses supérieures, nous endommageons le moteur. Ainsi, face à différentes situations, nous devons être capables de nous adapter mentalement et d'accepter tout ce qui se présente avec équanimité.

Personne ne désire avoir du chagrin, même pour peu de temps. Mais l'absence de chagrin ne nous suffit pas. Nous voulons en plus connaître un bonheur durable. Un jeune homme est venu me dire : « Je n'ai pas de problème, ni de souci, et pourtant je ne suis pas content. Quelque chose me manque. J'ai tenté de combler le vide de différentes manières, mais je n'ai pas encore essayé la spiritualité. C'est pourquoi je suis venu. » Ce jeune homme n'avait aucune difficulté particulière à résoudre, mais il ne vivait pas dans la plénitude. Il pensait, et il avait raison de le croire, que la spiritualité allait peut-être pouvoir combler le vide inexplicable qu'il ressentait dans sa vie.

Ce qui ne dure pas ne peut pas nous donner un bonheur durable. Les situations et les choses de ce monde changent continuellement. En général, nous nous focalisons sur ces circonstances variables et nous nous identifions à elles. Dès qu'elles changent, nous en sommes affectés.

C'est la même chose lorsque nous regardons un film. Les diverses péripéties du scénario nous touchent au niveau émotionnel et même physique. Dans les villages du Tamil Nadou, certains acteurs sont si populaires que les spectateurs s'identifient totalement au personnage qu'ils jouent. Si le héros sort d'une scène de bagarre avec une petite égratignure, le public se met à jeter des bouteilles et à lancer des pierres sur l'écran. Et si, pendant une scène poignante, la vedette commence à pleurer, on entend bien des gens sangloter dans la salle.

Les spectateurs s'impliquent dans l'histoire au point de perdre tout sens critique pour mieux se laisser entraîner dans une aventure parfois complètement irréaliste. Dans un film récent, lors d'un duel au pistolet, le bon et le méchant se tirent dessus jusqu'à ce que le héros en vienne à manquer de munitions. Profitant de son avantage soudain, le méchant vise, vide son chargeur sur le héros et le touche à la cuisse. Pendant un instant, les spectateurs sont horrifiés et même sur le point de mettre le feu au cinéma. Mais dans la seconde qui suit, le héros s'extrait la balle de la cuisse, la charge dans son pistolet, tire et tue le méchant. Ce qui provoque un tonnerre d'applaudissements ; l'absurdité de la scène ne dérange personne.

Qu'est ce qui, tout en faisant partie intégrante du film, n'est pas le moins du monde affecté par toute cette agitation ? C'est l'écran de cinéma. Sans l'écran, on ne peut pas projeter le film. Pourtant il reste totalement impassible. Il est le support immuable sur lequel se déroulent toutes ses scènes mouvementées.

De la même façon, *l'Atman* ou le Soi est le fondement

immuable qui sert de base à toutes les expériences que nous traversons. Le Soi se manifeste comme la conscience qui nous permet de percevoir le monde extérieur tout comme notre corps, nos pensées, nos émotions, nos désirs et nos attachements. En vérité, nous ne sommes pas vraiment ces diverses représentations toujours changeantes créées par le mental, nous sommes la conscience immuable qui se trouve derrière elles.

Au lieu de nous identifier au Soi immuable, nous nous identifions systématiquement aux différentes expériences, et notre vie émotionnelle ressemble à des montagnes russes. C'est la raison pour laquelle nombre d'entre nous souffrent d'une sorte de crise d'identité. Il ne s'agit pas de cette crise d'identité ordinaire liée à la profession, à la personnalité ou à nos relations avec les autres. Celle dont je parle est bien plus profonde. On peut même dire qu'en l'absence de tout symptôme visible, nous souffrons en fait tous plus ou moins d'une certaine confusion liée à un problème d'identité.

Plus nous nous identifions au véritable Soi, moins nous souffrons. Les mahatmas ne souffrent jamais d'aucune crise d'identité. À proprement parler, seul un être réalisé peut prétendre connaître sa véritable identité. Comme Amma le dit : « Amma a toujours su qui elle était. »

Quand Amma était encore une jeune femme, quelques villageois lui en voulaient de se comporter de façon étrange et aussi peu orthodoxe. Ils étaient jaloux de sa popularité grandissante et menacèrent de la tuer, allant jusqu'à brandir devant elle un couteau. Amma resta complètement indifférente à leurs menaces. En se campant courageusement face à eux, elle déclara : « Vous pouvez tuer ce corps, mais vous ne pouvez pas toucher le Soi. »

Aujourd'hui encore, face à ce genre de situations, Amma a gardé la même attitude. En août 2005, quand un inconnu cachant un couteau s'est approché d'elle dans l'intention, semble-t-il, de l'assassiner, Amma est restée totalement impassible. Elle n'a même pas quitté la scène, elle a continué à chanter les *bhajans* (chants dévotionnels) et plus tard, elle a donné le darshan du Dévi Bhava[2] comme cela avait été prévu ce soir-là. Cet événement qui avait bouleversé les résidents de l'ashram et les dévots du monde entier n'était pour elle qu'une broutille. Le lendemain matin, elle a répondu aux questions d'un groupe de journalistes qui s'étaient précipités à l'ashram immédiatement après l'attentat raté. Avec un sourire insouciant, Amma a déclaré à la presse : « Je n'ai rien à déclarer au sujet de cet incident. Je n'ai absolument pas peur de la mort... ce qui doit arriver arrivera quand ce sera le moment. Tout ce que je veux, c'est faire ce que j'ai à faire. De toutes façons, un jour ou l'autre, nous allons tous mourir. Mieux vaut donc s'épuiser à rendre service aux autres que de rouiller en ne faisant rien. »

En dépit de ses innombrables responsabilités, elle conserve toujours une approche spirituelle. Quant à nous, même lorsque nous accomplissons nos pratiques spirituelles, notre attention reste extériorisée, au niveau matériel.

Amma affirme que le seul but de la spiritualité, c'est d'amener un changement de perception pour nous conduire du monde matériel vers le monde spirituel, de l'extérieur vers l'intérieur. Nous sommes incapables de changer notre mode de perception et cela nous fait perdre beaucoup de temps et d'énergie quand nous tentons de résoudre nos problèmes.

C'est notre manque d'ouverture mentale qui nous empêche de faire face aux circonstances de la vie. Comme Amma le répète souvent, nous avons en général trois façons de gérer les circonstances désagréables qui se présentent à nous : fuir ; prendre notre

---

[2] Amma donne régulièrement un darshan spécial où elle apparaît avec l'attitude intérieure et le sari de Dévi. Elle est alors identifiée complètement à Dieu sous la forme de la Mère Divine. Dans le passé, elle donnait également le darshan du Krishna Bhava.

mal en patience tout en nous plaignant ; ou essayer de les faire changer. Personne n'essaie de changer ce qu'Amma appelle le *manasthiti* (le point de vue mental) pour affronter les défis de la vie. Le processus qui consiste à modifier notre point de vue plutôt que les circonstances extérieures apporte une ouverture intérieure. Actuellement, la société et la culture sont tellement extraverties qu'elles poussent les gens à ne chercher la cause de leur souffrance que dans les circonstances extérieures. Nous essayons rarement de tourner notre attention vers l'intérieur et d'élargir notre point de vue pour résoudre nos problèmes.

Bien sûr la solution de certains problèmes comme la faim ou le manque de logement peut se trouver à l'extérieur. Mais même dans ce cas, il n'est pas toujours possible de mettre en place une solution extérieure. Aux premiers jours de l'ashram, il ne restait souvent que très peu de nourriture pour Amma et les *brahmacharis* (les moines) une fois que tous les dévots avaient été servis. Et pourtant, nous avions à faire beaucoup de travaux physiques et exténuants sans personne pour nous aider. D'une façon ou d'une autre, Amma nous rechargeait et nous arrivions à puiser assez d'énergie pour faire nos pratiques spirituelles en même temps que les tâches physiques, même avec une alimentation bien pauvre.

Tout dépend de notre conditionnement. Amma dit que la spiritualité, c'est conditionner le mental pour qu'il s'adapte à n'importe quelle circonstance et trouve le bonheur à l'intérieur, indépendamment de ce qui se passe autour de soi. En fait, pour la majorité des problèmes, les solutions ne peuvent venir que de l'intérieur. Prenez par exemple le problème de la colère, de la haine, de la déception ou de la jalousie. Il n'existe pas de solution extérieure ; nous devons trouver la solution à l'intérieur. Si nous cherchons la solution à l'extérieur, à long terme, cela peut même engendrer d'autres problèmes.

Récemment, un Occidental est venu vivre à Amritapuri. En

Occident, il avait vécu seul pendant des années, mais à l'ashram, il a dû partager une chambre avec quelqu'un. Il a alors découvert qu'il était très sensible au bruit.

Son compagnon travaillait dans la chambre sur un ordinateur portable, et le nouvel arrivé était vraiment dérangé par le cliquetis de la souris électronique quand il essayait de méditer. Comme il ne voulait pas gêner le travail de son camarade, il a décidé de lui offrir une souris très silencieuse.

Il pensait qu'ainsi, il lui serait possible de méditer et d'étudier tranquillement, mais maintenant que la souris était silencieuse, il percevait le ronflement du ventilateur qui tournait dans la pièce en dessous. Après des semaines de méditation agitée et des nuits à se retourner dans son lit, il a fini par acheter un ventilateur silencieux pour ses voisins du dessous. Désormais, il était convaincu que plus rien ne le dérangerait.

Mais quand le bruit du ventilateur a été éliminé, il s'est rendu compte qu'en raison des travaux pour porter secours aux victimes du tsunami dans la région, de nombreux camions circulaient sur la route le long de l'ashram. Le rugissement des moteurs l'agaçait terriblement, mais il savait qu'il ne pouvait pas acheter toute une flotte de camions silencieux. C'est alors qu'il a compris qu'il avait tenté de résoudre un problème interne par des solutions extérieures et qu'il serait plus pertinent d'essayer de réduire sa propre sensibilité au bruit.

Nous sommes nombreux à prier Amma de résoudre nos problèmes et bien sûr, Amma veut bien nous aider en faisant un sankalpa (en prenant une résolution divine). Mais chaque problème exige une solution différente. La meilleure solution, c'est celle qui résoudrait un grand nombre de problèmes. Amma travaille sur nous pour que nous trouvions cette solution plus large et qu'un tel changement de point de vue puisse se faire en

nous. Comment un simple changement de point de vue peut-il
être si efficace ?

Imaginez deux vagues. L'une est ignorante, et l'autre, sage.
La vague ignorante croit qu'elle n'est rien d'autre qu'une vague :
« Je suis une vague de telle taille, je suis née d'une autre vague à
tel et tel moment, et je vais périr bientôt. »

La vague sage pense différemment : « Je ne suis pas du tout
une vague. "Vague" n'est que le nom qui m'a été donné. Je suis
essentiellement de l'eau et en tant qu'eau, je ne suis jamais née en
tant que vague. J'ai toujours été de l'eau, je suis de l'eau à présent,
et je serai toujours de l'eau. Même si cette vague particulière
disparaît, je continuerai à exister en tant qu'eau. »

La vague ignorante se considère mortelle, tandis que la vague
sage se voit comme étant l'eau immortelle. Tant que l'ignorante
croit être une vague, elle verra toutes sortes de différences dans les
autres vagues. Elle jugera les autres comme distinctes d'elle, elle
les jugera petites ou grandes, paisibles ou violentes, elle verra en
elles des adversaires avec lesquelles elle se trouve potentiellement
en concurrence, et ces jugements engendreront la compétition,
la jalousie, l'avidité et les autres sentiments négatifs.

La vague sage considère elle-même et également les autres
vagues comme étant de l'eau. Elle ne voit en tout que de l'eau,
et ne fait pas de différence entre elle et les autres vagues, ni entre
elle et l'océan.

De la même façon, quelqu'un de sage considère chacun et
chaque chose comme son propre Soi, tandis que l'ignorant voit
chacun et chaque chose comme étant séparé et différent de lui.
Même si, physiquement, les yeux du sage perçoivent des différences entre les formes, son œil spirituel voit tout comme étant
le même Atman.

Un jour, peu de temps après mon installation à Amritapuri, je
suis parti à Bangalore pour régler des affaires de l'ashram, et sur

49

le trajet du retour, j'ai dû traverser une zone en construction où la route était pratiquement fermée. Il ne restait plus qu'une voie étroite pour la circulation dans les deux sens. Alors que j'étais engagé dans ce mince passage qui longeait la zone de construction, j'ai remarqué un camion qui arrivait dans l'autre sens et n'avait apparemment pas du tout l'intention de s'écarter pour me laisser passer. J'ai décidé de quitter le milieu de la chaussée et de me déporter à moitié, en supposant que le chauffeur du camion, respecterait la règle implicite et ferait plus ou moins de même. Mais il a refusé de s'écarter, même d'un centimètre. Irrité par son attitude arrogante, je ne me suis pas déporté davantage. J'étais sûr que je réussirais à le faire se déporter au moins un peu. Aux États Unis, quand deux véhicules se font face sur une route étroite et que les deux chauffeurs se défient sans qu'aucun ne veuille céder le passage à l'autre, je crois qu'ils appellent cela jouer à « la poule mouillée ». Finalement, il est devenu évident que le camion ne se déporterait pas d'un pouce. Je me suis dit qu'il valait mieux être « poule mouillée » que mort, surtout que j'avais bien l'intention de continuer à vivre avec Amma.

Quand le camion m'a croisé, j'ai fait demi-tour et me suis lancé à sa poursuite. Le comportement égocentrique et imprudent du chauffeur m'avait rendu furieux et je voulais lui donner une bonne leçon. Je l'ai dépassé et j'ai roulé pendant plusieurs kilomètres, pour prendre plus d'avance sur lui. Je me suis garé dans le sens opposé, je suis sorti de la voiture et j'ai attendu le camion. Quand je l'ai aperçu, j'ai ramassé une grosse pierre sur le bas-côté et je l'ai lancée sur son pare-brise ; celui-ci s'est joliment fêlé sur toute la longueur. Je suis remonté dans la voiture et j'ai pris la poudre d'escampette.

Je suis rentré à l'ashram aussi vite que j'ai pu, tout impatient de régaler Amma du récit de mon exploit héroïque. Mais en apprenant mon histoire, Amma s'est montrée très fâchée et m'a fortement réprimandé : « Si tu savais comme ça me fait mal d'entendre ce que tu as fait ! Ce pauvre camionneur va être obligé d'acheter un nouveau pare-brise. » Amma m'a ensuite posé une question à laquelle je n'ai pas pu répondre : « Aurais-tu fait la même chose si Amma s'était trouvée dans le camion ? »

Lorsqu'Amma a demandé cela, tout le vent qui gonflait mes voiles est tombé d'un coup. Tout honteux, j'ai baissé la tête.

Amma est capable d'accepter chacun tel qu'il est car elle voit tout le monde comme étant son propre Soi. Si nous ne sommes pas capables de voir le Soi partout, essayons de voir notre Amma bien-aimée en chacun, ou de considérer les autres comme ses enfants. Cette attitude nous amènera certainement à changer notre façon de voir et réduira les conflits et les problèmes, nous aidera à être plus patients et à manifester plus de compassion quelles que soient les circonstances.

Chapitre 4

Le dharma suprême

Parfois on demande à Amma : « Ne suffit-il pas d'être une bonne personne et de mener une vie conforme au dharma (une vie de droiture) ? Si je ne fais de mal à personne et que je n'ai pas de mauvaises habitudes, pourquoi devrais-je m'engager dans des pratiques spirituelles ? »

Pour répondre à cette question, nous devons d'abord mieux comprendre ce qu'est le dharma et ce que signifie « mener une vie conforme au dharma ». En fait, les Écritures mentionnent différents types de dharma. Le concept de « vie dharmique » ne fait ici référence qu'à un dharma particulier : mener une vie conforme aux valeurs morales, une vie droite, ne pas tricher, ne pas voler, ne pas tuer ni blesser les autres, dire la vérité, etc. Bien entendu, tout le monde devrait respecter ces valeurs morales qui sont applicables universellement dans toutes les sociétés et les cultures, et à n'importe quelle époque. Mais le seul respect des valeurs morales ne suffit pas en soi à mener une vie totalement dharmique. Pour ce faire, nous avons besoin d'avoir une compréhension plus approfondie de ce que sont les différents types de dharma.

Le deuxième type de dharma dépend de notre foi ou de notre culture religieuse. Les musulmans, les juifs, les chrétiens, les bouddhistes et les hindous ont tous des règles de vie et des obligations différentes à respecter. Par exemple, il est demandé aux musulmans de prier cinq fois par jour, de jeûner jusqu'au crépuscule pendant tout le mois du Ramadan, et de se rendre en pèlerinage à La Mecque au moins une fois dans leur vie. Il est recommandé aux hindous de jeûner une ou deux fois par semaine, de faire régulièrement vœu de silence, de rester éveillé la nuit de Shivaratri, de porter un cordon sacré, d'aller en pèlerinage dans des temples et de répéter leur mantra. Les chrétiens et les juifs ont eux aussi leurs pratiques particulières.

Pour mener une vie dharmique, selon la seconde acceptation du mot dharma, il n'est pas nécessaire de suivre les règles de toutes les religions, mais nous pouvons nous en tenir à celles de notre foi personnelle. Dans certains cas, même s'ils ont dépassé le besoin d'observer des coutumes et qu'ils ont transcendé toutes les différences, y compris les différences religieuses, les maîtres réalisés suivent les usages de leur tradition pour donner l'exemple.

Le troisième type de dharma concerne notre situation et notre rôle dans la société. Par exemple, soldats et moines ont chacun leur propre dharma. Il serait totalement incongru qu'un moine prenne les armes pour défendre son pays. Mais si un soldat refusait de le faire, il serait en désaccord avec le dharma spécifique à sa situation. Respecter notre dharma spécifique, c'est prendre sincèrement et de notre mieux les responsabilités qui nous ont été confiées. Si chacun s'y efforce, la société fonctionnera harmonieusement et tout le monde y connaîtra la prospérité.

En dernier lieu, il y a le dharma suprême : c'est notre devoir de réaliser le Soi véritable, notre unité avec Dieu. De même que pour le premier type de dharma, celui-ci est le même pour tous.

Amma affirme : « Peu importe qui nous sommes et ce que nous faisons, le devoir que nous accomplissons dans le monde devrait nous aider à réaliser le dharma suprême qui est l'unité avec le Soi universel. Tous les êtres vivants sont un, parce que la vie est une et qu'elle n'a qu'un seul but. À cause de l'identification au corps et au mental, il se peut que nous pensions : « Ce n'est pas mon dharma de chercher à réaliser le Soi ; mon dharma, c'est d'être acteur ou musicien ou hommes d'affaires. » Il n'y a aucun mal à penser de cette façon. Mais nous ne trouverons jamais la plénitude tant que nous ne dirigerons pas notre énergie vers le but suprême de la vie. »

Si nous restons fidèles à notre dharma, nous commencerons à dépasser nos préférences et nos aversions, notre égoïsme, notre jalousie, notre orgueil et nos autres défauts. Par exemple, le dharma d'un disciple est de suivre les instructions du guru. Parfois le maître spirituel demande au disciple de faire quelque chose qu'il n'aime pas.

Un jeune homme est venu vivre l'ashram après avoir commencé une carrière de photographe et de réalisateur de cinéma. Il a confié à Amma qu'il aimerait devenir son réalisateur personnel. Après avoir écouté ce qu'il suggérait, elle lui a dit qu'elle souhaiterait qu'il travaille à l'étable. C'était bien la dernière chose qu'il avait envie de faire, mais comme Amma le lui avait demandé, il a obéi et commencé à prendre soin des vaches de l'ashram.

Son désir de réaliser des films n'a pas disparu pour autant. Alors, il s'est occupé des vaches tous les jours, mais en plus, il s'est mis à faire un documentaire sur leur vie. Il les a filmées en train de brouter, de dormir, pendant la traite... il a fini par filmer tout ce qu'elles faisaient dans la journée. Lorsqu'Amma a appris cela, elle lui a rappelé que le dharma d'un chercheur spirituel, c'est d'accomplir le séva (service désintéressé) qu'on lui a confié, quel qu'il soit, puis de passer le reste du temps à méditer, à faire du japa (répétition du mantra), à étudier et à prier. Se comporter autrement, cela revient à s'arrêter sur le chemin spirituel et à s'asseoir au beau milieu de la route. En suivant les instructions d'Amma, ce jeune chercheur est peu à peu devenu capable de surmonter ses préférences et de se consacrer de tout son cœur au travail qu'Amma lui avait donné.

Ainsi, en nous conformant sincèrement à notre dharma, nous purifions nos pensées et gagnons en maturité. Lorsque nous atteignons un degré supérieur de maturité mentale, nous nous intéressons spontanément à la spiritualité et au dharma suprême de la réalisation du Soi. Toutefois, seule la spiritualité nous donnera la force d'adhérer au dharma en toutes circonstances.

Prenons, par exemple, le cas de Yudhishthira considéré comme l'incarnation humaine du principe du dharma. Yudhishthira est l'aîné des cinq frères Pandavas et l'héritier légal du trône Kuru, mais il est condamné à douze ans d'exil dans la forêt par son cousin Duryodhana qui, jaloux, a usurpé le trône. Bien que Duryodhana ait obtenu l'exil des Pandavas en trichant et que les frères Pandavas aient demandé à leur aîné de revenir dans leur royaume pour déclarer la guerre à Duryodhana et à ses frères, les Kauravas, Yudhishthira a tenu sa promesse ; il a bien passé douze ans en exil. C'est seulement à la fin des douze années que Yudhishthira accepta de retirer leur pouvoir aux injustes Kauravas et de reprendre ce qui lui revenait de droit.

Seule l'assimilation des principes spirituels et la pratique des disciplines spirituelles nous donne la compréhension et l'attitude intérieures adéquates pour nous permettre de continuer à accomplir de bonnes actions sans nous soucier de ce que nous recevons en retour.

Dans un étang, le saint Eknath voit un scorpion en train de se noyer. Il décide de le sauver en lui tendant le doigt, mais le scorpion le pique. Aussitôt, en grimaçant de douleur, Eknath retire la main. Peu après, il essaye à nouveau d'aider le scorpion à sortir de l'eau, mais le scorpion le pique une deuxième fois. Ce même scénario se répète pendant un moment.

Un témoin de la scène demande à Eknath : « Pourquoi continuez-vous à essayer de sauver un scorpion alors que vous savez qu'il ne fera que vous piquer ? »

Eknath explique : « C'est la nature du scorpion de piquer, c'est ma nature d'aimer. Pourquoi devrais-je renoncer à ma nature qui est d'aimer simplement parce que sa nature est de piquer ? »

Finalement, vaincu par le pouvoir de la compassion d'Eknath, le scorpion s'abstient de le piquer. Le saint le sort joyeusement de l'eau et le dépose en lieu sûr, sur la terre ferme.

Seule la spiritualité peut nous donner la force de continuer à aimer et à servir les autres, même si en retour, ils ne font que nous piquer. Comme l'a dit le Bouddha : « Ce n'est jamais la haine qui arrête la haine. C'est l'amour qui arrête la haine ; c'est une loi éternelle. »

Au temps où elle était encore jeune fille, Amma parcourait les environs à pied en compagnie d'une autre villageoise de son âge pour récupérer les épluchures des voisins afin de nourrir les vaches de la famille. À cette époque, de nombreux villageois harcelaient Amma. Ils pensaient que loin d'être une incarnation divine, c'était plutôt une malade mentale.

Alors que les deux jeunes filles passaient, un homme qui se tenait sur le seuil de sa maison s'écria très fort : « Cette Sudhamani est vraiment bizarre, pas étonnant que sa famille n'arrive pas à la marier …à moins qu'ils n'aient pas les moyens de lui offrir une dote ! Si c'est le cas, je vais lui en payer une. Tout ce qu'il lui faut, c'est un mari pour la remettre d'aplomb… » L'homme continuait à tenir ce genre de propos désobligeants tandis qu'Amma et sa compagne s'éloignaient.

Amma était totalement indifférente à ses commentaires, mais sa camarade avait foi en la divinité d'Amma et était profondément blessée par ces paroles malveillantes. Tandis qu'elles poursuivaient leur chemin, Amma s'efforçait de la réconforter en expliquant qu'il ne fallait pas se laisser affecter par ce que pouvaient dire les autres et que leurs paroles ne faisaient que révéler leur propre caractère, etc. Peine perdue, sa compagne restait inconsolable. Elle ne comprenait pas pourquoi cet homme se montrait si cruel sans aucune raison, et qui plus est, envers Amma. Amma elle-même n'était pas touchée par les propos de cet individu, mais elle ne supportait pas le chagrin de sa compagne au cœur innocent et elle finit par lui dire : « Ne t'en fais pas. Un jour viendra où il se repentira de ses paroles. »

Peu de temps après cet incident, le destin voulut que le pêcheur qui avait interpellé Amma fut pris en mer dans une terrible tempête. Deux membres de sa famille se noyèrent, son bateau coula et on retrouva l'épave sur la plage. Il perdit son gagne-pain en un clin d'œil. Comme personne n'acceptait de le secourir, cet homme finit par aller trouver Amma pour la supplier de l'aider. Une personne ordinaire aurait pu se souvenir de sa cruauté passée et l'aurait chassé. Pourtant, bien qu'à cette époque l'ashram ait eu très peu de ressources, Amma lui donna tout l'argent qu'elle avait et fit tout son possible pour le remettre à flot[1].

À la suite du désastre du tsunami en 2004, il s'est produit la même chose, mais à bien plus grande échelle. De nombreux villageois résidant aux environs de l'ashram ont tout perdu ce jour-là. Dans les jours qui ont suivi la catastrophe, Amma a déclaré à l'un de ses plus anciens disciples, Swami Amritaswarupananda, qu'elle projetait de consacrer vingt-trois millions de dollars pour les secours aux victimes du tsunami et leur réhabilitation. Il a avoué plus tard que sur le moment, il a été abasourdi. « Quoi ?! » a-t-il demandé à Amma, épouvanté, « Vingt-trois millions de dollars ! Où va-t-on trouver cet argent ? »

Amma a répondu tranquillement : « Ça va venir. » Il n'y avait pas le moindre doute dans sa voix parfaitement ferme et assurée.

---

[1] Ne nous méprenons pas : ce n'est pas parce qu'Amma a correctement prédit que cet homme se repentirait un jour de sa cruauté, qu'il faudrait croire qu'elle lui aurait en quelque sorte attiré le malheur. Comprenons plutôt qu'Amma était capable de voir que le villageois était destiné à souffrir de cette façon à cause de son propre karma et qu'il viendrait lui demander de l'aide.

Pour une multinationale, il faudrait des mois avant de prendre la décision d'investir vingt-trois millions de dollars, il faudrait aussi de multiples réunions du Conseil d'Administration, et d'innombrables analyses de spécialistes pour estimer les risques et les profits potentiels de l'opération. Mais pour Amma, ce qui compte, c'est la compassion, c'est de soulager le chagrin et la souffrance des gens. Sa décision a jailli spontanément. Le temps d'un battement de cœur. « Ça va venir. »

Bon nombre de ces gens se sont moqués impitoyablement d'elle pendant son enfance et lui ont même jeté des pierres quand elle était jeune, mais cela ne l'a pas arrêtée une seconde. Au tout début du raz de marée, et bien que l'ashram lui-même ait subi d'importantes pertes matérielles, Amma s'est entièrement consacrée à aider les villageois pour qu'ils retrouvent tout ce qu'ils avaient perdu. C'est parce qu'elle sait qu'elle est une avec la source de la Création qu'Amma peut servir et aimer les autres sans se soucier de la façon dont on la traite en retour.

Swami Pranavamrita est l'un des premiers chercheurs spirituels ayant décidé de vivre aux pieds d'Amma, de ne prendre refuge qu'en elle et de suivre ses conseils. En sa qualité d'ancien disciple, il a été nommé responsable de divers ashrams d'Amma à divers moments. Le soir précédant son premier grand départ pour une longue période, Amma lui a donné un conseil qu'il dit ne jamais oublier : « Si tu pars du principe que, quoi que tu fasses de bien pour les gens, personne ne dira jamais du bien de toi, alors tu ne seras jamais déçu. »

Elle soulignait ainsi que l'important n'est pas seulement l'action, mais aussi l'attitude avec laquelle nous l'accomplissons. Lorsque nous faisons de bonnes actions, il se peut que nous espérions en retour de la reconnaissance ou des faveurs de la part de ceux que nous avons aidés. Lorsque nous n'obtenons pas la réaction espérée, nous pouvons perdre notre enthousiasme et peut-être même cesser de faire du bien. L'histoire qui suit est édifiante à cet égard :

Un jour un homme de Mumbai qui avait fait un don généreux à l'ashram est venu à Amritapuri. Lorsqu'il a informé les responsables de la queue du darshan qu'il était venu pour rencontrer Amma, ils lui ont remis un ticket numéroté en lui expliquant qu'il pouvait aller prendre son déjeuner et se détendre : il avait quelques heures devant lui avant que son tour ne vienne de recevoir le darshan. Le visiteur est entré dans une colère noire. Il a dit alors en criant : « Vous ne savez donc pas qui je suis ? J'ai donné énormément d'argent à l'ashram de Mumbai ! Comment osez-vous me traiter de cette façon ? » Et il s'est senti si offensé qu'il a quitté l'ashram sans même recevoir le darshan.

Ce monsieur de Mumbai avait eu le cœur assez grand pour faire un don généreux, mais en retour, il espérait recevoir de la reconnaissance et un traitement de faveur. Son attitude déplacée a gâché la beauté de sa bonne action et l'a aveuglé au point qu'il a renoncé aux bienfaits d'un darshan d'Amma.

Je me souviens d'un autre exemple du même genre et qui remonte à mes tous premiers jours auprès d'Amma. Je travaillais alors dans une banque et comme il n'y avait aucun restaurant végétarien aux alentours, j'avais pris l'habitude de sauter le déjeuner et le dîner. Après le petit-déjeuner, je ne prenais que du thé et un goûter dans l'après-midi. En ce temps-là, pendant le Krishna et le Dévi Bhava, Amma donnait comme *prasad*[2] à tous ceux qui venaient au darshan une ou deux cuillerées de payasam (riz au lait sucré). Mais chaque fois que j'allais au darshan du Dévi Bhava en rentrant de la banque, comme elle savait à quel point j'étais affamé, Amma me donnait beaucoup plus de *payasam*. Ensuite, elle me demandait de rester pour méditer pendant un moment.

---

[2] Toute chose bénie par le guru est appelée *prasad*. Tout ce qui est offert au guru ou à Dieu est sanctifié et devient donc également *prasad*.

Il y avait à cette époque un autre dévot qui était très jaloux de l'attention qu'Amma donnait aux premiers brahmacharis, et à moi en particulier. Un jour, il a offert à Amma un tapis de méditation en véritable peau de tigre[3]. Toutefois, comme Amma ne changeait en rien son comportement vis-à-vis de nous, il était tellement en colère qu'il a fini par crier : « Il n'y en a que pour les brahmanes ici ! ». Et ce disant, il a retiré la peau de tigre de l'endroit où elle avait été rangée, et a quitté l'ashram. Après cet incident il n'est revenu voir Amma que rarement. Bien sûr, ce qu'il disait était absurde. Amma n'a jamais manifesté de préférence envers une caste, une religion ou quoi que ce soit d'autre. En fait Amma ne faisait pas spécialement attention à moi. C'est seulement qu'à l'époque, autour d'Amma, très rares étaient ceux d'entre nous qui s'intéressaient à la méditation et voulaient devenir brahmacharis. La majorité des gens étaient des chefs de famille qui souhaitaient seulement lui confier leurs problèmes avant de rentrer chez eux. Mais à ceux d'entre nous qui voulaient méditer, Amma donnait la chance très spéciale de s'asseoir à ses côtés.

Parce qu'il n'a pas reçu la récompense qu'il espérait après avoir offert une asana traditionnelle à Amma, non content de gâcher la beauté de son geste, ce dévot a aussi repris le cadeau exceptionnel qu'il avait fait.

L'orgueil et l'égoïsme peuvent saboter non seulement nos bonnes actions mais aussi nos qualités. Une fois Amma loua

---

[3] Dans les temps anciens, les yogis s'asseyaient sur une peau de tigre pour méditer. On dit que la peau de tigre garde les vibrations spirituelles positives générées par la personne qui médite. Si on utilise un autre type d'asana, les vibrations peuvent traverser le tapis et se perdre dans la terre. Bien sûr, de nos jours, comme les tigres sont en voie de disparition, plus personne n'utilise leur peau, mais au début des années 80, quoique rares et chères, il était encore possible d'en trouver. Naturellement, un maître réalisé comme Amma n'a absolument pas besoin de ce genre de matériaux. Dans son ignorance, le dévot avait cru faire une grande faveur à Amma.

la grande humilité d'un certain brahmachari. Le lendemain, en présence de ce même garçon, elle cita en exemple l'humilité exceptionnelle d'un autre moine. Dès qu'il entendit ces paroles, le premier brahmachari protesta : « Amma, comment peux-tu dire ça de lui ? Je suis bien plus humble que lui ! » Dans le feu de l'émotion, le brahmachari ne s'est pas rendu compte qu'il tirait vanité de sa propre humilité.

L'humilité est l'unique qualité qui fait de toute évidence défaut à celui qui proclame l'avoir. C'est probablement la plus insaisissable des qualités. Amma dit qu'un véritable chercheur ne devrait pas attendre le moindre mot de reconnaissance. Trop souvent, l'humilité n'est pas l'abandon de l'orgueil, mais seulement son remplacement par une nouvelle sorte d'orgueil : la fierté de ne pas être fier. Cherchons à tout prix à développer l'humilité mais comprenons en même temps que si jamais nous atteignons la perfection de cette qualité, nous serons alors si peu conscients de nous-mêmes que nous ne saurons même pas que nous sommes humbles.

Le Bouddha a donné ce conseil à ses disciples : « Il existe quatre-vingt mille sortes d'ignorances dans l'esprit humain. Si vous voulez servir l'humanité, vous devez être prêts à accepter quatre-vingt mille sortes d'insultes. »

Quand Amma a pris l'initiative du projet de construction et de distribution de maisons gratuites pour les sans-abri, elle a envoyé de nombreux brahmacharis diriger et réaliser les travaux. De retour à Amritapuri, certains se sont plaints d'un des bénéficiaires du projet, qui avait jusqu'alors vécu dans une sorte de cabane en tôle et en carton mais ne semblait pas du tout reconnaissant pour le logement qui lui avait été donné. Bien qu'il soit au chômage, il avait absolument refusé d'aider les moines. Il s'était contenté de rester là, à fumer et à regarder les autres travailler sans manifester le moindre intérêt. Le soir où les brahmacharis avaient coulé la dalle, et demandé au futur bénéficiaire d'en humidifier le béton pour l'aider à prendre pendant la nuit, il leur avait répondu : « Ce n'est pas mon travail et je ne veux pas le faire. »

Les brahmacharis demandaient : « Pourquoi devrions-nous prendre la peine de construire des maisons pour des gens pareils ? »

Amma a expliqué : « Mes enfants, c'est votre devoir de construire les maisons. Et cet homme était simplement égal à lui-même. S'il avait agi différemment, ce serait quelqu'un d'autre. » Autrement dit, chacun agit selon sa nature, et nous ne devons pas espérer qu'il en soit autrement.

Après avoir été reçus de cette façon deux ou trois fois, si ces moines n'avaient pas eu Amma pour rectifier leur attitude, ils auraient certainement perdu leur enthousiasme et le goût de servir les pauvres. Grâce à ses explications, ils ont pu prendre cette expérience comme une occasion de pratiquer l'action pour l'action elle-même, de développer l'équanimité, et d'accomplir leur devoir sans se soucier de savoir si leurs efforts allaient être appréciés ou pas.

Si nous faisons la charité ou accomplissons une bonne action en espérant recevoir de la gratitude et de la reconnaissance, nous augmentons notre karma, et bien que cela soit du bon karma, nous aurons à faire l'expérience des fruits positifs de nos actions. Si les conséquences de nos actions négatives ou nuisibles nous ligotent avec une chaîne métallique, car nous sommes destinés à expérimenter les effets douloureux de nos actions négatives, les conséquences des bonnes actions accomplies dans un but égoïste nous lient avec une chaîne en or.

Que nous soyons ligotés par de l'or ou de l'acier, nous sommes toujours prisonniers. Même si nous connaissons le succès, la prospérité et des expériences agréables grâce aux fruits de ces actions, nous serons encore pris au piège du cycle de la naissance et de la mort.

Certains consacrent leur vie à accomplir de bonnes actions et à faire les *yagnas* (rituels) appropriés afin de gagner le droit d'entrer au paradis, au moment de la mort. Mais, selon le Sanatana Dharma, même s'ils réussissent, la vie au paradis n'est pas éternelle. C'est pourquoi dans la *Katha Upanishad*, lorsque Yama, le dieu de la Mort, offre à Nachiketas de demeurer dans le monde céleste le plus élevé, en lui promettant les plaisirs les plus raffinés pour pratiquement l'éternité, le jeune garçon refuse le cadeau en disant qu'il veut uniquement la connaissance du Soi, la seule qui garantit la libération du cycle de la naissance et de la mort. Nachiketas sait que tous les plaisirs, ceux de ce monde et ceux du paradis, sont momentanés et insatisfaisants à long terme, et que lorsque les mérites d'une âme sont épuisés, elle doit redescendre sur terre et s'incarner en tant qu'être humain. De même, dans la Bhagavad Gita, le Seigneur Krishna déclare :

te taṁ bhuktvā svargalokaṁ viśālaṁ
kṣīṇe puṇye martya-lokaṁ viśanti

« Ayant profité du vaste monde céleste, ils retournent à celui des mortels. »

Naturellement, cela ne signifie pas que nous devons renoncer à servir autrui sous prétexte que notre attitude n'est pas totalement désintéressée. À partir du moment où nous agissons dans le but de devenir désintéressé, nous nous ouvrons de plus en plus et nous atteignons finalement cet état où le service est véritablement désintéressé.

Amma affirme : « Même s'il nous arrive de ne pas obtenir des autres un retour à la mesure de nos bonnes actions, nous ne devons jamais renoncer à faire le bien. Même si personne n'apprécie ce que nous faisons, cela aura quand même un effet positif. »

Amma fait ici référence au fait qu'une action donnée a au moins deux conséquences : l'une visible, l'autre, invisible. On va réagir de façon négative ou positive à notre bonne action. C'est le résultat visible. Mais quel que puisse être ce résultat visible, nous en recevons du mérite et c'est là le résultat invisible de notre action. Ainsi, le résultat visible peut être positif ou négatif, mais le résultat invisible d'une bonne action est de toute façon positif. Lorsque nous donnons à manger à quelqu'un qui a faim, le résultat visible, c'est la disparition de la faim. Le résultat invisible, c'est le mérite obtenu grâce à cette bonne action.

Souvenons-nous que le résultat invisible de nos bonnes actions est toujours positif et, sans accorder trop d'importance à la gratitude ou à la reconnaissance qui pourrait nous être manifestée, faisons toujours de notre mieux pour être fidèles à notre dharma.

Il existe une espèce particulière de tortue qui balaie le sol de sa queue quand elle se déplace pour empêcher les prédateurs potentiels de la suivre à la trace. Ce n'est efficace que dans une certaine mesure. Car maintenant, certains de ses prédateurs ont deviné sa technique ; ils ne cherchent plus l'empreinte de ses pattes mais le dessin créé dans le sillage de sa queue.

Pour progresser spirituellement et finalement nous libérer de l'asservissement des naissances et des morts, nous accomplissons de bonnes actions. Mais si en faisant la chose juste, notre attitude est incorrecte, nous sommes comme cette tortue. Notre attitude agit comme cette queue qui efface les impressions créées par nos bonnes actions et laisse une marque bien à elle et qui nous emprisonne plus encore. C'est pourquoi Amma nous recommande d'oublier aussitôt ce que nous avons fait de bien.

En tournant la clé dans un sens, nous fermons le verrou. En la tournant dans l'autre sens, nous l'ouvrons. De même, les actions accomplies avec une attitude incorrecte nous enferment dans le *samsara* (dans le cycle des naissances et des morts), tandis que si notre attitude est juste, elles ouvrent le verrou du *samsara* et nous en libèrent.

Deuxième Partie

Construire une vie bénie

« *Puisse l'arbre de notre vie s'enraciner fermement dans le terreau de l'amour.*

Puissent nos bonnes actions en être les feuilles,

la bonté de nos paroles former ses fleurs

et la paix en être les fruits. »

– Amma

Chapitre 5

Vivre une vie spirituelle

Si nous lisons les Écritures sans être guidés correctement et sans les comprendre vraiment, il se peut que nous en tirions la conclusion erronée que les cinq sens sont, par nature, plutôt mauvais. Mais en observant Amma, nous réalisons que ce n'est pas le cas. Elle nous montre que si nous utilisons les cinq sens de façon positive, ils seront un atout pour notre croissance spirituelle plutôt qu'un handicap.

Amma utilise les oreilles pour écouter le chagrin de ceux qui souffrent, la parole, pour les consoler et les réconforter, et les yeux pour exprimer sa compassion. Quelles que soient les circonstances dans lesquelles nous nous trouvons, prenons tous l'engagement de penser et d'écouter de bonnes paroles, de parler avec bonté et de faire le bien.

Un jour, à l'ashram de San Ramon, pendant la tournée 2005, un enfant de trois ans, né par la grâce d'Amma, est venu se plaindre. Debout devant Amma, il a hardiment déclaré : « Moi j'aime personne ici ». Au lieu de considérer sa déclaration comme un bavardage puéril, Amma a pris sa plainte au sérieux :

– « Pourquoi donc, mon enfant ? Est-ce que quelqu'un t'a grondé ? »

– « Non », a répondu le garçon.

– « Est-ce que tu ne serais pas tout triste si les gens qui sont ici disaient qu'ils ne t'aimaient pas ? » lui a ensuite demandé Amma.

L'enfant a acquiescé. Alors Amma lui a donné, à lui ainsi qu'à son père et à tous les témoins de cet échange, un enseignement valable pour la vie. En faisant les gestes appropriés pour souligner ce qu'elle disait, elle lui a offert ce conseil : « Dans tout ce que tu entends, dans tout ce que tu vois, dans tout ce que tu sens, dans tout ce que tu manges… » Et montrant de la main tout le monde dans le hall, elle a poursuivi : « Dans tous les gens, partout…, il faut que tu sentes Dieu, en tout. » C'est ainsi qu'elle a su expliquer, même à un enfant de trois ans, comment utiliser ses sens de façon positive.

Elle nous enseigne ainsi à diriger notre énergie vers un objectif constructif plutôt que de la refouler. C'est une pratique très importante dans la vie spirituelle. Supposons que nous tentions d'endiguer le flot d'une rivière tumultueuse. Non seulement la tâche s'avère très difficile mais cela peut avoir des répercussions néfastes à la fois pour l'environnement et pour nous. Si au lieu de construire des digues, nous détournons légèrement la direction du cours d'eau à sa source, la rivière ira vers une autre destination.

Amma ne nous demande jamais de refouler nos pensées et nos désirs, mais elle dirige très habilement le flot de nos pensées vers le Seigneur. Quand nos pensées sont tournées vers Dieu, toute l'énergie et les actions vont naturellement servir un dessein supérieur. Au lieu de mener une vie égoïste, nous devenons de plus en plus altruistes et pleins de compassion. Il n'est pas mauvais de se réjouir. Mais il n'est pas bon de ne garder l'agréable que pour nous. Ainsi, il est acceptable de passer du temps et de dépenser de l'argent à s'offrir certains plaisirs, mais, comme le dit Amma, une portion au moins de nos ressources et de notre temps doit être consacrée à aider les pauvres et les indigents.

En fait, il s'agit d'un concept et d'une pratique très simples. Mais dans la vie courante, nous avons besoin qu'on nous le rappelle constamment, et qu'un modèle parfait nous montre le chemin. C'est le bienfait que l'on retire de la vie auprès d'un maître comme Amma. Vous avez peut-être déjà entendu Amma comparer le maître spirituel au propulseur de la fusée parce qu'il nous aide à sortir de l'orbite de nos tendances négatives et de nos désirs égoïstes. J'ai lu récemment qu'un vaisseau spatial solaire russe s'était écrasé au sol à cause d'une défection de son propulseur. Ainsi, si nous dépendons d'un propulseur physique, nous ne savons pas quand il va nous faire défaut ou tomber en panne de carburant. Mais le propulseur du maître spirituel ne faillira jamais, car le maître dispose du carburant inépuisable de l'amour inconditionnel.

Comment utiliser l'exemple de la vie d'Amma pour nous propulser ? D'abord, en passant du temps en sa compagnie, nous l'aimons elle, ou au moins ce qu'elle fait. En voyant la vie de sacrifice qu'elle mène, nous nous mettons nous aussi à nous détacher des objets des sens.

Amma rapporte l'anecdote suivante : Un jour, un homme riche a eu un entretien en privé avec elle. Il avait alors l'habitude de dormir dans un lit superbe, et il pensait qu'après les longues heures épuisantes du darshan, Amma, elle aussi, s'allongeait sur un lit bien confortable. Quel choc quand il a découvert qu'elle dormait toujours à même le sol ! Il a décidé de vendre son lit luxueux pour reverser l'argent aux œuvres caritatives.

Une autre fois, un groupe de jeunes gens est arrivé à l'ashram pendant le darshan. La plupart étaient saouls au point que l'un d'eux s'est mis à vomir partout après être passé au darshan. Les dévots assis à côté d'Amma, y compris les amis du jeune homme, se sont tous reculés dégoûtés. Mais Amma s'est aussitôt levée pour lui essuyer le visage et le torse avec son sari. Puis, les mains nues, elle s'est mise à nettoyer par terre. Bientôt, les dévots sont arrivés avec une serpillière et un seau d'eau. La profondeur de l'humilité et de l'amour d'Amma a amené un réel changement chez ces jeunes. Ils ont eu tellement de remords qu'ils ont arrêté de boire.

Amma nous enseigne ainsi que la vie n'est pas simplement faite pour s'amuser. Elle nous révèle un objectif plus élevé, et nous montre comment utiliser le corps, le mental et les sens pour le réaliser.

Dans la Kena Upanishad, on trouve cette invocation pour la paix :

« Que tous mes membres soient forts et sains, Ô Seigneur ! Que la parole, le souffle, les yeux, les oreilles et tous les autres organes connaissent la force et la santé… Que jamais je n'oublie le Brahman suprême qui imprègne la totalité de l'univers. »

Cela signifie : « Puissent les cinq sens ne pas me tromper en ne me donnant qu'une connaissance superficielle des formes et des sons. Puissent-ils être assez forts pour dépasser l'apparence des noms et des formes afin de découvrir la vérité qui se cache au-delà. »

Amma raconte l'histoire suivante : un homme d'affaires va voir un guru et lui explique qu'il a beaucoup d'argent, une femme affectueuse et des enfants obéissants, mais qu'il ne parvient pourtant pas à trouver la paix de l'esprit. Le guru lui propose de lui donner un mantra. Aussitôt, l'homme d'affaires sort de sa poche un impressionnant trousseau de clés en s'exclamant : « Chacune de ces clés correspond à une usine dont je suis responsable. Où trouverais-je le temps de répéter un mantra ? » Le guru demande patiemment :

— « Est-ce que vous prenez une douche tous les jours ? »

— « Bien sûr », répond l'homme.

— « Quelle distance y a-t-il de votre lit à la salle de bains ? »

— « Environ cinq mètres », répond-il.

— « Que faites-vous en vous rendant à la salle de bains ? »

— « Rien de spécial. Je marche, c'est tout. »

— « Alors, en allant à la salle de bains, vous pourriez répéter votre mantra plusieurs fois ? »

L'homme d'affaires admet que oui.

– « Et quand vous prenez votre douche, qu'est-ce que vous faites d'autre ? »

Le visiteur concède qu'il pourrait aussi réciter son mantra sous la douche.

Le guru recommande ainsi à l'homme d'affaires de répéter mentalement le mantra en se brossant les dents, en prenant son petit-déjeuner et en allant prendre sa voiture. Ce monsieur met sincèrement en pratique la suggestion du maître, et finalement, il arrive à réciter son mantra pendant un grand nombre de ses activités quotidiennes.

Le philosophe romain Sénèque dit : « Nous trouvons tous le temps dont nous avons besoin si nous le souhaitons. Le travail ne court après personne. Nous nous y accrochons volontairement en pensant qu'être occupé est signe de bonheur. »

Dans le monde d'aujourd'hui, les gens se plaignent souvent d'être trop occupés pour pouvoir faire des pratiques spirituelles ou pour mener une vie spirituelle. Mais comme l'homme d'affaires de l'histoire, si nous observons soigneusement notre façon de vivre, nous découvrirons certainement que nous avons quelques moments pour nous souvenir de Dieu. Nous avons beau être très occupés, nous pouvons tout au long de la journée trouver un grand nombre d'instants, pendant lesquels nous n'avons pas à penser, si bien que nous pouvons répéter notre mantra, ne serait-ce que quelques minutes dans le bus, ou dans une file d'attente, ou en faisant une tâche routinière. Au lieu de consacrer tout notre temps libre aux loisirs ou à rêver au passé ou à l'avenir, apprenons à transformer au moins une partie de notre temps libre en moments de qualité.

En attendant au téléphone par exemple, essayons de rester immobiles intérieurement et de nous souvenir que notre véritable nature est immobilité et paix. Si Amma est notre guru, nous pouvons nous remémorer une expérience tendre que nous avons eue en sa compagnie, ou la visualiser assise dans notre cœur. Si nous faisons la queue à la poste, imaginons que nous nous trouvons dans la queue du darshan. (Mais, une fois au guichet, faites attention à ne pas serrer dans vos bras l'employé qui vous tend les timbres !)

Si nous ne sommes pas dévots de nature, nous pouvons simplement observer notre respiration, prendre conscience de chaque inspiration et de chaque expiration. Cet exercice est en soi une pratique spirituelle qui permet d'être plus présent intérieurement.

Lorsque nous accomplissons des pratiques spirituelles et approfondissons notre compréhension des principes spirituels, nous devons nous montrer particulièrement attentifs à la façon dont nous occupons notre temps libre. Par exemple, lorsque nous avons une soirée ou un week-end libre, nous assistons à un satsang (réunion d'aspirants spirituels) ou faisons du travail bénévole. Si pendant nos moments de loisirs nous effectuons quelque chose d'utile spirituellement, pendant ce temps-là au moins, le mental demeure relativement pur et en plus nous aidons les autres. En même temps, faisons attention de ne pas créer de nouvelles *vasanas*[1]. Nous pouvons éviter cela en lisant des ouvrages spirituels, en nous rendant dans les ashrams d'Amma, en passant du temps en compagnie de dévots ou d'autres chercheurs spirituels. Dans une grande mesure, ce genre d'activités empêche la création de nouvelles *vasanas*. La première étape pour éradiquer ou dépasser les *vasanas* consiste à éviter de fréquenter les endroits qui les stimulent.

Par exemple, Amma dit que si nous ne pouvons pas nous passer de regarder la télévision, il ne faut pas avoir de téléviseur

---

[1] *vasana* signifie littéralement « tendance ». Dans ce livre, on utilise ce terme pour parler surtout des tendances négatives. Toutefois à la fin, toutes les tendances doivent être transcendées pour atteindre la Libération ou la réalisation du Soi. Mais une importante partie du processus est de se débarrasser de toutes les tendances négatives et de cultiver activement des tendances positives.

dans notre chambre en nous disant que nous ne l'allumerons pas. La première mesure à prendre, c'est de sortir la télévision de la pièce. Il est beaucoup plus difficile d'éviter une chose quand nos sens sont en contact avec elle. Si nous pouvons totalement empêcher ce contact, en ne fréquentant que des lieux où la vasana trouvera moins d'occasions de se manifester, nous avons plus de chance de réussir. Bien entendu, si la vasana est forte, il se peut que nous n'arrivions pas à nous en débarrasser complètement, mais nous pouvons tout de même tenter de la maîtriser. S'il nous est impossible d'arrêter complètement de regarder la télévision, nous pouvons nous en tenir aux films spirituels et aux documentaires éducatifs.

Nous pouvons également examiner nos activités quotidiennes et trouver de nouvelles façons de les effectuer plus consciemment, d'en faire des moments où nous nous rappelons notre véritable nature et le but ultime de la vie.

Notre façon de nous réveiller le matin est très importante. Avant de poser le pied par terre, remercions la Terre de nous porter et de nous nourrir. Avant de sortir du lit, prions : « Ô Seigneur, fais qu'aujourd'hui je ne blesse personne, ni en pensée, ni en parole, ni en acte. Fais qu'aujourd'hui je sois utile aux autres. »

Lorsque nous prenons notre douche le matin, soyons reconnaissants envers la Nature de nous procurer de l'eau. Faisons attention de ne pas en gaspiller et souvenons-nous que c'est une ressource précieuse, inaccessible à certains. Prions pour que les besoins de chacun soient satisfaits.

Avant de manger, rendons grâce à Dieu pour la nourriture qu'Il nous donne. Souvenons-nous de tous les sacrifices et les efforts que d'autres ont dû faire pour que cette nourriture arrive jusqu'à nous. Prenons soin aussi de ne pas prendre plus que ce que nous pouvons manger. Gaspiller de la nourriture, c'est manquer de respect envers Dieu et ceux qui n'ont rien à manger. Amma l'affirme carrément : « Prendre plus de nourriture que ce dont nous avons besoin est un acte de violence. »

J'ai lu récemment une étude sur la pauvreté dans le monde qui concluait que si vous avez de quoi manger dans le réfrigérateur, des vêtements sur le dos et un toit sur la tête, vous êtes plus fortuné que 60% de la population mondiale. Beaucoup d'entre nous considérons ces choses comme allant de soi, comme un droit de naissance. Mais la vaste majorité des humains en est privée. En fait, c'est un grand privilège de posséder ces choses simples et de première nécessité. Si nous pensons à la souffrance des gens sur toute la planète, comment pouvons-nous dire que notre vie n'est pas un cadeau ?

Amma remarque : « En général, nous sommes inconscients des bénédictions que nous recevons et toujours prêts à nous plaindre. C'est une mauvaise attitude. Dieu nous donne tant : un corps sain, la lumière du soleil, l'air et l'eau. Cependant nous ne Lui exprimons pas notre gratitude. Essayons de cultiver un cœur rempli de reconnaissance et d'amour pour Dieu. »

Le crépuscule est l'une des périodes les plus importantes de la journée. Amma dit que les vibrations matérialistes sont très fortes à ce moment-là car tous les êtres vivants pensent à leur vie quotidienne et ont très envie de dormir. D'après elle, si nous ne faisons pas de pratique spirituelle à ce moment là, toutes ces vibrations matérialistes vont avoir une influence négative sur nous. C'est pourquoi elle nous recommande, à la tombée de la nuit, de chanter à haute voix des bhajans plutôt que de manger, de dormir ou de nous engager dans des activités qui nous extériorisent. Nous pouvons ainsi éviter les pensées négatives et nous concentrer sur Dieu. Amma affirme que les bhajans purifient l'atmosphère.

Traditionnellement, surtout dans les familles brahmanes, le crépuscule est réservé aux pratiques spirituelles. La famille se rend dans la salle de puja pour prier et chanter pendant au moins une demi-heure. Toutefois, en Inde aujourd'hui, entre 18h30 et 19h, la télévision passe un extrait d'un des films les plus populaires du cinéma. Et il arrive souvent que les parents s'assurent que leurs enfants font bien leurs prières à ce moment-là tandis qu'eux-mêmes regardent tranquillement l'extrait de film à la télévision.

J'ai été témoin de cela quand je suis allé chez des dévots en Inde. Je me souviens être arrivé chez quelqu'un à 18h30 pile et les parents venaient juste d'envoyer leur enfants à la salle de puja. Mais comme j'étais là, ils ne pouvaient pas regarder la télévision. J'ai senti qu'ils étaient déçus que je sois venu à ce moment-là mais qu'ils n'osaient pas me dire de partir. Plus tard, ils me l'ont avoué eux-mêmes : « Swami, nous disons aux enfants de prier ponctuellement entre 18h30 et 19h. Le film est découpé en épisodes d'une demi-heure, alors ça nous suffit. » Intérieurement j'ai prié Amma pour la remercier de ne pas avoir été mis à la porte de chez eux ce soir-là.

Selon Amma, même si nous nous intéressons tant soit peu à la spiritualité et ressentons de l'amour pour Dieu, rares sont ceux qui, parmi nous, accepteraient la Libération si on nous l'offrait. Elle dit en plaisantant que même si Dieu se présentait à notre porte pour nous offrir la réalisation suprême, nous dirions : « Tu sais, Seigneur, je suis en train de regarder un film vraiment super. Pourrais-tu repasser quand ce sera fini ? »

Ce que nous faisons avant de nous endormir est aussi très important. Au lieu de regarder un film violent ou de nous plonger dans un livre d'épouvante, mieux vaut lire un ouvrage à caractère moral ou spirituel, ou bien quelques pages de l'enseignement d'Amma ou d'un autre maître réalisé, ou encore des passages des Écritures. Beaucoup de gens soutiennent que les films et les médias n'influencent pas leurs attitudes ni leur comportement, mais de nombreux psychologues assurent qu'il vaut mieux lire quelque chose qui tranquillise et apaise le mental, tout spécialement avant d'aller se coucher.

Amma recommande également de méditer pendant dix minutes juste avant de nous endormir et immédiatement au réveil. Elle a bien raison de nous donner ce conseil : la pratique régulière de la méditation produit un effet subtil mais très important. D'après Amma, différentes émotions créent des vibrations variées en nous et autour de nous. La colère engendre un certain type de vibration, le désir en génère un autre, et l'amour maternel, encore un autre. Le *mantra japa* (la récitation du mantra) et la méditation produisent en nous une vibration très bénéfique. La science moderne a mené de nombreuses études montrant aussi que la méditation a une influence très positive sur la santé physique et mentale, et qu'elle stimule les zones du cerveau reliées au bonheur et au sentiment de bien-être. Une étude du pouvoir de la méditation conduite par l'université du Wisconsin a mesuré l'activité de ces zones cérébrales chez les gens ordinaires et l'a comparée à celle des moines bouddhistes tibétains. Chez les vieux moines qui méditent régulièrement depuis des années, l'indicateur de « bonheur » est sorti de la grille de lecture mise au point par l'université. Leur capacité à être heureux dépassait ce que les scientifiques avaient cru possible.

Selon les sages des temps anciens, il est très important d'accomplir nos pratiques spirituelles avant de commencer la journée. Dans le *Srimad Bhagavatam* qui décrit le déclin des valeurs morales et spirituelles pendant le Kali Yuga, c'est-à-dire l'âge du matérialisme (dans lequel nous sommes plongés actuellement) le sage Shuka prédit que : « Pour commencer la journée, les gens se contenteront pour toute pratique de prendre une douche. » N'est-ce pas exactement ce que pense la majorité d'entre nous ? Surtout si nous sommes pressés, nous prenons simplement une douche rapide avant de partir en courant, un toast à la main. Mais ce que les sages nous rappellent, c'est que le mental aussi a besoin de prendre une douche le matin. Cette propreté intérieure ne peut s'acquérir que par la méditation ou par d'autres exercices spirituels.

Certaines personnes demandent : « Si Dieu est à l'intérieur, pourquoi y-a-t-il autant de rituels et de cérémonies dans le Sanatana Dharma ? » Elles veulent comprendre comment il est possible de trouver Dieu à l'intérieur de soi en passant son temps à regarder à l'extérieur. Si ceux qui s'interrogent ainsi voulaient bien fermer les yeux deux minutes pour essayer de trouver Dieu à l'intérieur, je pense qu'ils trouveraient la réponse à leur question. Regarder à l'intérieur n'est pas si facile que ça. Le mental a une très forte tendance à l'extraversion ; si nous l'affrontons directement, en tentant immédiatement de tirer les sens vers l'intérieur et de nous intérioriser, il se révolte et notre agitation mentale est alors multipliée par dix.

On trouve ce verset dans la *Katha Upanishad* :

parāñci khāni vyatṛṇat svayambhūstasmāt
parāṅpaśyati nāntarātman

« *Le Seigneur Suprême qui existe par Lui-même a créé
les organes des sens avec une tendance à l'extraversion.
Si bien que par les sens, l'homme ne perçoit que les objets
extérieurs et pas le Soi intérieur.* »

Selon Amma, Dieu a beau être à l'intérieur, le mental ne se tourne pas dans cette direction. Le but des rituels extérieurs, c'est d'amener le mental, bon gré mal gré, à se concentrer sur Dieu. Nous laissons le mental se diriger vers l'extérieur comme il aime à le faire, mais nous contrôlons l'objet de notre attention. Lentement, par la pratique, nous réussissons à orienter l'attention vers l'intérieur.

En Inde, les mères ont une façon intéressante d'amener leurs jeunes enfants à manger. Vous savez comme il est difficile de convaincre les tout-petits de manger quand c'est l'heure. Alors, au lieu d'appeler son enfant pour le repas, la maman lui propose autre chose : « Viens mon chéri, allons voir la lune. » Et tout en pointant vers la lune et en décrivant son aspect particulier, la mère glisse un peu de nourriture dans la bouche du gamin dont l'attention est totalement absorbée par la lune. Ou bien la maman emmène l'enfant au jardin public et lui fait faire de la balançoire. Et chaque fois que la balançoire rapproche l'enfant de sa mère, il reçoit une bouchée de nourriture. Mais le bambin n'a pas l'impression qu'il est en train de manger. Pour lui, il se balance ou il regarde la lune.

Les formes extérieures de culte agissent de la même manière. Même le hatha yoga fait partie de ces formes extérieures. On se concentre sur la posture du corps, mais le but véritable, c'est l'apaisement et la concentration de la pensée. De même, certains aiment méditer en se concentrant sur la respiration. Là encore, le but recherché, c'est de calmer la pensée. Et comme la pensée est intimement liée au corps et à la respiration, ces deux techniques peuvent s'avérer très efficaces... sans que le mental ne se sente attaqué.

Lorsque nous faisons *l'archana* (une forme de culte)[2], une *puja* (rituel sacré), le *homa* (cérémonie du feu), ou lorsque nous méditons sur une photo de notre guru ou sur une image de notre divinité préférée, nous concentrons notre attention sur ce qui est devant nous. Nous arrivons ainsi à maintenir le regard, l'ouïe et les différents organes des sens en retrait par rapport à tout ce qui les entoure. Petit à petit, cette pratique nous permet d'augmenter la force de notre concentration. Au lieu de laisser les sens s'extérioriser et se diriger vers un grand nombre d'objets différents, nous tentons de les concentrer sur un seul objet, et

---

[2] Dans ce livre, et à l'ashram d'Amma, on appelle *archana* la récitation du Sri Lalita Sahasranama, les 1000 Noms de la Mère Divine.

pas n'importe lequel : un objet doté de caractéristiques divines, si bien que nous cultivons du même coup la pureté du cœur. Une meilleure concentration mentale facilite l'intériorisation. C'est le but de tous ces rituels extérieurs. Même s'il y a extériorisation, c'est un procédé qui amène progressivement à l'intériorisation.

Même si nous ne consacrons que vingt minutes par jour aux pratiques spirituelles, n'en concluons pas que nous n'avons pas les moyens de mener une vie spirituelle. Dans son discours de Guru Purnima en 2005, Amma a proposé les pratiques suivantes ; elles sont très simples, et chacun d'entre nous peut les inclure dans son emploi du temps afin de mener une vie conforme à ses enseignements :

Un jour de silence par semaine, durant lequel nous pouvons méditer, répéter le mantra et jeûner.

Si nous sommes en colère contre quelqu'un, passons-lui un coup de fil ou bien écrivons lui une lettre pleine d'affection et de bonté.

Une fois par semaine, faisons un vœu : « Aujourd'hui, je ne me mettrai en colère contre personne. » Il se peut que nous échouions et nous mettions en colère, mais ne nous décourageons pas, et poursuivons nos efforts.

Mettons en place un emploi du temps spirituel, avec la liste des exercices que nous souhaitons pratiquer et celle des qualités que nous voulons développer. Consultons-le chaque matin et respectons-le, car son rôle, affirme Amma, est comparable à celui d'une alarme qui nous avertit si des fauteurs de trouble s'introduisent dans la propriété.

D'après Amma, mener une vie spirituelle revient à mener notre vie habituelle tout en adoptant une attitude spirituelle. En fait, la plupart de nos actions peuvent devenir des exercices spirituels. L'une des pratiques les plus importantes est de cultiver des qualités comme la bonté, la patience, la compassion et l'amour. En observant de près notre vie, nous découvrons qu'en de nombreuses occasions, nous pourrions développer et exprimer ces qualités tout au long de la journée.

Dans la *Bhagavad Gita*, le Seigneur Krishna dit :

ne'hā bhikramanāśo 'sti pratyavāyo na vidyate
svalpam apy asya dharmasya trāyate mahato bhayāt

« *Sur ce chemin spirituel, aucune tentative n'est jamais vaine. Il n'y a pas non plus de retour en arrière.*
La pratique d'un peu de ce dharma protège de grandes peurs. »

(II.40)

En règle générale, les efforts que nous faisons dans le monde matériel ont deux défauts fondamentaux. Le premier est que, si pour une raison ou une autre, nous n'atteignons pas notre but, tous les efforts que nous avons fournis en vue de réussir sont perdus. Par exemple, si pendant des mois nous avons trimé dans les champs pour avoir une récolte abondante et qu'un ouragan arrive juste avant la moisson, tout est à recommencer depuis le début.

Le second, c'est que nos efforts peuvent produire un résultat inattendu. Si nous prenons des médicaments, ils peuvent s'avérer efficaces ou pas. De plus, il est possible que nous soyons allergiques à ces remèdes. Dans ce cas notre effort n'a pas amené le résultat escompté (la guérison) mais a produit un effet différent (l'allergie) et même opposé à celui que nous espérions.

Dans ce verset, Krishna nous explique que les défauts majeurs de nos efforts habituels n'affectent pas les efforts accomplis sur le chemin spirituel. De même que nous nous sentons automatiquement nourris par un repas sain, le moindre effort dans nos pratiques spirituelles, la plus petite tentative d'application des principes spirituels dans notre vie nous sera absolument bénéfique.

Il s'agit d'une autre loi universelle, aussi inébranlable que celle du karma. Si nous comprenions cette vérité nous n'hésiterions jamais à nous tourner vers la spiritualité, quel que soit notre âge. N'abandonnons jamais nos efforts, ne désespérons pas en songeant que toutes nos tentatives ont été vaines. Lorsque nous nous adonnons à une pratique spirituelle, nous en recevons les bienfaits. C'est obligatoire. Il s'agit là d'une loi universelle.

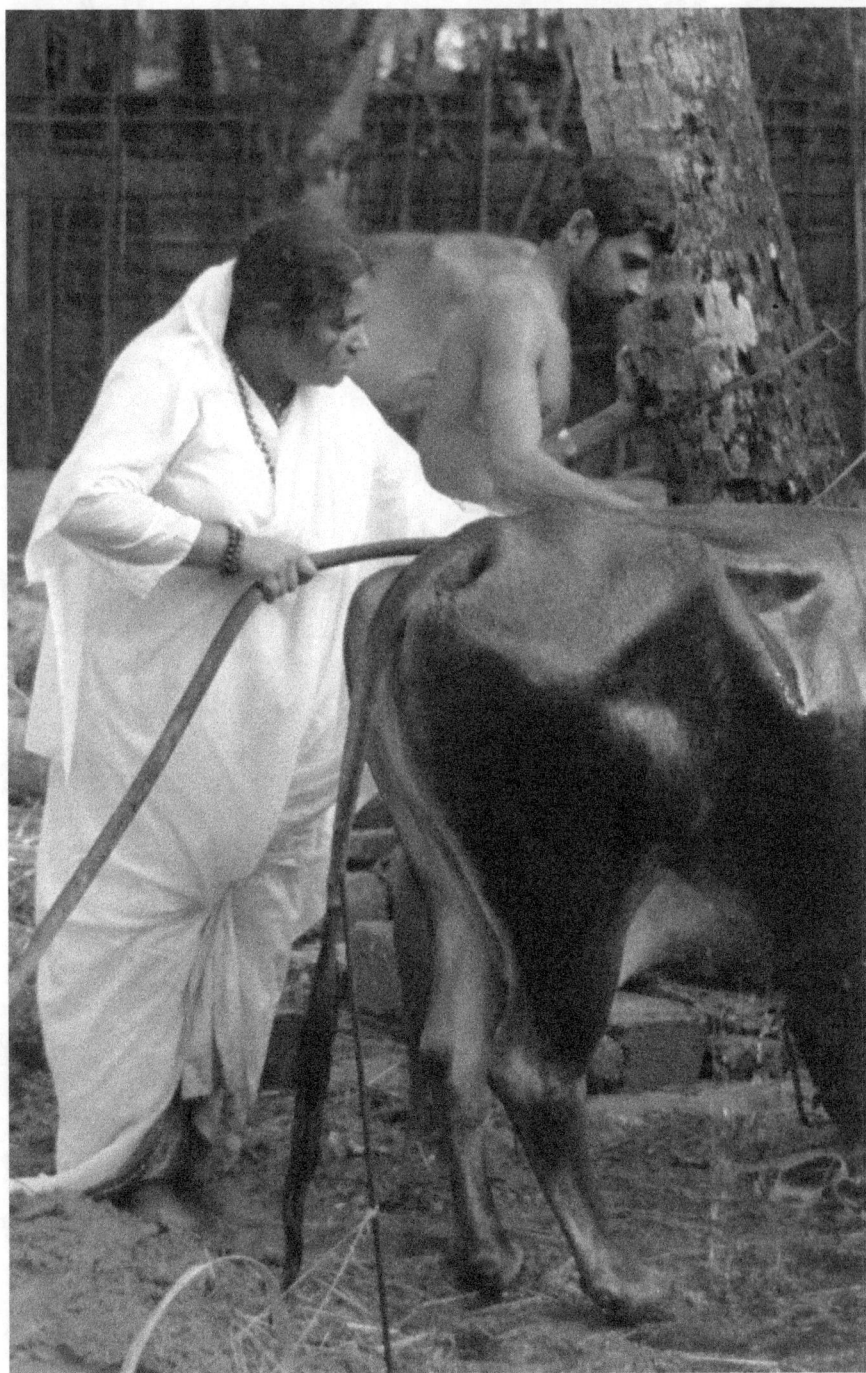

Chapitre 6

Rétro ingénierie : l'expansion du mental grâce au service désintéressé.

Dans son célèbre poème « La Terre Vaine », T.S. Eliot dénonce le vide moral et spirituel de la vie moderne. Il observe une file apparemment interminable de passants qui traversent le « London Bridge » pour aller travailler. Leurs mouvements sont si mécaniques et leur vie semble si dénuée de sens qu'Eliot les appellent « les morts vivants » et dit : « Je n'avais pas pensé que la mort en avait touché autant. »

Les textes du Sanatana Dharma soutiennent que celui qui ne vit que pour lui, sans aider les autres, ne vit pas vraiment, il est seulement « en vie » à la façon d'un animal. Une personne dans le coma est « en vie », mais quel genre de vie est-ce ? Ainsi, celui qui mène une existence purement égoïste est seulement « en vie ». Dans la *Bhagavad Gita*, le Seigneur Krishna qualifie de voleurs ceux qui prennent continuellement sans jamais rien donner en retour. Selon Amma, tant que nous continuons à prendre des autres, nous restons des mendiants. Mais quand nous commençons à donner, nous devenons des rois. La vie véritable débute lorsque nous aidons et servons autrui, quand nous manifestons de la compassion.

Un homme d'affaires qui a très bien réussi dirige le personnel de sa compagnie avec une grande dureté. Depuis dix ans, l'un de ses employés arrive au travail tous les matins à neuf heures précises. Il n'a pas manqué une seule fois et il ne lui est même jamais arrivé d'être en retard. Du coup, ce jour-là quand à neuf heures passées, ce monsieur n'est toujours pas arrivé, cela fait sensation dans le bureau. Tous ses collègues s'arrêtent de travailler, le patron lui-même regarde sa montre en maugréant et va guetter dans l'entrée.

Finalement à dix heures pile, l'employé arrive, les vêtements tout sales et déchirés, le visage égratigné et meurtri, les lunettes tordues. En boitant, il va péniblement jusqu'à la pointeuse, il pointe et explique d'une voix rauque : « Désolé d'être en retard, mais j'ai trébuché dans l'escalier du métro et j'ai dégringolé deux étages. J'ai failli me tuer. »

Tout ce que le patron trouve à dire, c'est : « Il vous a fallu une heure pour glisser dans les escaliers et dégringoler deux étages ? »

Bien que ce soit un brillant homme d'affaires, il lui manque une qualité humaine essentielle : la compassion. Malgré son apparente réussite dans la vie, il est incapable de répondre humainement à celui qui l'a servi avec tant de fidélité pendant si longtemps.

L'égoïsme prédomine tellement partout que nous avons besoin d'un exemple vraiment frappant comme Amma pour nous stimuler. En fait, nous avons un point commun avec elle. Nous sommes incorrigibles. Nous sommes d'incorrigibles égoïstes. Elle est une incorrigible altruiste. Si un jour Amma ne donne pas le darshan, elle ne s'accorde pas le droit de manger, tandis que si nous, nous ne travaillons pas pendant une journée, nous trouvons que c'est une bonne occasion de prendre un repas supplémentaire et de faire une longue sieste. Alors que la seule chose qui nous intéresse, c'est de trouver le moyen de réduire notre souffrance, Amma souffre volontairement par amour pour ses enfants.

Je me souviens d'un incident qui s'est déroulé à l'ashram en Inde il y a de nombreuses années, le jour de Vijaya Dashami, la fête de Sarasvati, la déesse de la Connaissance. Beaucoup de dévots amènent leurs enfants pour la cérémonie de l'écriture ; Amma initie les petits avant leur entrée à l'école maternelle. De neuf heures du matin jusqu'à midi, il y a des prières spéciales, des bhajans et ce jour-là, Amma a initié des centaines de bambins à l'alphabet. Quand l'une des fillettes s'est approchée pour le darshan, sa mère a confié à Amma que l'enfant souffrait constamment de fièvre et de vomissements. Elle a demandé à Amma de guérir sa fille.

Les cérémonies d'initiation à l'écriture terminées, Amma est partie dans sa chambre ; à l'époque, ce n'était qu'une simple hutte et elle est immédiatement tombée malade. Prise d'une très forte fièvre, elle s'est mise à vomir plusieurs fois. Elle a expliqué qu'elle avait pris sur elle la maladie de la fillette. Elle a aussi indiqué que cela faisait plusieurs vies que l'enfant souffrait de cette maladie, mais qu'elle-même pouvait épuiser ce karma en peu de temps.

Comme ses proches disciples étaient très inquiets de son état de santé, ils sont tous venus dans sa chambre. Il était prévu qu'elle retournerait peu de temps après dans le hall pour donner le darshan aux dévots qui attendaient sa bénédiction en ce jour favorable, mais elle dit qu'elle doutait de pouvoir le faire. L'un des brahmacharis se rendit au temple pour annoncer aux dévots qu'Amma était malade et que le darshan de l'après-midi devait malheureusement être annulé. La nouvelle fut un choc pour les dévots qui en furent anéantis, car jamais encore Amma n'avait annulé le darshan pour cause de maladie. Une des dévotes, incapable de surmonter le chagrin de devoir renoncer au darshan éclata bruyamment en sanglots. Puis ses pleurs se transformèrent en un puissant gémissement de douleur et un long cri d'angoisse.

Le hall étant assez éloigné de sa hutte, il est peu vraisemblable qu'Amma ait pu physiquement entendre les pleurs de cette dévote, mais elle l'a assurément entendue dans son cœur, car au même moment, oubliant toute nausée, fièvre, migraine et épuisement,

Amma a sauté de son lit pour courir consoler son enfant. Puis elle s'est assise pour donner le darshan jusque tard dans la nuit[1].

Alors que pour la plupart, nous souffrons à cause de nos actions passées, les maîtres authentiques comme Amma endurent volontairement la souffrance afin que d'autres n'aient pas à la subir. Ils prennent sur eux les résultats de nos actions passées. En fait, l'un des 108 Noms d'Amma répétés quotidiennement dans les ashrams par ses dévots dans le monde entier, peut se traduire par : « Celle qui est heureuse d'échanger le paradis contre l'enfer pour soulager les autres. »

Quand l'altruisme augmente, notre ego diminue naturellement, révélant ainsi notre innocence innée. Mais il faut travailler pour garder cette innocence. Si nous n'effectuons pas régulièrement nos pratiques spirituelles et si nous ne prenons pas soin de cultiver de bonnes pensées, nos tendances négatives latentes peuvent se réveiller à tout moment et nous faire retomber dans des habitudes malsaines et des schémas de pensée destructeurs.

Les lecteurs du *Succès Ultime* se souviennent peut-être de l'anecdote du dévot dont le fils avait, il y a bien des années, eu l'autorisation d'installer une échoppe à thé sur le terrain de l'ashram. Il existe maintenant un nouveau chapitre, ou plutôt une nouvelle fin à cette histoire.

Ce dévot était déjà d'un âge avancé, et pourtant si innocent qu'Amma l'appelait Bébé Krishna. Mais quand elle a demandé au fils de déplacer son échoppe pour récupérer l'espace, Bébé Krishna a perdu toute son innocence. Lorsqu'il a insisté pour que son fils puisse garder l'échoppe là où elle se trouvait, Amma a accepté dans toute sa compassion, de lui laisser plus de temps

---

[1] En réalité, à ce jour, depuis plus de trente ans qu'elle a commencé à donner le darshan, Amma n'en a jamais annulé un seul pour cause de maladie. Tout bien considéré, nous comprenons que cette fois-là, quand Amma disait qu'il faudrait annuler le darshan, c'était seulement pour augmenter la soif de Dieu dans le cœur des dévots.

pour trouver un endroit où déménager. Or pendant cette période de répit, un banian, un arbre sacré, s'est mis à pousser dans la fissure du mur de l'échoppe. Selon une croyance populaire en Inde, si un banian pousse quelque part, les activités matérielles et financières n'y seront pas prospères.

Sachant cela, le dévot a versé de l'eau bouillante sur la petite pousse en espérant que cela la ferait périr et que son fils n'aurait pas à déplacer son échoppe. Le lendemain quand il s'est présenté au darshan, Amma lui a demandé de but en blanc : « Mon fils, qu'as-tu fait à ce pauvre arbre ? Tu ne peux pas le détruire car j'ai déjà fait un sankalpa (une résolution divine) pour qu'il vive de nombreuses années. »

Après quoi, Bébé Krishna a redoublé de colère contre Amma, il s'est mis à faire courir de fausses rumeurs sur elle et il est resté quinze ans sans venir la voir. Il a fallu une catastrophe naturelle pour le ramener vers Amma.

En décembre 2004, quand le tsunami a frappé, les habitants de villages entiers sont venus se réfugier dans les abris qu'Amma avait installés sur le campus de son université située sur le continent, de l'autre côté de la lagune, à la hauteur de l'ashram. Elle rendait fréquemment visite aux réfugiés et elle a fini par rencontrer ce dévot qu'elle appelait « Bébé Krishna », qui était devenu un vieillard fragile. Amma s'est approchée du lit où il était allongé et, lui caressant affectueusement la tête, elle s'est enquise de sa santé et l'a assuré que l'ashram allait faire tout ce qui était nécessaire pour aider sa famille.

Le Destin a voulu que ce dévot meure deux mois plus tard. Amma a alors remarqué que sa dévotion et son innocence premières avaient fait qu'elle pense à lui et désire le voir une fois encore avant qu'il ne quitte son corps.

Il est bon ici de se remémorer ses paroles : « Si nous faisons cent mauvaises actions et une seule bonne action, même minime,

Amma se souviendra toujours uniquement de cette bonne action et pas des mauvaises, alors que le monde ne se souviendra que de nos fautes, même si nous faisons une centaine de bonnes actions et seulement une seule petite mauvaise action. »

J'ai lu l'histoire de trois parachutistes dont les parachutes se sont emmêlés en plein ciel durant un saut. Pendant un instant, il a semblé que les trois hommes étaient condamnés, mais l'un d'eux a réalisé que c'était le poids de son corps et de son parachute qui semblait être le problème majeur. Il s'est alors détaché de son parachute et a sauté dans le vide vers une mort certaine. Après quoi, il a été possible aux deux autres de couper les cordes du parachute abandonné et qui étaient emmêlées aux leurs et ils ont eu ainsi la vie sauve.

Pensez au courage et à l'esprit de sacrifice qu'il a fallu pour accomplir une telle action. Nous vivons tous comme des gens dont les parachutes sont emmêlés. Personne ne veut faire le sacrifice de son intérêt personnel, si bien que tout le monde souffre.

Dans bien des situations, plutôt que de servir les autres, nous choisissons inconsciemment de nous servir nous. D'une certaine façon, c'est compréhensible. Dans le monde actuel, on considère souvent que le véritable but de la vie, c'est la satisfaction personnelle et immédiate. Mais imaginez ce que serait le monde si la Nature fonctionnait selon ce principe. Amma dit que les humains peuvent apprendre énormément en observant notre Mère Nature :

« Le pommier par exemple donne tous ses fruits aux autres et ne garde rien pour lui. Il n'existe que pour servir les autres êtres vivants. De même, la rivière nettoie la saleté de tout le monde, sans rien attendre en retour. Elle accepte volontiers toutes les impuretés et offre la pureté en échange, sacrifiant tout pour autrui.

Mes enfants, toute chose en ce monde nous enseigne le sacrifice. Si vous observez attentivement, vous découvrez que tout dans la vie est sacrifice. Chaque vie est une histoire de sacrifice.

Le mari sacrifie sa vie pour sa femme, l'épouse, pour son époux, la mère pour ses enfants, et les enfants pour leur famille. Chacun de nous sacrifie sa vie d'une façon ou d'une autre. Sans sacrifice, le monde ne pourrait pas exister. »

En plus des pratiques spirituelles comme la méditation, l'archana et les bhajans, Amma encourage tous ses enfants à s'engager dans le service désintéressé. « Lorsque nous faisons quelque chose de façon désintéressée pour les autres sans rien en attendre, nous nous ouvrons et grandissons spirituellement. Nous faisons une expérience d'expansion, c'est-à-dire que nous sentons que le Soi en nous est le Soi en tous. C'est le but de toutes les pratiques spirituelles. Cette expérience d'expansion, c'est Dieu. »

Amma explique ici que si nous souhaitons l'expansion intérieure, ce sont d'abord nos actions qui doivent prendre une autre dimension. C'est une sorte de rétro ingénierie. Parce que les mahatmas comme Amma sont établis dans leur unité avec toute la création, ils se sentent inspirés et tentent d'élever le niveau spirituel de l'humanité souffrante. Dans notre cas, ça marche dans l'autre sens : si nous essayons d'élever l'humanité souffrante, nous finissons par faire l'expérience de notre unité avec toute la création.

L'un des premiers grands projets de l'ashram pour secourir les victimes du tsunami a été la construction d'abris provisoires le long de la plage à un kilomètre et demi de l'ashram. Après le tsunami, il y avait beaucoup de gens qui ne savaient pas où aller, ni où dormir. L'ashram a hébergé de nombreux villageois dans son université située tout près, et beaucoup d'autres ont pu être placés dans les écoles publiques voisines. Mais comme les vacances scolaires de Noël touchaient à leur fin, le gouvernement a informé les réfugiés qu'ils devaient libérer les écoles pour que les cours puissent reprendre. Il est alors devenu impératif de terminer immédiatement les abris provisoires.

Le brahmachari responsable de la construction travaillait jour et nuit. Chaque fois qu'Amma appelait pour savoir comment les travaux progressaient, il était sur le chantier, à minuit, à 2 heures, à 4 heures du matin. Quand Amma lui a dit d'aller dormir, il a répondu que c'était impossible parce qu'il savait qu'une heure de moins passée à la construction des abris, c'était une heure de plus où les victimes du tsunami ne sauraient pas où aller pour se reposer.

Voici ce qu'Amma a dit plus tard, au sujet du brahmachari : « C'est parce qu'il s'était tellement identifié aux souffrances des autres qu'il a pu transcender ses besoins vitaux,» Et elle a ajouté : « Une mère n'est jamais fatiguée de prendre soin de ses enfants car elle les considère comme siens. »

Il y a quelques années, un Occidental est venu à l'ashram. C'était un touriste de passage qui ne connaissait pas du tout Amma. Il avait entendu dire qu'habillée en Mère Divine, elle prenait les gens dans ses bras, et il voulait voir cela de ses propres yeux. Au bureau international où il signalait son arrivée, on lui a suggéré de se présenter au département du « séva » où chacun se voit confier un travail pour contribuer à l'entretien de l'ashram. Un brahmachari qui se tenait là a entendu la conversation qui a suivi :

— « Eh bien, nous avons besoin de monde soit pour balayer, soit pour laver la vaisselle. Qu'est ce que vous préféreriez ? » a demandé l'organisateur des sévas.

— « Euh… Non merci », a répliqué le nouvel arrivé.

— « Qu'est-ce que vous voulez dire par : « Non merci » ?

— « Désolé, mais cela ne m'intéresse pas de faire un travail quel qu'il soit », a rétorqué le visiteur.

— « Bon, c'est Amma qui suggère que chacun ici donne un peu de son temps pour l'entretien de l'ashram.

— « Alors, j'ai dû venir au mauvais endroit ! » Le touriste sentait la colère monter, et l'organisateur des sévas n'a pas insisté.

L'homme est parti regarder Amma donner le darshan, et le brahmachari l'a suivi et s'est mis à bavarder avec lui :

– « Vous n'allez pas au darshan ? » a demandé le brahmachari.

– « Non », a froidement répondu le visiteur. « Je vais juste regarder. » Et avec une curiosité grandissante, il a observé le déroulement du darshan jusqu'à ce qu'Amma se retire à la fin de l'après-midi. Et quand Amma a monté les escaliers menant à sa chambre, il a dit :

– « C'est plutôt impressionnant qu'elle reste assise tout ce temps-là. Mais qu'est-ce que c'est, cette histoire de Dévi Bhava ? »

– « Oh, c'est ce soir », a répondu le brahmachari.

– « Vous voulez dire qu'elle va ressortir aujourd'hui ? » Le visiteur était surpris d'entendre cela.

– « Bien sûr ! », a poursuivi le brahmachari, « Dans à peine deux heures. Ensuite, elle va rester assise toute la nuit jusqu'à ce que la dernière personne soit passée. »

Le visiteur avait du mal à y croire, mais il a vu cette nuit-là, de ses propres yeux, que c'était vrai. Et quand le Dévi Bhava s'est terminé à 7h00 le lendemain matin, il est retombé sur le même brahmachari :

– « C'est vraiment surprenant ! » lui a-t-il confié. « Et donc, elle fait ça tous les mois ? »

– « Eh mais non, pas tous les mois, tous les jours ! Le darshan tous les jours, et le Dévi Bhava deux fois par semaine ! »

Le visiteur en était stupéfait. Il n'arrivait pas du tout à y croire. Peu de temps après, Amma est ressortie de sa chambre pour se mettre au « séva des briques ». À cette époque-là, Amma et les résidents de l'ashram construisaient de leurs mains le hall de prières principal. Amma avait montré à tous les résidents comment confectionner des briques en mélangeant les bonnes proportions de sable et de ciment, et il était demandé à chacun de produire dix briques par jour. Comme d'habitude, Amma travaillait avec les résidents à la fabrication et à la pose des parpaings. Souvent elle se mettait au travail presque immédiatement après avoir donné le darshan pendant des heures et des heures[2].

Ce jour-là, après avoir passé quatorze heures à recevoir les dévots, Amma a entraîné les résidents de l'ashram à travailler de leurs mains pendant quelques heures supplémentaires. Alors là, c'en fut trop pour le nouveau-venu. Le lendemain, il avait l'air complètement hagard en observant Amma donner le darshan de nouveau.

Plus tard dans la semaine, le responsable des sévas s'est approché du brahmachari qui avait bavardé avec le touriste : « Tu sais ce qui est arrivé à celui qui ne voulait faire aucun séva ? Ce matin, il s'est présenté timidement comme une petite souris et il a dit : " Excusez-moi, monsieur, mais est-ce que vous pourriez m'assigner un séva s'il vous plaît ? " » Finalement, il est devenu, à la vaisselle, l'un des plongeurs les plus fiables de l'ashram.

Amma dit : « Il ne faut pas que la beauté et le charme de l'amour et du service désintéressé disparaissent de la surface de cette Terre. Il faut que le monde sache qu'une vie de dévouement

---

[2] Aujourd'hui, dans le cadre du travail de réhabilitation après le tsunami, pratiquement tous les résidents de l'ashram et de nombreux visiteurs de l'Inde et du monde entier passent six heures ou plus tous les matins à faire un nouveau genre de séva : le séva des briques. La plupart des maisons reconstruites par l'ashram à la suite du désastre ne sont pas situées au bord de la route. Ainsi, il faut des heures et beaucoup d'efforts pour acheminer les briques depuis la route la plus proche jusqu'au site de construction. Pour chaque maison neuve, il faut transporter 13 000 briques. Dans le voisinage immédiat de l'ashram, plus de 1400 maisons (sur un total de 6200) sont en construction. Cela représente plus de 18 millions de briques que les résidents de l'ashram et les visiteurs, inspirés par l'exemple d'Amma, se passent de main en main en faisant la chaîne, jamais découragés de travailler sans relâche sous le soleil brûlant ou la pluie battante. Et le 27 septembre 2005, pour l'anniversaire des 52 ans d'Amma, 1200 nouvelles maisons avaient déjà été achevées et allouées.

est possible, qu'une vie inspirée par l'amour et le service de l'humanité est possible. »

Puisse chacun d'entre nous, à son humble façon, faire tout son possible pour que le souhait d'Amma se réalise ! Cela n'a pas besoin d'être spectaculaire. Ce sont les petits ruisseaux qui font les grandes rivières.

Peu de temps après le tsunami, les dévots d'Amma de Houston au Texas ont organisé une collecte de fonds pour les secours. La manifestation comprenait un dîner indien suivi d'un concert de musique classique indienne. En une seule soirée, les dévots ont récolté les 25 000 dollars qu'ils avaient prévu de donner pour secourir les victimes du tsunami. Plus tard, l'un des organisateurs m'a confié : « Quand j'ai entendu qu'Amma s'était engagée à donner l'équivalent de 23 millions de dollars pour les secours, j'ai eu l'idée d'en collecter 25 000, soit un millième du montant total. Si, dans le monde entier, les dévots d'Amma organisent simplement mille collectes comme celle-ci, nous pouvons réunir la totalité de la somme. » Récolter 23 millions de dollars peut paraître impossible mais à entendre l'optimisme et l'innocence de cet homme, cela ne semble plus si incroyable.

Quand un groupe de journalistes a demandé à Amma comment elle pouvait s'engager à consacrer une somme si importante pour les secours, elle a répondu :

« Ma force vient de mes enfants. » Elle ne parlait pas seulement des brahmacharis, des brahmacharinis et des autres résidents de l'ashram qui travaillent bénévolement jusqu'à quinze heures par jour, et se dévouent pour aider un maximum de gens possible, le plus rapidement possible. Pensant à ses millions de dévots dans le monde entier, elle a dit : « J'ai beaucoup de bons enfants. Ils font tous de leur mieux. » Elle a poursuivi en décrivant comment même de petits enfants fabriquent des poupées ou des statues pour les vendre afin d'offrir ce qu'ils gagnent à leur Amma bien-aimée.

« Quand on leur donne de l'argent pour leur anniversaire » a-t-elle ajouté, « ou quand leurs parents leur annoncent qu'ils peuvent avoir une glace, certains enfants disent qu'ils aimeraient mieux donner cet argent à Amma, en expliquant comment elle peut utiliser cet argent pour aider des enfants pauvres. D'autres enfants viennent la voir et lui font cadeau de leurs économies, en suggérant de les utiliser pour acheter des stylos aux écoliers pauvres. Amma ne veut pas accepter, car cela peut faire de la peine à d'autres enfants qui n'ont rien à offrir, mais en voyant la bonté de leur cœur, elle n'a pas le choix. Le gouvernement ne peut pas tout faire tout seul. Est-ce que ces enfants donneraient cet argent au gouvernement avec le même amour qu'ils le donnent à Amma ? »

Un jour, un homme sans la moindre connaissance spirituelle est venu voir Amma lors d'une de ses tournées à l'étranger. C'était un coureur moto professionnel fortement dépendant de la cigarette et bon buveur. Mais quand Amma est passée, il est venu la voir par curiosité, attiré seulement par sa photo sur la brochure du programme. Il a raconté que du simple fait d'entrer dans le hall, il avait ressenti une telle vague d'énergie spirituelle le submerger qu'il n'avait pas pu rester à l'intérieur. Il avait donc décidé de faire du séva dehors en suivant l'exemple de service désintéressé que donnait Amma. Il avait dit que tout ce qu'il savait faire d'utile, c'était conduire. Il s'est mis alors à faire la navette pour les gens entre la gare la plus proche et le hall. Chaque fois qu'il partait chercher quelqu'un et qu'il le ramenait, il pouvait constater à quel point les gens avaient l'air changé après avoir reçu le darshan d'Amma, et il sentait son cœur se gonfler de satisfaction.

Son séva touchait à sa fin quand il est allé à la gare chercher un garçon handicapé mental dans une chaise roulante. Il y avait un tel chagrin et un tel désespoir dans le visage du garçon que le coureur professionnel a ressenti beaucoup de compassion pour lui. Plus tard, après le darshan, il l'a reconduit à la gare. Il l'a aidé à sortir du minibus pour s'installer dans son fauteuil roulant. Leurs regards se sont croisés. Bien que le garçon ait été incapable de parler, l'homme a remarqué combien son visage était changé. Il rayonnait de vitalité et de joie, comme s'il commençait une vie toute neuve. Sans voix, mais les joues inondées de larmes de gratitude, il essayait de tendre ses bras déformés vers le chauffeur pour le remercier de l'avoir aidé à recevoir cette expérience émouvante. Soudain, l'homme a senti un flot incontrôlable de larmes de joie monter du plus profond de lui-même et il a éclaté en sanglots comme un petit enfant. Il a serré sur son coeur le garçon handicapé dans son fauteuil roulant, et ils ont pleuré longtemps tous les deux dans les bras l'un de l'autre. À la suite de cette expérience, cet homme dit avoir ressenti une paix intense qui a duré plusieurs jours.

Cet homme n'a rien fait d'autre que d'offrir ses services de façon désintéressée dans un domaine qui lui correspondait, mais par la grâce d'Amma, il a pu faire l'expérience d'une joie très profonde, quelque chose qui normalement nécessite des vies entières de pratiques spirituelles. Aujourd'hui, c'est un autre homme. Il a abandonné toutes ses mauvaises habitudes et les a échangées contre la douce félicité de l'amour d'Amma.

Amma ne fait qu'un avec l'Être Suprême, elle n'a pas besoin, pendant ses programmes, que nous fassions la vaisselle, ni que nous épluchions des légumes. Elle n'a pas besoin de notre aide pour les oeuvres caritatives de l'ashram. En fait, elle n'a absolument pas besoin que nous rendions service aux autres. Elle nous donne l'occasion de le faire parce qu'elle sait que ces actions accomplies avec amour, soin et sincérité, peuvent nous être très bénéfiques, et conduire à une grande expansion intérieure.

Il y a de nombreuses années, quand l'ashram a commencé à mettre en œuvre ses projets caritatifs sur une grande échelle, Amma a fait ce commentaire : « En réalité, ça ne m'intéresse pas de construire un grand ashram ni d'avoir un orphelinat, une école d'ingénieurs ou un hôpital. Je fais toutes ces choses seulement pour les dévots qui vont venir vivre ici. » À présent, les institutions caritatives d'Amma donnent à des milliers et des milliers de gens la chance de grandir spirituellement grâce au service désintéressé.

Amma affirme que « le service désintéressé a une importance capitale pour le développement spirituel. C'est par le séva qu'on se purifie et qu'on se prépare pleinement à être apte à recevoir la Réalisation. »

Prions Amma pour que même si nous sommes totalement ignorants en matière de spiritualité, elle nous donne au moins la force d'accomplir des actions désintéressées avec un cœur pur, permettant ainsi peu à peu au mental de s'ouvrir et de s'élargir. Si nous faisons des efforts sincères selon nos capacités, elle nous récompensera certainement en nous accordant l'expérience de la joie intérieure et nous guidera jusqu'au but final qui est de réaliser dans notre cœur la source de cette joie, Dieu.

Chapitre 7

Laisser les buffles derrière soi :abandonner nos préférences

Selon les Écritures, il existe une harmonie préétablie dans la création. Les animaux qui s'entretuent pour se nourrir ne sont que les maillons de la chaîne biologique conçue par Dieu ou notre Mère Nature. Nous, quand nous chassons et tuons un animal, nous appelons cela un sport. Mais si un animal tue un être humain, on ne le considère pas comme un merveilleux sportif. On le qualifie plutôt de « vicieux mangeur d'hommes » et on l'abat. Pourtant, seuls les êtres humains troublent l'harmonie de la création. Nous pillons et détruisons notre Mère Nature, polluons l'atmosphère, commettons toutes sortes de crimes, et engendrons ainsi le chaos dans le monde.

La principale raison qui fait agir ainsi les êtres humains, c'est ce que les Écritures appellent *raga-dvesha* (l'attraction et la répulsion). Dans la vie, presque tout ce que nous faisons, est pour ainsi dire téléguidé par nos goûts et nos dégoûts. Nous voulons obtenir ou posséder ce que nous aimons et nous cherchons à éviter ou à nous débarrasser de ce que nous n'aimons pas. Il peut s'agir d'un objet, d'une personne ou d'une situation. Pour parvenir à nos fins, nous sommes prêts à tout, en oubliant les valeurs morales et spirituelles. C'est un lieu commun de dire que dans la société humaine, « l'homme est un loup pour l'homme ».

Quand le médecin prescrit un médicament, il ne doit pas seulement connaître ses indications thérapeutiques mais aussi ses effets secondaires. De même, lorsque nous voulons satisfaire un désir, nous savons probablement ce qu'il faut faire pour combler notre attente, mais sans prendre le temps de réfléchir aux répercussions possibles de notre action dans d'autres domaines de notre vie. C'est pourquoi nos expériences sont à la fois agréables et désagréables. Elle sont le résultat de nos efforts pour satisfaire nos désirs mais aussi leurs conséquences imprévues.

La majorité d'entre nous ne prend jamais le recul nécessaire pour remettre en question les incessantes tentatives pour acquérir ce que nous aimons et éviter ce que nous n'aimons pas. Mais si nous analysons nos préférences, nous constatons qu'elles n'obéissent à aucune logique. Par exemple, telle personne aime fumer tandis que telle autre ne supporte même pas l'odeur des cigarettes. Certains raffolent de whisky, quand d'autres ont la nausée à la première gorgée. Un plat d'escargots est un mets raffiné pour la moitié des habitants de la planète et un plat écœurant pour l'autre moitié. Un tel apprécie énormément ce que tel autre va avoir en horreur. En outre, on peut détester quelque chose à un moment de sa vie et se mettre plus tard à bien l'apprécier. Si le bonheur était dans la nature intrinsèque de ces objets, ne devraient-ils pas rendre tout le monde heureux tout le temps ?

J'ai lu récemment une étude faite aux États Unis qui montrait que, dans une certaine mesure, l'argent fait le bonheur. Cependant la fortune dont on dispose n'est pas le facteur déterminant. L'étude révélait en fait que plus on a d'argent par rapport à son entourage, plus on a tendance à se sentir heureux. Autrement dit, si l'entourage de monsieur Wilson gagne 20 000 dollars par an et que monsieur Wilson lui, empoche 30 000 dollars, il se sent plus heureux que monsieur Richman qui en touche 100 000, mais dans un milieu où tout le monde gagne autant que lui. Cela signifie que le bonheur que ces gens ressentent ne provient pas du montant qu'ils perçoivent mais du sentiment d'avoir mieux réussi que ceux qui les entourent. À quoi rime ce genre de bonheur, et combien de temps peut-il durer ?

Si nos préférences n'obéissent à aucune logique, cela veut dire que nous, les êtres les plus intelligents de la planète, menons une vie illogique ou irrationnelle. C'est la raison pour laquelle les Écritures qualifient d' « inférieure » la connaissance matérielle et de « supérieure » la connaissance spirituelle. La seule chose au monde qui ne peut que nous être bénéfique, et ceci en permanence, c'est la connaissance du Soi véritable. Amma est là pour nous aider à acquérir cette connaissance suprême qui constitue l'unique voie pour échapper au cycle des naissances et des morts. En quoi consiste cette connaissance ? À savoir que nous ne faisons qu'un avec Dieu qui est omniscient, omnipotent et omniprésent.

Dans *Viveka Chudamani*, ou *Le plus beau joyau du discernement*, Adi Shankaracharya remarque que les animaux perdent bien souvent la vie parce qu'ils sont l'esclave d'un des cinq sens. Le daim trouve la mort parce qu'il est attiré par le son particulier que produit le chasseur. L'animal se rapproche de la source du son et se retrouve ainsi à portée du fusil. Le papillon de nuit est attiré par la lumière de la flamme et s'y brûle. L'abeille travaille avec assiduité et s'applique à récolter le pollen pour produire le miel, mais finalement elle sera tuée par les êtres humains qui veulent le fruit de son labeur. L'éléphant est subjugué quand il est touché par un autre éléphant et ils tombent tous deux dans un profond fossé d'où il leur est impossible de sortir. Si les animaux peuvent perdre la vie en ne cherchant à satisfaire qu'un seul sens, se demande Shankaracharya, quel peut être le destin des êtres humains qui sont prisonniers de leurs cinq sens ?

Amma raconte l'histoire suivante :

Un homme qui erre dans une ville étrangère à la recherche de divertissements, finit par entrer dans une maison de passe. Dans le hall, il se retrouve en face de trois portes. Celle de gauche donne sur un bar qui sert de l'alcool et de la drogue. La porte du centre mène à l'appartement d'une prostituée. Celle de droite conduit au bureau où sont gardées les recettes du bar de l'établissement. En pensant à sa femme, l'homme se dit : « Je ferais mieux de ne pas aller voir la prostituée ni de prendre de drogues illicites, mais il n'y a pas de mal à prendre un verre ou deux. » Sur ce, l'homme entre dans le bar et consomme différentes boissons. Plus tard, comme il est ivre, il n'hésite plus à prendre de la drogue. Sous l'effet de l'alcool et des intoxicants, il sort du bar complètement déchaîné. Apercevant la chambre de la prostituée, il ne pense plus à présent que ce soit une mauvaise idée d'y entrer. Et en sortant de la maison de passe, il cambriole le bureau. Finalement la police l'attrape et il est envoyé en prison.

Dans la *Bhagavad Gita* (II.62-63), le Seigneur Krishna déclare :

dhyāyato viṣayān puṁsaḥ saṅgas teṣū'pajāyate
saṅgāt saṁjāyate kāmaḥ kāmāt krodho'bhijāyate
krodhād bhavati saṁmohaḥ saṁmohāt smṛtivibramaḥ
smṛti bhraṁśad buddhināśo buddhināśāt praṇaśyati

« Chez celui qui pense sans cesse au monde, un attachement se forme pour le monde. De l'attachement naît le désir et du désir naît la colère. La colère engendre l'illusion, et l'illusion engendre la perte de mémoire. La perte de mémoire rend le mental impuissant, et quand le mental est impuissant, la personne est détruite. »

Krishna explique ici comment un attachement profond aux choses de ce monde entraîne la destruction. Pour donner un exemple concret, imaginez un homme qui se rend chaque jour au travail à pied. Sur son chemin, il croise de nombreux inconnus. Parmi eux, des gens qu'il aperçoit quotidiennement et d'autres qu'il ne voit qu'une seule fois. Il remarque un jour une belle femme qui se rend elle aussi à son travail. Le lendemain, il la revoit et rapidement il se retrouve à attendre avec impatience l'occasion de la rencontrer pendant son trajet quotidien. Prenant son courage à deux mains, il finit par lui adresser la parole pour lui demander un rendez-vous. Il tombe très vite amoureux d'elle et sent qu'il ne peut plus vivre sans elle. Mais avant de faire sa connaissance, la femme était déjà courtisée par un autre homme. Rivalité intense entre les deux prétendants. Une bagarre éclate un jour entre eux, et ils sont finalement tous les deux accusés de tentative de meurtre. Inutile de dire que ni l'un ni l'autre n'obtient la main de la femme dont ils rêvent.

Nous utilisons notre pouvoir de discernement dans certaines situations, mais pas assez quand il s'agit des sens. Nous passons la plus grande partie de notre temps à satisfaire les désirs sensoriels et en devenons même fréquemment les esclaves. Mais si nous observons Amma, nous voyons qu'il est possible de vivre à un niveau bien plus élevé. Dès l'enfance, Amma ne s'est jamais permis d'être captive des choses de ce monde. Elle mettait toute son énergie au service de l'humanité souffrante. Les gens ordinaires se laissent mener aveuglément par les sens tandis que les maîtres réalisés comme Amma les contrôlent.

Autrement dit, l'individu arrêté par la police et le président du pays sont tous les deux entourés de nombreux officiers de police. Mais tandis que le suspect est sous le contrôle des policiers, le président a les policiers sous ses ordres. Il faut que nous ayons pour but d'avancer peu à peu vers cet état de maîtrise totale du mental et des sens.

Prenons simplement l'exemple de la nourriture. Il arrive que les gens aillent jusqu'à demander le divorce simplement parce que leur épouse ne sait pas bien cuisiner. N'est-ce pas incroyable ? Je connais quelqu'un qui ne supportait pas la cuisine de son épouse et qui allait dîner tous les soirs au restaurant du coin. Chaque fois, c'était la même employée qui le servait et ils ont fini par tomber amoureux si bien que cet homme a quitté son épouse pour la serveuse du restaurant. Ils ont vécu heureux jusqu'à ce qu'elle le quitte pour un autre client. En fin de compte, l'homme s'est retrouvé seul, divorcé deux fois, et plutôt mal à l'aise dans son restaurant favori. Tous ses problèmes sont nés de son désir de bien manger !

À l'ashram californien de San Ramon, tous les samedis soirs, il y a un satsang suivi d'un dîner à la fortune du pot. La réputation de ce délicieux repas n'est plus à faire et on peut en profiter moyennant un don modique. C'est ce qu'il y a de meilleur et de moins coûteux dans les environs. La nourriture est si bonne qu'un homme ne venait à l'ashram que pour le dîner. Il n'assistait pas aux entretiens spirituels, ni à la méditation, ni aux bhajans, mais il faisait son apparition seulement à 20 heures précises pour le repas. Il trouvait que sa femme cuisinait très mal, et le dîner à l'ashram de San Ramon était pour lui le meilleur moment de la semaine. Il s'est comporté ainsi pendant des mois et finalement est arrivée l'époque où Amma vient passer deux semaines à l'ashram, comme elle le fait régulièrement en juin depuis dix-huit ans. Notre gourmet n'avait pas spécialement envie de rencontrer Amma, mais il ne voulait pas manquer son dîner préféré de la semaine. Comme un des programmes d'Amma avait lieu un samedi, il s'est retrouvé à l'ashram pendant qu'elle donnait le darshan. Juste au moment où il terminait son assiette, quelqu'un lui a offert un ticket de darshan. Avec ce ticket, il pouvait rejoindre la queue immédiatement. Comme il aime ce qui est gratuit et agréable, il a décidé d'y aller. Il pensait demander à Amma de bénir son épouse afin qu'elle se mette à mieux cuisiner ou au moins qu'Amma ordonne aux résidents de l'ashram de San Ramon d'organiser des dîners plus souvent.

Mais à sa grande surprise, il s'est senti profondément touché par le darshan, et n'a rien demandé du tout à Amma. Dès la semaine suivante, il a commencé à assister à tout le programme du samedi soir et même à aider pour servir le dîner. Maintenant, c'est seulement quand tous les autres sont rassasiés qu'il accepte de prendre une assiette pour lui.

Si le fait de s'adonner abusivement aux plaisirs des sens entraîne souvent notre chute, par la grâce d'Amma, le faible qu'avait cet homme pour la nourriture l'a conduit à la spiritualité. Mais n'allons pas pour autant penser que nous devons tous nous efforcer de ne plus manger que nos plats favoris en attendant que Dieu apparaisse devant nous.

Dieu nous a donné l'intelligence et le discernement justement pour nous aider à échapper au destin des animaux cités par Shankaracharya. Si nous n'utilisons pas correctement ces facultés, les organes des sens feront notre malheur. Dans le *Dhammapada*, le Bouddha dit :

> *Il pourrait pleuvoir de l'or*
> *Que ta soif ne serait toujours pas étanchée.*
> *Il est impossible d'apaiser le désir,*
> *Cela finit dans les larmes, même au paradis.*

De nos jours, les sens finissent par détourner de Dieu la majorité des gens, ce qui engendre de grandes souffrances. Cependant, ces mêmes sens peuvent faire notre bonheur si nous les utilisons convenablement. Ceux qui s'intéressent à la spiritualité luttent pour appliquer leur intelligence et leur discernement aux objets des sens. Cette attitude les rapproche de Dieu et les libère de leur souffrance.

Bien sûr, nous savons tous par expérience qu'il n'est pas facile d'avoir un discernement parfait dans ce domaine. Cela vient de nos tendances innées, les vasanas, qui nous font croire constamment que sans certaines choses, nous ne pourrons jamais être heureux.

Un homme entre dans un bar, commande trois verres de whisky, et les boit tous les trois. Il passe la même commande plusieurs jours de suite. Finalement le barman lui dit :

– « Vous savez, je peux verser les trois verres dans une grande chope si vous voulez. »

– Non, je préfère comme ça. Vous voyez, j'ai deux frères. Ce verre-là est pour mon frère aîné, celui-là est pour mon frère cadet et le troisième est pour moi. De cette manière, j'imagine que nous sommes tous les trois à boire un coup ensemble, » explique le client.

L'homme continue à venir quotidiennement et le barman lui sert toujours son whisky dans trois verres. Puis un jour, l'homme demande :

– « Donnez-moi seulement deux verres aujourd'hui. »

– « Quelque chose est arrivé à l'un de vos frères ? » interroge le barman inquiet.

– « Non, non », répond l'homme. « Ils vont tous les deux très bien. C'est juste que j'ai décidé d'arrêter de boire. »

C'est de cette façon que le mental manipule la logique pour justifier nos désirs superflus. Même les désirs les plus fréquemment répandus comme celui de se marier et d'avoir des enfants, peuvent créer bien des problèmes si nous cherchons à les satisfaire sans faire preuve de discernement. Il faut toujours avancer prudemment, sans avoir trop d'attentes et par-dessus tout, il faut écouter les conseils de notre guru.

Un jour, pendant une tournée d'Amma à l'étranger, un jeune homme qui réussissait brillamment dans le monde des affaires, a confié à Amma qu'il avait récemment fait la connaissance d'une jeune femme dont il était tombé amoureux et qu'il projetait de l'épouser bientôt. Amma lui a donné ce conseil : « Ne te précipite pas. Prends tout de même le temps de réfléchir avant de te décider. »

L'année suivante le jeune homme s'est présenté au darshan, accompagné cette fois d'une femme. Amma lui a demandé :
– « Alors, tu t'es marié ?
– Oui, Amma. Elle était si irrésistible que je n'ai pas réussi à suivre ton conseil. Nous nous sommes mariés une semaine après que je t'aie vue la dernière fois. »

Lors du passage suivant d'Amma dans cette ville, le même jeune homme est venu la voir. Trois années s'étaient écoulées depuis qu'elle lui avait suggéré de réfléchir avant de se marier. Il était maintenant seul et ne semblait plus aussi jeune. En fait, il avait l'air tout à fait découragé et épuisé. Il a raconté à Amma que sa femme l'avait quitté en gardant la moitié de sa fortune car telle avait été la décision du tribunal au moment du divorce. Il avait dépensé presque totalement l'autre moitié pour payer les frais du procès. Plein de remords, il a avoué à Amma combien il regrettait de ne pas avoir suivi son conseil. La femme qu'il croyait être la source de son bonheur éternel était maintenant une cause de chagrin perpétuel, c'est du moins ce dont il était convaincu.

Encore une autre histoire, celle d'un couple en Inde qui n'arrivait pas à avoir d'enfant. Chaque fois qu'ils venaient voir Amma, le mari et la femme lui répétaient qu'ils voulaient un enfant. Amma leur a expliqué : « Dans votre cas, il vaut mieux ne pas avoir d'enfant. Même si vous en avez un, je ne pense pas qu'il vivra très longtemps. »

Un maître authentique comme Amma voit le passé, le présent et le futur de chacun d'entre nous. Amma voyait que le *prarabdha* (karma) de ce couple les destinait à avoir un enfant qui mourrait jeune. En essayant de les convaincre de renoncer à leur désir, Amma tentait de leur épargner cette épreuve douloureuse.

Cependant, ils étaient si décidés à avoir un bébé qu'ils en étaient devenus sourds aux paroles de sagesse d'Amma. Ils ont fini par lui donner un ultimatum : « Amma, si tu ne nous donnes pas un enfant, nous allons nous suicider. Sans un enfant à nous, nous n'avons plus envie de vivre. »

Amma les a de nouveau avertis du danger qui les attendait, mais ils se sont montrés inflexibles. En définitive, Amma a accepté de leur accorder un enfant. Deux ans plus tard la femme a donné naissance à un bébé, mais comme l'avait dit Amma, l'enfant est tombé malade à l'âge de six ans et il est mort peu de temps après.

Bien qu'Amma les ait prévenus à maintes reprises, la mort de l'enfant a été un choc terrible pour les parents. Ils ont sombré dans la dépression et ont dû être internés en hôpital psychiatrique. Maintenant, par la grâce d'Amma, ils se sont pratiquement remis du traumatisme.

La société moderne nous affirme que la satisfaction des désirs est le but ultime de la vie, et que nous pouvons juger de notre réussite à l'aune de nos succès. Mais les Écritures nous enseignent que la vie, c'est plus que cela, et qu'à partir d'un certain stade, nous devrons renoncer à tout pour diriger toute notre attention vers le chemin spirituel. Quand un maître comme Amma nous dit clairement que ce que nous désirons n'est pas bon pour nous, nous devons sincèrement essayer d'abandonner cet attachement ou ces désirs. Les mahatmas ne parlent pas pour ne rien dire. Renoncer à ce que nous souhaitons nous semble bien tragique, mais en vérité, obtenir ce que nous voulons peut s'avérer bien plus tragique encore.

Cela ne signifie pas que le désir de se marier ou d'avoir un enfant soit mauvais en soi. Il n'y a pas de mal à se marier, à avoir des enfants et à poursuivre des objectifs matériels. Rien de tout cela n'est interdit. Les Écritures reconnaissent que le fait de se marier et d'avoir des enfants est une étape essentielle de la vie pour la majorité des gens. Mener correctement une vie de famille est l'occasion de venir à bout de nos désirs et de nos vasanas, mais n'oublions pas que, sans discernement, nous ne viendrons jamais au bout de nos désirs. Il ne faut jamais nier l'évidence. Rien de ce que nous pensons être à nous aujourd'hui ne nous est acquis pour toujours.

Dans la *Bhagavad Gita (VII.11)*, le Seigneur Krishna dit :

dharmāviruddho bhūteṣu kāmo'smi bharata ṛṣabha

« Je suis le désir qui n'est pas contraire au dharma. »

Les Écritures ne nous demandent jamais de refouler nos désirs ni nos vasanas, mais elles nous demandent de les dépasser en utilisant l'intellect, la logique et le raisonnement. Si nous prenons du recul pour analyser nos désirs, nous verrons que ce qui est éphémère nous donnera toujours un bonheur limité. Lorsque cette constatation devient une conviction ferme, les désirs commencent lentement à disparaître d'eux-mêmes. Si nous supprimons nos désirs et que nous nous forçons à nous conformer à une discipline rigide de façon irréaliste, il se peut que nous passions quelques années dans un ashram mais qu'ensuite nous quittions l'ashram pour nous marier. Avant de venir vivre dans un ashram, avant de choisir la vie de *brahmacharya* (chasteté et contrôle des sens en général), nous devons intellectuellement nous convaincre que nous ne voulons pas des plaisirs du monde, en comprenant qu'ils ne pourront jamais nous rendre heureux en permanence. Quand nous utilisons ce type de discernement, nous ne refoulons rien. Nous choisissons simplement un chemin différent.

Un jour, deux chasseurs partent en expédition dans une contrée sauvage lointaine accessible seulement par avion. Ils louent un avion qu'ils chargent de provisions, et se rendent dans cette région loin de tout. Une fois sur place, ils déchargent l'avion puis demandent au pilote de revenir les chercher deux semaines plus tard. À son retour, le pilote est surpris de trouver les deux chasseurs en train d'attendre avec les cadavres de trois énormes buffles qu'ils ont tués.

– « C'est bon, nous sommes prêts à partir », déclarent-ils.

– « Qu'est-ce que vous comptez faire avec ces buffles au juste ? » leur demande en riant le pilote amusé.

– « Nous les prenons avec nous évidemment ! Vous ne croyez tout de même pas que nous allons les laisser ici ? »

– « Il est impossible de faire rentrer trois buffles dans notre petit avion. Vous ne pourrez en prendre qu'un », explique le pilote.

– « Oh, vous exagérez ! » disent les chasseurs en se plaignant. « L'année dernière, le pilote nous a laissé prendre les trois ! »

– « Ah bon ? » s'exclame le pilote très étonné. « Bon, je suppose que si vous l'avez fait l'année dernière, on peut bien le refaire cette année. On va essayer ! »

Donc tant bien que mal, ils coincent deux des buffles à l'intérieur et attachent le troisième sur la queue de l'avion, et les voilà parés pour le départ. Avec beaucoup de difficultés, le pilote arrive à décoller, puis il tente de prendre de l'altitude, mais il ne parvient pas à éviter une crête élevée, et l'avion heurte violemment le flanc de la montagne. Heureusement il n'y a pas de morts. En émergeant de l'épave, le pilote s'écrie : « Ah bravo ! Et maintenant où est-on ? » Les chasseurs regardent très attentivement autour d'eux, utilisent leur boussole et relèvent certaines caractéristiques du terrain qu'ils cherchent à retrouver sur leur carte. Levant le nez, l'un des chasseurs déclare avec confiance au pilote : « Oui, oui, je crois que je sais où on est… On doit se trouver à environ trois kilomètres à l'est de l'endroit où on s'est écrasé l'an dernier. »

Les buffles, ce sont nos attachements et l'avion, c'est la réalité de la vie. Comme les chasseurs, nous continuons imperturbablement à nous attacher aux choses matérielles et nous répétons les mêmes erreurs. Puis « nous nous écrasons au sol » quand nous découvrons que la force de notre attachement à un objet est disproportionnée par rapport à sa capacité de nous rendre heureux.

À propos de buffles et de désirs, un dévot des États Unis m'a parlé d'un de ses amis qui adore manger des « ailes de buffle » (de minuscules ailes de poulet). Chaque fois qu'il en a l'occasion, il en avale le plus possible. Mais le lendemain, cela ne rate jamais, il a des maux d'estomac au point de se rouler par terre de douleur. Il a beau savoir ce qui va lui arriver, il ne peut pas s'empêcher de se goinfrer.

Il n'y a que les êtres humains pour se comporter de façon si peu raisonnable. Cette histoire m'a rappelé le comportement d'une espèce particulière de chèvre en Inde. Elle erre en quête de verdure. Certaines feuilles sont gluantes. Si la chèvre mâche ces feuilles, elles lui restent collées dans la gorge, et elle risque de s'étouffer et même d'en mourir. Mais si une seule chèvre en avale, en voyant dans quel état cela la met, toutes les autres vont éviter d'en prendre, non seulement ce jour-là mais pour toujours.

Si on pouvait trouver la paix grâce aux objets extérieurs, cela ne ferait-il pas belle lurette que les plus riches d'entre nous et ceux qui connaissent le plus grand succès seraient en paix ? Dans son discours au Parlement des Religions du Monde de 2004 à Barcelone, Amma a souligné que la seule différence entre la population des pays pauvres et celle des pays riches, c'est que les pauvres pleurent sur le sol en terre battue de leur hutte tandis que les riches pleurent dans les appartements climatisés de leur hôtel particulier. Nos succès et nos possessions, si nombreux qu'ils soient, ne semblent pas nous apporter ce que nous voulons vraiment. Comme le dit le philosophe grec Platon : « La pauvreté, ce n'est pas l'absence de biens mais plutôt la surabondance des désirs. » Nous sommes tous persuadés que certaines situations, certains objets, vont nous apporter la paix et le bonheur, alors qu'ils ne peuvent ni nous apaiser, ni nous rendre heureux.

Suivre nos désirs, cela revient à descendre un escalier. La première marche, c'est le fait de s'attacher à quelqu'un ou à quelque chose. La seconde, c'est le désir de posséder cette chose. La marche suivante, c'est notre colère lorsque notre convoitise est frustrée. Et quand nous sommes envahis par cette colère, nous perdons tout discernement et dégringolons facilement les dernières marches qui mènent à l'illusion et au désespoir.

Mais n'allons pas croire que la situation est désespérée. Il y a un autre escalier en face de nous, et celui-là monte. Il nous sort de l'attachement et de la souffrance et nous emmène jusqu'à la Libération et la béatitude éternelle. La première marche de cet escalier qui monte, c'est notre relation avec un maître authentique comme Amma. Plus nous passons de temps auprès du maître, plus nous nous attachons à sa présence rayonnante de joie. S'attacher à un maître affaiblit automatiquement notre attachement aux autres et au monde.

En présence du maître, nous découvrons qu'il est possible de faire l'expérience de la paix, du contentement et de la plénitude sans avoir besoin de rien à l'extérieur. Ainsi, notre tendance à rechercher ces objets diminue. Si nous avons relativement moins de désirs, le mental est moins agité, plus paisible. Cette paix intérieure s'approfondit progressivement jusqu'à ce que nous atteignions le sommet de l'escalier qui mène à la Libération. Dans un monde où la majorité des gens est prise dans une spirale descendante, notre attachement au maître nous conduit vers le haut, de marche en marche, jusqu'à la libération de tout attachement et de la souffrance qui va de pair avec l'attachement.

Chapitre 8

Ce joyau qu'est le discernement

Un journaliste a demandé à Amma : « À votre avis, dans le monde où nous vivons, quelle est la chose la plus importante que les gens ordinaires devraient garder présente à l'esprit dans leur vie quotidienne ? »

Amma a répondu : « Ce qui est essentiel, tout en travaillant dans ce monde, c'est d'avoir du discernement, et de ne pas nous contenter de l'intellect. Savoir ce qui est vrai et ce qui ne l'est pas, ce qui est bon et ce qui est mauvais. C'est avec cette attitude que nous devons essayer de nous acquitter de nos tâches dans le monde. »

Dans le « *Viveka Chudamani* », Shankaracharya définit « *viveka* » ou le discernement comme étant « la ferme conviction que seul Brahman est permanent. Tout le reste est éphémère. Cette conviction, c'est le discernement entre l'éternel et le transitoire. »

Ainsi, quand Amma parle de « ce qui est vrai et ce qui ne l'est pas », elle ne parle pas du fait d'être conscient que quelqu'un est en train de mentir. « Ce qui est vrai » signifie « ce qui existe sans changement dans les trois temps (le passé, le présent, le futur). Seul le Soi ou l'Atman a été, est et sera toujours.

Par « ce qui n'est pas vrai », Amma désigne tout ce qui est changeant ou périssable, bref, tout ce que nous voyons dans le monde autour de nous. Lorsqu'Amma dit « bon ou mauvais », le bon renvoie à tout ce qui, en pensée, en parole ou en action nous rapproche du but, c'est-à-dire la réalisation de notre unité avec

Dieu. Le mauvais renvoie à ce qui, en pensée, en parole ou en action nous éloigne de ce but.

C'est cette faculté de discerner qui nous différencie des niveaux de vie inférieurs. L'usage que nous faisons de ce discernement détermine le degré de bonheur que nous atteignons.

Il se peut qu'en lisant un article sur les gens les plus riches du monde, nous ayons envie de faire partie de leur milieu. Mais nous oublions que notre faculté innée de discerner vaut plus que tout l'or du monde. Car en utilisant notre discernement et notre sens du dharma, nous pouvons nous unir à *l'Atman* infini.

Si nous n'utilisons pas notre discernement de façon adéquate, nous gâchons ce cadeau que nous avons eu la chance de recevoir : une naissance humaine. Nous avons cette clé du discernement en mains. Personne ne nous la cache. C'est à nous seuls qu'il revient de nous en servir pour ouvrir ou pas la porte de notre potentiel. C'est bien nous qui décidons comment nous comporter en fonction de chaque situation et comment nous utilisons le temps qui nous est imparti. Si nous perdons un million de dollars, nous dit Amma, nous pouvons le récupérer, mais une seconde gaspillée est perdue à jamais.

Une histoire védantique célèbre illustre la difficulté que nous avons à utiliser correctement notre discernement : un homme se promène dans une forêt et se retrouve face à plusieurs bébés tigres. Quand la mère tigre le voit là, près d'eux, elle s'élance sur lui. L'homme s'enfuit aussi vite que possible. Dans sa précipitation, il glisse dans un trou profond. Il parvient à s'agripper à une racine qui pousse sur le côté, ce qui interrompt sa chute. Malheureusement il remarque que, comme deux souris sont en train de ronger cette racine, elle va bientôt céder. Et pire encore, la paroi s'effrite et les éboulis ont dérangé un gros python qui se tenait lové au fond du trou. Ce python menaçant attend maintenant patiemment que sa proie tombe directement dans sa gueule, grande ouverte.

L'infortuné songe à la possibilité de s'en sortir en grimpant jusqu'à l'ouverture du trou, mais quand il lève les yeux, il aperçoit la tigresse en colère qui guette le moment où elle pourra le dévorer.

En regardant autour de lui, notre homme se rend compte qu'en tombant, il a en partie démoli une ruche sauvage dont le miel tout frais tombe goutte à goutte juste au-dessus de sa tête. Alors, il oublie complètement tous les dangers qui l'entourent et tire la langue pour essayer d'en recevoir quelques gouttes.

Vous pouvez toujours hocher la tête devant tant de bêtise : notre situation n'est pas si différente de la sienne. Au lieu de mobiliser toutes ses forces pour se tirer d'affaire, cet homme menacé de tous côtés court à sa perte pour le plaisir éphémère du miel. De même, nous sommes entourés de dangers : le chagrin, la maladie, la vieillesse et la mort, et nous ne faisons pourtant aucun effort pour dépasser nos limites et nous libérer du cycle des naissances et des morts. Ceci prouve que nous ne nous n'employons pas correctement notre discernement.

Amma dit qu'à présent, la plupart d'entre nous errent dans un demi-sommeil. Elle donne l'exemple de l'homme ivre qui rentre chez lui après une longue nuit. Quand il se voit dans le miroir, il découvre qu'il a le visage blessé, couvert d'égratignures. Avant de se mettre au lit, il nettoie soigneusement chaque plaie et la recouvre de gaze. Le lendemain matin, sa femme trouve le miroir couvert de pansements.

Bien que nous soyons physiquement éveillés, notre niveau d'éveil ou de conscience est généralement très faible. Combien de fois sommes-nous vraiment concentrés sur ce que nous faisons ? Nous prenons le petit-déjeuner, et en même temps nous lisons le journal. Nous faisons la vaisselle tout en bavardant au téléphone. Lorsque nous lisons une histoire à nos enfants, nous pensons à nos difficultés professionnelles. Et au travail, nous nous inquiétons des résultats scolaires de notre progéniture. Avec l'avènement des nouvelles technologies, notre concentration s'éparpille encore plus. Même quand ils vont au temple, les gens n'hésitent pas à répondre à un appel sur leur portable.

La médiocrité de notre attention et de notre conscience nous contraint à répéter toujours les mêmes erreurs. Nous regrettons chaque soir de nous être mis en colère et nous prenons la résolution de ne plus le faire. Mais dès que quelqu'un vient nous contredire, nous sortons à nouveau de nos gonds. Si nous étions vraiment présents et vigilants, nous nous souviendrions de notre résolution et nous la tiendrions. De même, il existe une grande variété de régimes et la plupart des gens prétendent en suivre un, mais les statistiques montrent que très peu de gens le font vraiment. Dès que nous posons les yeux sur une nourriture interdite, nous oublions tous nos objectifs en matière de diététique.

Amma remarque qu'il y a beaucoup de gens qui souscrivent une assurance-vie pour garantir la sécurité financière de leurs proches. S'ils prennent cette assurance, c'est bien la preuve qu'ils savent que la vie est éphémère, mais pourtant tout le monde vit comme si la mort était très lointaine, quelque chose qui n'arrive qu'aux autres. Dans la grande épopée indienne du *Mahabharata*, durant leur exil dans la forêt, quatre des cinq Pandavas perdent momentanément la vie pour avoir bu l'eau d'un lac sur lequel règne un yaksha (être céleste) qui veut mettre Yudhishthira à l'épreuve. Pour rendre la vie à ses frères, Yudhishthira doit répondre à un certain nombre d'énigmes posées par le yaksha. À un moment donné, celui-ci demande : « Quelle est la chose la plus étonnante au monde ? » La réponse de Yudhishthira satisfait le yaksha : « Jour après jour, d'innombrables vies entrent dans le Temple de la Mort. Témoins de ce spectacle, ceux qui restent se croient pourtant éternels, immortels. Y-a-t-il une chose plus étonnante ? »

Bien entendu, beaucoup d'entre nous n'ont jamais vu personne mourir. Certains n'ont même peut-être jamais vu de cadavre. Mais nous entendons tous parler quotidiennement de gens qui meurent dans différentes parties du monde. En ce sens, la mort fait bien partie de notre vie.

C'est l'histoire du journaliste qui interviewait un homme le jour de ses quatre-vingt-dix-neuf ans. À la fin de l'entretien, le journaliste prend la main du vieux monsieur et très sincèrement, lui dit : « J'espère bien revenir vous voir l'an prochain à l'occasion de votre centième anniversaire. » Ce à quoi le vieillard répond : « Je ne vois pas ce qui vous en empêcherait, vous m'avez plutôt l'air en bonne santé. »

Comme le vieux monsieur de l'histoire, il nous vient rarement ou même jamais à l'esprit que nous allons nous aussi mourir un jour. C'est pourquoi il ne nous semble pas urgent d'atteindre le but de la vie.

Une fois, pendant une tournée à l'étranger, Amma et son petit groupe voyageaient dans un avion secoué par de grosses turbulences. Nous avons remarqué avec amusement que la majorité des passagers absorbés par le film qui passait à bord ont soudain eu un accès de grande dévotion, et se sont mis à prier les yeux clos avec beaucoup de concentration, quand l'avion a commencé à être secoué et à tomber brutalement dans des trous d'air. Mais, dès que la turbulence s'est apaisée, l'un après l'autre, ces mêmes passagers, sont pour ainsi dire revenus à la raison, et au film. L'un d'eux a même demandé à l'hôtesse de l'air si on pouvait rembobiner le film pour regarder la séquence interrompue.

Le premier mouvement est de se moquer de ces voyageurs, mais est-ce qu'on ne vit pas tous de cette manière ? C'est seulement quand on se sent menacé, ou qu'il arrive quelque chose de grave, qu'on se met à se détacher un peu du monde extérieur.

Deux amis d'enfance grandissent ensemble en partageant leur passion pour le tennis. Toute leur vie ils jouent en amateurs, jusqu'à ce qu'ils deviennent trop vieux pour pouvoir soulever leur raquette. Ils s'appliquent alors avec un dévouement tout religieux à suivre la carrière des joueurs professionnels. Ils habitent la même maison de retraite dans deux chambres voisines, et comme ils finissent par vieillir et à tomber sérieusement malades, ils se mettent d'accord pour que le premier qui meurt essaie de revenir dire à l'autre s'il y a moyen de jouer au tennis au paradis.

Une nuit d'été, après avoir regardé à la télévision son joueur favori frôler la défaite puis remonter miraculeusement son score avant de remporter la victoire, un des deux hommes rend son dernier soupir pendant son sommeil. Quelques nuits plus tard, celui qui est toujours en vie est réveillé par la voix de son ami qui lui parle depuis l'au-delà.

– « Est-ce bien toi ? » demande-t-il à l'espace vide d'où semble émaner la voix.

– « Bien sûr que c'est moi ! », réplique son camarade.

– « C'est incroyable ! » s'exclame joyeusement celui qui est encore de ce monde. « Alors dis-moi est-ce qu'on peut jouer au tennis au paradis ? »

– « Bon, j'ai deux nouvelles à t'annoncer, une bonne et une mauvaise », répond l'homme décédé. « Par laquelle veux-tu que je commence ? »

– « Commence par la bonne. »

– « La bonne nouvelle, c'est que, oui, il y a bien du tennis au paradis. »

– « Oh, c'est super ! Mais alors, la mauvaise nouvelle, qu'est-ce que ça peut bien être ? »

– « Tu joues dès demain soir. »

La vérité c'est qu'un jour la mort viendra nous chercher et qu'alors, nous ne pourrons pas continuer à regarder le film, et encore moins le rembobiner. Nous devrons y renoncer. La seule chose que nous emporterons avec nous, ce sera le résultat de nos bonnes et de nos mauvaises actions. Sachant cela, ne nous mettons pas en colère contre Dieu, mais plutôt accrochons-nous encore plus fort à Lui.

Amma dit souvent qu'il est facile de réveiller quelqu'un qui dort mais difficile de réveiller celui qui fait semblant de dormir. Elle sous-entend par là que nous feignons tous d'être en train de dormir. Si nous observons la manière dont nous vivons, nous reconnaîtrons la vérité de ce qu'elle dit.

Quand il faut choisir entre ce qui nous fait avancer spirituellement et ce qui nous est agréable et facile, nous optons le plus souvent pour notre confort. Même les psychologues reconnaissent qu'en général, leurs patients cherchent plus à être soulagés qu'à trouver une réelle solution à leurs problèmes. Pour vraiment résoudre leurs difficultés, il faudrait qu'ils changent leur façon d'agir et de réagir.

Certains défendent l'idée que puisque tout en ce monde a été créé par Dieu, le bien et le mal n'existent pas et que nous devrions nous sentir libres d'agir à notre guise. Si nous examinons attentivement ce raisonnement, il ne sera pas difficile de voir là où il pêche. Il y a dans la Nature des plantes dont on tire les drogues et aussi de nombreux animaux qui doivent tuer pour se nourrir et survivre. Est-ce que cela veut dire qu'il est naturel de se droguer ou de commettre un meurtre?

Dieu a créé des fruits bons pour la santé et d'autres qui sont des poisons pour l'homme. Allons-nous avaler des baies toxiques comme si c'étaient des fraises sous prétexte qu'elles sont naturelles ? Pourtant, lorsque nous prenons une décision peu honorable, nous justifions fréquemment notre comportement en disant : « C'est bien naturel. »

Certes, mais la spiritualité ne consiste pas à obéir à nos tendances naturelles. En fait, il s'agit de transcender notre nature animale inférieure. Quelqu'un a dit que nous ne sommes pas des êtres humains qui faisons des expériences spirituelles mais des êtres spirituels qui faisons l'expérience d'être des humains.

Autrefois à l'ashram, Amma insistait pour que tous les résidents se lèvent à 4 heures du matin, quelle que soit l'heure à laquelle ils s'étaient couchés, si bien que généralement, toutes les lumières étaient éteintes vers 23 heures.

Une fois, Amma m'a fait appeler dans sa chambre vers 22 heures 30. Quand je m'y suis présenté, elle s'entretenait avec une famille, et j'ai donc attendu à l'extérieur. Mais à 23 heures, les visiteurs n'étaient toujours pas partis. Je savais bien que ce qui était juste, c'était d'obéir à ses instructions, mais je savais aussi que je devais me lever à 4 heures le lendemain matin, même si je devais attendre tard dans la nuit qu'Amma me parle. Du coup, juste après 23 heures, je suis retourné dans ma hutte pour dormir. Quand j'ai ouvert les yeux, il n'était pas 4 heures, mais 7 heures.

J'ai appris par la suite, que vers minuit, Amma avait demandé à quelqu'un de regarder si j'attendais toujours, mais que, en entendant que j'étais parti, elle n'avait pas redemandé à me voir : « *Laissez-le dormir.* », avait-elle dit. En refusant d'écouter ce que je savais être juste, j'ai raté à la fois la chance de me trouver en sa présence et les prières du lendemain matin.

Cette histoire révèle un point important : lorsque nous faisons semblant de dormir, nous prenons le risque très dangereux de nous endormir pour de bon. Quand nous nous laissons aller à l'un de nos penchants, même si, au début, nous nous souvenons que ce n'est pas là ce qui nous apportera le véritable bonheur, il se peut que nous nous retrouvions complètement dépassés par lui, et que nous oubliions tout de Dieu et du but réel de la vie.

Il est donc nécessaire d'être courageux. Ne nous enfonçons pas plus profondément dans les brouillards soporifiques de l'ignorance. Acceptons plutôt la réalité : le monde n'arrivera jamais à nous contenter et la spiritualité est la seule solution. Élevons-nous pour embrasser le dharma suprême en avançant avec discernement.

Chapitre 9

Le secret du succès

Amma dit : « Nous recevons tous une éducation pour gagner notre vie, mais pas une éducation pour la vie. » La spiritualité, c'est l'apprentissage de la vie, et de ses vraies fondations. Si nous construisons ces fondations dès le plus jeune âge grâce à une bonne compréhension des principes spirituels, nous ne ferons aucun faux pas et nous ne nous écroulerons pas face aux épreuves de la vie. Une des pierres angulaires de la vie spirituelle, c'est de se discipliner. Personne ne veut en entendre parler, mais ceux qui n'ont pas cette discipline finissent par découvrir à quel point c'est important. Même ceux qui réussissent à grimper en haut de l'échelle de la renommée, de la célébrité, du pouvoir et de la fortune s'écroulent par la suite lorsqu'ils sont confrontés aux plaisirs des sens et aux tentations grossières, ce qui leur fait perdre leur réputation et les amène à vivre de terribles souffrances. C'est peut-être ce qui a poussé l'actrice américaine Katherine Hepburn, maintenant décédée, à cette affirmation : « Sans discipline, il n'y a pas de vie possible. »

Pour faire de vrais progrès spirituels, il est essentiel d'avoir de la discipline. Cela ne veut pas dire qu'il faille se punir ni même adopter un style de vie sévère. Être discipliné, c'est choisir des actions, des pensées ou des attitudes amenant à long terme notre amélioration personnelle et reléguer au second plan les plaisirs à court terme qui ne nous aident pas particulièrement à nous améliorer. Le manque de discipline est la raison principale des échecs que nous essuyons dans notre vie privée et professionnelle.

Une femme aborde un homme frêle et ridé, dont les cheveux grisonnants se font rares. Il se balance assis dans son fauteuil à bascule sur sa véranda :

– « Excusez-moi, dit-elle, mais je ne peux pas m'empêcher de remarquer à quel point vous avez l'air heureux. Quel est le secret de votre longue vie heureuse ? »

– « Mon enfant », répond l'homme avec un large sourire édenté, « je fume trois paquets de cigarettes par jour, je bois une caisse de whisky par semaine, je mange bien gras, j'écoute de la musique hard rock très violente et je ne fais jamais aucun exercice physique. »

– « C'est incroyable ! », s'exclame-t-elle. « C'est bien la première fois que j'entends parler d'un tel secret de longévité ! Quel âge avez-vous ? »

– « Vingt-six ans. »

La discipline ressemble beaucoup aux systèmes de fonctionnement de nos ordinateurs. Un ordinateur sans système de fonctionnement est tout à fait comme une personne sans discipline. Tous deux disposent d'un potentiel et d'un pouvoir immenses mais aucun des deux ne peut fonctionner correctement. Contrairement à l'ordinateur, Dieu nous a fait la grâce de nous doter du libre arbitre, mais sans discipline personnelle, nous risquons d'attraper les virus de la gratification immédiate, des faux prétextes, et des mauvaises habitudes.

Le philosophe grec Aristote dit : « Celui qui surmonte ses désirs est plus courageux que celui qui vainc ses ennemis, car la victoire la plus difficile à remporter est la victoire sur soi. » Il n'est pas toujours facile de comprendre les avantages d'une vie disciplinée, car il semble bien souvent plus plaisant, plus profitable et plus commode d'agir autrement.

Dans les débuts de l'ashram, la routine quotidienne était de se réveiller à 4 heures du matin, de prendre une douche et de se retrouver pour psalmodier ensemble les Mille Noms de la Mère Divine.

Un jour, peu de temps après que je sois devenu résident, je me suis réveillé à 4 heures et j'ai trouvé qu'il faisait plutôt frisquet car la veille il avait plu toute la journée. Comme il n'y avait que de l'eau froide, j'ai décidé de me passer de douche et d'aller directement à l'archana du matin. J'ai pensé que je pouvais attendre que l'air se réchauffe pour faire ma toilette. Il a continué à pleuvoir ce jour-là et les jours suivants, et je suis resté fidèle à ma nouvelle pratique : aller à l'archana sans m'être douché.

Au bout de quelques jours, alors que je sortais pour me rendre au *kalari*[1], j'ai trouvé un grand seau d'eau chaude fumante juste sur le seuil de ma hutte. J'ai été bien étonné mais je n'ai surtout pas voulu laisser passer cette chance. J'ai immédiatement emporté le seau à la salle de bain et j'ai pris ma douche. Plus tard, j'ai demandé aux autres brahmacharis qui était le bon samaritain qui m'avait fait chauffer de l'eau. Aucun d'eux n'était au courant. Quand j'ai vu Amma cet après-midi-là, elle m'a demandé en passant : « La douche était agréable ce matin ? » Cette question ne me laissait aucun doute possible quant à l'identité de la personne qui m'avait apporté de l'eau chaude.

J'ai eu mal à l'idée qu'Amma s'était évertuée à faire chauffer de l'eau sur un feu de bois tout enfumé juste pour que je veuille bien suivre la discipline de l'ashram et prendre une douche avant

---

[1] Dans le Sanatana Dharma, *kalari* désigne tout lieu de culte non consacré à une déité particulière. C'est le nom qui a été donné au premier temple de l'ashram, qui n'était guère plus grand qu'un placard et se trouvait être à l'origine l'étable de la famille d'Amma. Quand on s'en souvient, il semble incroyable qu'Amma, dont les programmes sont maintenant souvent organisés dans des amphithéâtres et des stades, ait pu à une époque donner le darshan dans un endroit aussi minuscule.

les pratiques spirituelles. J'ai alors compris que le guru fera tout pour corriger le disciple, et à partir de ce moment-là, je n'ai plus jamais sauté la douche du matin, quelle que soit la température de l'eau.

Bien sûr il ne s'agit pas de profiter de l'humilité et de la patience d'Amma pour se faciliter la vie. Si j'avais simplement attendu qu'elle m'apporte un seau d'eau chaude tous les matins, je suis certain qu'elle aurait changé de tactique. En fait, quelques années plus tard, quand un grand nombre de brahmacharis a rejoint l'ashram, certains ont pris l'habitude de prolonger leur sommeil pendant l'archana malgré plusieurs rappels à l'ordre d'Amma. Finalement elle a dû recourir à des mesures draco-niennes. Un matin, elle est entrée dans le hall où ils dormaient et les a tous aspergés d'eau froide. Plus tard, elle a fait le commentaire suivant à ce sujet, : « Vous êtes tous venus ici avec l'intention de réaliser Dieu. C'est donc le devoir d'Amma de vous faire prendre conscience de vos erreurs et de vous aider à les dépasser. Si vous êtes paresseux même pour les petites choses, comment pourrez-vous atteindre la Libération ? »

D'année en année, le nombre des gens qui viennent voir Amma à Amritapuri (et partout ailleurs dans le monde) ne cesse d'augmenter et elle termine le darshan de plus en plus tard. Et finalement cela fait environ deux ans que le darshan du « matin » se prolonge régulièrement jusqu'à 18 heures 30 passées, heure à laquelle Amma sortait auparavant pour les bhajans du soir. Si le darshan dure jusqu'à 19 ou même 20 heures, elle ne peut natu-rellement pas se rendre aux bhajans. Néanmoins un swami vient chanter, et tous les brahmacharis et résidents (exceptés ceux qui sont directement impliqués dans l'organisation des files d'attente du darshan) sont censés assister aux chants dévotionnels. Cepen-dant, les jours où le darshan d'Amma se prolongeait pendant les bhajans, au lieu d'aller chanter dans le hall, certains brahmacharis se rendaient ailleurs pour travailler ou méditer tout seuls.

Un soir elle a terminé le darshan juste avant 19 heures. Comme il était déjà tard, beaucoup de gens ont pensé qu'elle n'irait pas aux bhajans et sont partis de leur côté. Mais en descendant du temple par l'escalier en colimaçon, elle ne s'est pas dirigée à droite pour monter dans sa chambre comme tout le monde s'y attendait, elle s'est rendue directement à l'auditorium. Elle n'a même pas pris le temps de changer de vêtements ni de se laver le visage. Comme de nombreux brahmacharis ne s'attendaient pas à la voir aux bhajans, ils n'étaient pas venus y assister. C'est seulement en entendant la voix d'Amma dans les haut-parleurs qu'ils ont compris qu'elle était sur la scène et sont tous arrivés en courant. En la voyant assise sur la scène, toute décoiffée, le sari maculé par les larmes et le maquillage des milliers de dévots qu'elle avait serrés dans ses bras ce jour-là, tout le monde a eu le cœur brisé, et la leçon qu'elle essayait de donner a été vite comprise. Si même après un si long darshan Amma pouvait encore suivre la discipline de l'ashram, qui pourrait encore prétendre que cela lui était impossible ?

Dorénavant, même si Amma doit donner le darshan jusque tard dans la soirée, tous les brahmacharis participent aux bhajans. D'ailleurs, Amma fait vraiment tout son possible pour y assister elle-même. Elle s'est même mise à sortir une heure plus tôt pour le darshan du matin, et quelle que soit l'heure où elle termine, elle se rend directement à l'auditorium pour chanter.

Nous remportons la victoire quand nous ne succombons pas à la tentation de ce qui nous plaît et que nous faisons l'effort d'entreprendre ce qui est à faire. En général, nous voulons faire ce qui nous plaît. Afin de progresser spirituellement, nous devons apprendre à aimer ce que nous avons à faire. Pour y arriver, au début, nous pouvons nous engager à faire ce qui doit être fait, que cela nous plaise ou non. Si nous acquérons cette discipline, nous commencerons naturellement à aimer faire le nécessaire en toute situation, non pas parce que nous agirons à notre guise, mais parce que nous aimerons ce que nous sommes appelés à faire.

Nous ne pouvons pas nous contenter de vivre notre vie uniquement au niveau émotionnel. Quel que soit l'objectif que nous voulons atteindre, nous avons aussi besoin de discipline. De même que la discipline extérieure facilite le déroulement des choses dans le monde, la discipline intérieure aide à structurer le mental qui peut ensuite se tourner vers le but ultime de la réalisation du Soi.

Chapitre 10

L'action, l'expérience et l'état qui est au-delà

Amma enseigne qu'à la base, il y a deux choses dans notre vie quotidienne : l'action et l'expérience. Si nous savons comment agir de façon juste et comment bien réagir face aux expériences, nous pouvons mener une vie relativement paisible.

Agir de façon juste, c'est agir sans s'attacher au résultat de l'action. Dans la *Bhagavad Gita*, le Seigneur Krishna déclare : « yogah karmasu kausalam » ; ce qu'on peut traduire par : « l'adresse dans l'action est yoga ». Krishna ne veut pas simplement dire que nous devons faire preuve d'habileté pour effectuer telle ou telle tâche. Sinon tout professionnel qualifié serait yogi. Quand Krishna parle d'« adresse dans l'action », il s'agit de rester d'humeur égale quel que soit le fruit des actions que nous accomplissons. Bien entendu, il ne s'agit pas de dire que les compétences et les talents ne servent à rien. Il y a des étudiants qui ne préparent pas bien leur examen et qui se moquent d'échouer. On ne peut pas dire qu'ils soient des yogis. Mais quand on s'applique à donner le meilleur de soi-même tout en maintenant le mental dans le moment présent, on peut parler d'adresse dans l'action. C'est le sens de l'expression : « accomplir l'action pour elle-même ».

Bien sûr, si nous nous présentons à un examen, c'est que nous avons l'espoir de réussir. De même, nous ne nous déplacerions pas pour un entretien d'embauche si nous n'escomptions pas être engagés. Sans aucune attente du tout, nous risquons de perdre toute motivation, même pour faire de bonnes actions. Alors, plutôt que de n'attendre aucun résultat, nous pouvons nous mettre à les escompter tous. Autrement dit, attendons-nous à être engagé tout autant qu'à ne pas l'être.

On peut penser qu'il serait plus facile de cesser toute action. Mais en réalité, les êtres humains sont toujours en train d'agir, de la naissance à la mort. Un dévot d'Amma se vantait d'avoir l'habitude de dormir au moins douze heures par jour. Il trouvait qu'il rendait ainsi service à l'humanité. « Au moins, pendant ce temps-là, je ne fais de mal à personne », m'a-t-il expliqué. Mais en vérité, il est impossible d'éviter l'action. C'est la nature même de la vie. Même pendant le sommeil, le corps accomplit automatiquement des actions physiologiques : le cœur bat, les poumons respirent et le sang véhicule l'oxygène et les éléments nutritifs dans tout le corps.

Dans la *Bhagavad Gita* (III.5), Krishna explique :

na hi kaścit kṣaṇam api jātu tiṣṭhaty akarmakṛt
kāryate hy avaśaḥ karma sarvaḥ prakṛtijair guṇaiḥ

« Nul ne peut demeurer, ne serait-ce qu'un instant sans agir. Chacun, qu'il le veuille ou non, est contraint d'agir par les modalités mêmes de la Nature. »

Outre les actions physiques et physiologiques, nous agissons également au niveau mental. Même la pensée est une forme d'action. Il se peut que nous arrivions à rester assis sans bouger, mais le mental court du passé au futur et vice-versa. Tant que nous sommes identifiés au corps, au mental et à l'intellect, nous sommes liés aux lois de la Nature et forcés d'agir. Une fois que l'on a accepté cet état de fait, il est bon de comprendre comment on peut agir de façon adéquate.

Par exemple, certains achètent un billet de loterie chaque

semaine. Mais s'ils ne gagnent rien, ils n'en sont pas pour autant bouleversés. Ils continuent à essayer. Bien entendu, je ne cherche pas à vous pousser à acheter des billets de loterie. C'est seulement un exemple pour montrer que même si nous n'aboutissons pas à un résultat particulier, nous ne devons pas nous sentir frustrés ou déprimés. Continuons tant qu'il y a une chance de succès. Si nous faisons vraiment des efforts sincères et que nous échouons malgré de multiples tentatives, nous devons rester positifs et l'accepter.

Ceci nous amène à l'autre élément fondamental requis pour mener une vie paisible : aborder les expériences qu'il nous faut traverser avec l'attitude juste pour que chacune d'entre elles nous aide à grandir spirituellement sans perturber notre tranquillité d'esprit. Selon Amma, il y a plusieurs façons d'y parvenir.

Le dévot tente de voir toute expérience, positive ou négative, comme un don de Dieu ou du guru. En agissant ainsi, nous ne nous mentons pas. Même si ce qui nous arrive est la conséquence de notre karma, la loi du karma ne fonctionne que grâce à Dieu. Donc, indirectement, ce qui nous arrive vient de Dieu. Même ceux qui ne croient pas en Dieu ni aux lois spirituelles ont tendance à penser que nos bonnes actions ont des effets bénéfiques pour nous et les mauvaises, des conséquences négatives. Tout le monde accepte que le résultat puisse être différé. La seule différence entre la sagesse populaire et la perspective spirituelle, c'est que selon la loi du karma, il se peut que le résultat ne se manifeste pas dans cette vie-ci. C'est pourquoi nous voyons des gens souffrir beaucoup alors qu'ils paraissent n'avoir jamais rien fait de mal, et d'autres ne commettre que des mauvaises actions et prospérer malgré tout. La seule explication à cela, c'est que chacun récolte les fruits d'actions accomplies dans une incarnation précédente. Plus tard, que ce soit dans cette vie ou dans la prochaine, chacun aura à goûter les fruits sucrés ou amers des actions présentes.

Un homme est en train de lire le journal quand il entend

frapper à la porte. Il va ouvrir et découvre un escargot sur le seuil. « Bonsoir, dit l'escargot, je fais la quête pour l'Association de Bienfaisance des Escargots. Voulez-vous donner quelque chose ? » Pour toute réponse, l'escargot reçoit un coup de pied qui l'envoie voler dans les buissons.

Deux semaines plus tard, on frappe de nouveau à la porte. Une fois encore, l'homme voit un escargot sur le seuil. « Ce n'était pas très gentil ! » s'exclame le visiteur.

Quoiqu'il nous arrive, cela est dû à notre propre *prarabdha*, c'est-à-dire aux conséquences de nos actions passées, et c'est notre destin d'en faire l'expérience dans cette vie-ci. Autrefois, en temps de guerre, on utilisait en anglais l'expression : « On ne tue pas le messager » quand un camp envoyait quelqu'un sans arme porter un message à l'ennemi. Il était communément admis que le messager ne devait pas être maltraité même s'il apportait une mauvaise nouvelle, car il ne faisait que son devoir. Nous pouvons adopter une attitude similaire envers ceux qui nous malmènent, et voir en toute personne qui nous critique ou nous insulte, un simple messager nous apportant les fruits de nos actions passées. La loi universelle est que si nous n'avons rien fait dans cette vie ni dans une incarnation précédente, pour mériter une épreuve, aucun malheur ne peut nous échoir. Ainsi, il n'y a pas de raison de se mettre en colère contre quelqu'un qui nous maltraite. En fait, nous pouvons même lui être reconnaissant de nous aider à épuiser le prarabdha qui nous reste.

Rappelons-nous également qu'il y a toujours une leçon à tirer de chaque circonstance douloureuse ou désagréable. Même si on nous accuse injustement, nous avons toujours quelque chose à comprendre en observant notre réaction et nous pouvons profiter de cette situation pour montrer plus de gentillesse, de patience et d'amour.

Il y a longtemps, j'étais un peu à l'écart de l'endroit où Amma donnait le darshan, et j'ai entamé avec un dévot une discussion véhémente dont j'ai oublié le sujet, mais je me souviens qu'Amma m'a brusquement interrompu en m'appelant. Quand je me suis approché, elle m'a dit : « Ton visage me fait penser à un ondu (un genre de lézard des jardins du Kérala connu pour sa laideur) »

Je suis resté plutôt déconcerté par cette parole. « Pourtant, ai-je pensé, beaucoup de gens m'ont dit que j'étais beau. Pourquoi Amma dit-elle le contraire ? »

Les jours suivants, elle m'a appelé plusieurs fois pour me répéter la même chose. J'étais bouleversé mais je n'ai montré aucune réaction et j'ai simplement accepté ses paroles. La troisième fois, j'ai soudain revu dans un flash un incident passé qui s'était déroulé bien des années auparavant, avant que je ne rencontre Amma, quand j'étais encore à l'université. À cette époque, j'avais un ami dont les traits étaient légèrement bizarres. Un jour, de but en blanc, je lui ai dit : « Ton visage fait penser à un rat. » C'était dit spontanément, sans réfléchir, mais mon ami l'a pris très au sérieux. Par la suite, il ne m'a pas adressé la parole pendant plusieurs jours, et parfois quand je le croisais, je voyais qu'il avait pleuré.

Finalement il est venu me dire : « Ramakrishna, ce que tu m'as dit m'a fait vraiment beaucoup de peine. Jamais je me suis senti aussi mal que quand tu m'as sorti ça. » J'ai eu beau lui assurer que j'étais désolé, les choses n'ont plus jamais été pareilles entre nous, et il était clair que mes paroles l'avaient profondément blessé.

On dit que le meilleur moyen pour bloquer le flot de la grâce divine, c'est de faire pleurer un innocent. En me souvenant de cet incident, j'ai compris que c'était le moyen qu'Amma avait trouvé pour épuiser tout le karma négatif que j'avais contracté si longtemps auparavant en parlant de cette manière. Après cela, j'ai pu accepter ce qu'elle me disait sans qu'il y ait dans mon cœur la moindre trace de négativité.

Ceux qui ont foi en Dieu pensent toujours que c'est Lui qui

distribue les résultats de leurs actions. Un chercheur authentique ou un dévot parfait ne pense plus en terme de souffrance ou de plaisir, car il considère tout comme un don de Dieu ou une bénédiction du guru.

On raconte une histoire au sujet du célèbre Rabbin Zushia qui vivait il y a environ deux cents ans. On le vénérait beaucoup pour sa piété, sa simplicité et son dévouement. Dans une ville des alentours il y avait une école de rabbins. Les jeunes gens qui y étudiaient le *Talmud* étaient tombés sur un passage qui disait : « Nous devons remercier Dieu aussi bien pour le meilleur que pour le pire », et restaient perplexes. Remercier Dieu pour le meilleur, cela semblait compréhensible et raisonnable, mais remercier Dieu pour le pire? Cela paraissait insensé.

Ils ont porté cette question à l'attention du doyen de l'université. Celui-ci a caressé sa longue barbe en réfléchissant : « Je ne vois que le Rabbin Zushia qui puisse élucider ce problème. Allez chez lui pour lui demander son avis ! »

Le Rabbin Zushia vivait dans un endroit isolé à l'extérieur de la cité. Les étudiants ont quitté la ville à pied puis sont entrés dans la forêt. Au bout d'un étroit sentier, ils ont fini par arriver à une cabane délabrée qui lui servait d'habitation. Les vitres étaient cassées, le toit semblait avoir besoin d'être réparé et les murs était sérieusement fissurés. Tandis que le rabbin les accueillait et les faisait entrer, les étudiants ont découvert l'extrême dénuement dans lequel il vivait : quelques chaises bancales et des meubles de bien pauvre qualité en piteux état.

Le rabbin a prié les visiteurs de le pardonner car il n'avait rien à leur offrir à manger et il a demandé si éventuellement ils aimeraient un verre d'eau chaude.

Les étudiants lui ont expliqué qu'ils étaient venus le voir pour lui soumettre cette question :

– « Pourquoi dit-on dans le Talmud que nous devons remercier Dieu pour le meilleur comme pour le pire ? »

– « Pourquoi êtes-vous venus me soumettre ce problème ? » a répliqué le Rabbin Zushia, « moi non plus je n'arrive pas à comprendre cela. Rien de mauvais ne m'est jamais arrivé. Est-il possible que Dieu fasse quoi que ce soit de mauvais ? »

Un dévot est toujours convaincu que Dieu sait exactement ce dont il a besoin et qu'Il le lui procurera. Il accepte les épreuves comme étant pour son plus grand bien, de même qu'un malade boit volontiers une potion amère parce qu'il sait que cela va le guérir.

Selon le Védanta, la philosophie du *Sanatana Dharma*, il existe, au-delà de l'action et de l'expérience, un autre état appelé *sakshi bhava*, ou l'état de témoin. Dans l'état de témoin, non seulement on ne s'identifie pas aux résultats de l'action, mais en plus on ne s'identifie pas non plus à l'action elle-même. Ce que nous accomplissons, nous le faisons spontanément selon les circonstances qui se présentent à nous. Dans cet état, nous faisons le nécessaire, mais en restant témoin des actions et des expériences. Nous ne nous identifions qu'à l'Atman, la Pure Conscience qui illumine toute la vie.

Pour l'instant, bien sûr, nous en sommes incapables. Lorsque nous avons faim, ou que nous mangeons ou quand nous avons mal, nous nous identifions au corps. Quand nous ressentons de la colère ou de la tristesse, nous nous identifions au mental. Et chaque fois que nous prenons une décision, nous nous identifions à l'intellect.

La porte qui ouvre sur l'état de témoin se trouve juste en face de nous. Nos activités quotidiennes qui absorbent beaucoup de notre énergie et de notre attention nous la masquent.

Lorsque nous avons faim, nous disons « J'ai faim ». Quand nous sommes irrités, nous sentons « Je suis en colère ». Et quand nous sommes plongés dans la confusion, nous pensons « Je suis troublé ». Cela signifie que le corps, le mental et l'intellect sont tous l'objet de notre observation. Ce qui suppose un sujet conscient de cet objet. Cette conscience, ce sujet de toute éternité, c'est *l'Atman*, le Soi véritable. S'identifier à cet état, c'est le *sakshi bhava* authentique.

Nous considérons la conscience en nous comme séparée de celle des autres sujets. Mais les sages des temps anciens ont cherché profondément à l'intérieur et ils ont découvert que cette conscience en tant que sujet n'appartient à personne en particulier et qu'elle est la même en chacun.

Amma souligne que même dans notre vie quotidienne, nous sommes confrontés à cette profonde vérité. Chaque fois qu'on se présente, on dit : « Je m'appelle Jean » ou « Je suis Lakshmi ». Et parfois, on précise : « Je suis chrétien » ou « Je suis juive », « Je suis avocat », « Je suis religieuse », etc. Malgré toutes ces différences, le « Je » reste commun. Ce « Je » n'est pas différent d'une personne à l'autre, c'est le même Soi qui est présent en tous en tant que conscience.

Amma donne l'exemple d'un convoi funéraire. Quand la personne décédée était encore vivante, on disait : « Tiens, voilà Pierre. » Mais maintenant qu'elle est morte, on ne dit plus la même chose. On va dire plutôt : « Voilà le corps de Pierre. » Ceci signifie que Pierre n'est pas le corps mais quelque chose au-delà du corps. On dit la même chose quand il s'agit de quelqu'un de vivant : « Il a le corps très costaud » ou « Il a l'esprit faible ». Et aussi : « Elle a l'intelligence très vive ». Mais nous ne nous arrêtons jamais pour nous demander qui est ce « il » ou cette « elle » dont nous parlons.

Que nous en ayons conscience ou pas, nous reconnaissons constamment qu'il existe quelque chose au-delà du corps, du mental et de l'intellect. Mais nous n'arrivons pas à en faire l'expérience directe.

À ce sujet, Amma raconte l'histoire suivante : une dame perd son fils dans un accident de voiture, et naturellement elle est désespérée. Sa voisine la console en s'appuyant sur les Écritures et les enseignements des maîtres réalisés, elle lui dit : « Nous ne sommes pas le corps, mais l'Atman. L'Atman est omniprésent, il n'est jamais né et ne mourra jamais. Alors, où ton fils pourrait-il aller ? »

La maman profondément affligée puise beaucoup de force dans les paroles de sa voisine. Un mois plus tard, le mari de cette voisine se tue dans un accident de travail. À ce moment-là, la maman qui a perdu son fils essaie de consoler sa voisine grâce à la sagesse spirituelle dont cette dernière s'était servie le mois précédent. Mais à présent, la voisine est inconsolable. La maman lui dit :

– « Il y a à peine un mois tu me citais toutes ces vérités spiri-tuelles ! Pourquoi est-ce-que tu ne m'écoutes pas maintenant ? »

– « À ce moment-là, c'était ton fils qui venait de mourir », explique la voisine, « mais maintenant c'est de mon mari qu'il s'agit ! »

Ainsi, il est facile d'être témoin des expériences d'autrui, mais quand il s'agit de notre propre expérience, c'est une autre histoire.

Un professeur donne des cours sur le Védanta dans un ash-ram situé dans la jungle. Il répète sans arrêt aux élèves : « Seul *l'Atman*, le Soi, est éternel. Tout le reste est *maya* (illusion). Ne tombez jamais dans le piège de maya. » Soudain, surgissant de la forêt, un énorme éléphant mâle aux longues défenses effilées fonce droit sur eux, en chargeant à l'aveuglette. Comme le professeur est assis sur une plate-forme face à la jungle, il est le premier à voir l'éléphant surgir. Il est aussi le premier à prendre ses jambes à son cou. Voyant le professeur s'enfuir en courant, tous les étu-diants se lèvent et se mettent à courir à sa suite. Une fois en lieu sûr, un des disciples dit : « Je ne savais pas, cher maître, que vous pouviez courir aussi vite ! Au fait, vous dites que tout est maya, mais si tout est maya, pourquoi donc vous êtes-vous mis à courir en voyant l'éléphant ? »

Ayant déjà retrouvé tout son sang-froid, le professeur répond tranquillement : « Il est vrai que l'éléphant est maya, mais le fait que je m'éloigne en courant est aussi maya. » Ce professeur donne un enseignement intellectuel, mais sous la pression des circonstances, il lui manque la force mentale pour mettre en pratique ce qu'il prêche.

J'ai lu une anecdote véridique du même genre, à propos de la réalisation d'un film récent sur les dernières heures de la vie du Christ. Pendant le tournage, l'acteur qui tenait le rôle de Jésus faisait comme s'il supportait, avec une indulgence et une patience surnaturelles, les coups donnés par des cascadeurs manipulant de réels fouets en cuir. Malencontreusement, l'un des figurants a réellement touché l'acteur avec son fouet. Comme chacun de nous dans une telle situation, l'acteur s'est aussitôt mis à crier de douleur et à maudire le coupable sous l'effet de la colère.

Il est facile de faire croire que nous sommes très patients et sans rancune, mais quand les difficultés se présentent, en général nous dérapons, nous retombons dans nos erreurs, et parfois nous plongeons la tête la première dans le piège de nos défauts habituels : l'impatience et l'irritation. Nous pouvons tous citer les textes sacrés et répéter : « Je suis la Conscience Suprême », mais qui parmi nous peut les mettre en pratique et manifester d'authentiques qualités divines en toutes circonstances ?

Celui dont le mental est complètement pur peut réaliser sa véritable nature simplement en écoutant les paroles du maître spirituel. Pour la majorité d'entre nous, cependant, il ne suffit pas que le guru nous dise : « Tu es l'Être Suprême. » C'est parce que notre nature réelle est enfouie sous des couches d'ignorance, sous les désirs, les attachements et cette forte identification à notre ego limité. Amma raconte l'histoire suivante :

Un guru envoie deux disciples au marché acheter des provisions pour l'ashram. Quand ils reviennent, l'un a visiblement été malmené et l'autre est rouge de colère.

Le guru leur demande ce qui s'est passé.

Le premier disciple s'écrie : « Il m'a roué de coups et couvert de bleus ! »

Le second se justifie : « C'est parce qu'il m'a traité de singe ! »

Le guru réprimande le second disciple : « Pendant toutes ces années, je t'ai répété des centaines de fois : « Tu n'es pas le corps, ni le mental, ni l'intellect, tu es la Conscience Suprême », tu ne m'as jamais cru. Mais quand ton frère te traite une seule fois de singe, tu le crois. »

Bien que le disciple ait écouté les enseignements du guru et les énoncés des Écritures, ceux-ci n'étaient pas entrés profondément dans son cœur.

Bien des fois Amma a montré qu'un mental totalement purifié va réagir spontanément à tout ce qui peut être dit sur le divin et en faire immédiatement l'expérience. Un jour, alors qu'elle n'avait que seize ans, elle s'est trouvée à passer le long d'une maison voisine où on lisait le *Srimad Bhagavatam*. Comme l'officiant commençait à réciter l'histoire de la vie de Krishna, spontanément Amma s'est identifiée totalement au Seigneur. Tous ceux qui se trouvaient là se sont sentis irrésistiblement attirés par la beauté de son sourire et le charme de son apparence. Cela a marqué le début du darshan du Krishna Bhava.

Dans le *Ramayana*, la grande épopée indienne, Hanuman doit se rendre rapidement à Sri Lanka pour apporter un message à Sita, la bien-aimée de son Seigneur Rama, car elle est retenue captive par le roi et démon Ravana. En fait, Hanuman est un dieu et il possède d'immenses pouvoirs. Mais dans son enfance, comme il jouait sans cesse des tours aux *rishis* (sages) et qu'il se moquait d'eux, ceux-ci lui avaient jeté un sort qui lui faisait oublier ses siddhis. Par la suite, ils lui avaient accordé le don de se souvenir de ses pouvoirs et d'en retrouver l'usage béni si quelqu'un venait à les lui rappeler. Ainsi, alors qu'Hanuman se trouve au bord de l'océan à regarder d'un air désespéré en direction de Sri Lanka, il est entouré des singes de l'armée du Seigneur Rama. Ces singes savent que seul Hanuman peut d'un saut franchir la mer et atteindre Sri Lanka. Dès qu'ils se mettent à chanter ses louanges, et à lui rappeler ses pouvoirs cachés, Hanuman se souvient de sa nature divine et se montre à la hauteur de la situation ; c'est alors qu'il traverse l'océan et se retrouve à Sri Lanka d'un seul bond de géant.

Comme Hanuman, nous avons oublié notre nature divine. Les nombreuses déclarations des Écritures telles que : « Tu es Cela » font l'éloge du Soi véritable afin de nous rappeler qui nous sommes réellement.

Pour nous établir dans l'expérience de l'unité avec le Suprême, les textes sacrés nous disent de suivre un processus en trois étapes : écouter, réfléchir et contempler. La première étape, appelée *sravanam* (écouter), c'est entendre ou lire les enseignements des Écritures et des grands maîtres. Nous lisons les textes sacrés, et nous entendons les maîtres nous affirmer que nous ne sommes pas le corps, ni le mental, ni l'intellect, mais que nous sommes bien l'Atman qui les anime tous les trois.

Or, parce que notre mental n'est pas pur, le doute surgit quand les enseignements du maître contredisent notre expérience quotidienne. Le maître assure : « Tu es l'Existence infinie, la Conscience et la Béatitude infinies. » Mais notre expérience nous montre que nous sommes mortels, limités et tristes. Donc, l'étape qui suit *sravanam*, c'est *mananam*, ce qui signifie réfléchir profondément aux enseignements du maître. Lorsqu'il dit à la vague de l'océan : « Tu es illimitée », la vague doit d'abord comprendre que tant qu'elle se prend pour une vague, elle est limitée, mais que lorsqu'elle réalise que sa vraie nature n'est autre que le vaste océan lui-même, elle devient illimitée. »

Le Seigneur Rama a demandé un jour à Hanuman : « Qui es-tu ? »

La réponse d'Hanuman est une magnifique illustration de la diversité des chemins que nous pouvons emprunter pour nous approcher du Suprême : « Ô Seigneur, quand je pense que je suis ce corps, je suis Ton serviteur. Quand je me vois en tant que *jiva* (âme individuelle), je suis une partie de Toi. Quand je m'identifie à *l'Atman*, je suis Toi. Telle est ma conviction. » Hanuman savait que sa relation au Seigneur dépendait de l'ouverture d'esprit dont il était capable.

La réflexion nous amène à comprendre que nous ne sommes ni le corps ni le mental ni l'intellect limités, mais que nous sommes la Conscience illimitée. Lorsque nous sommes intellectuellement convaincus que telle est la vérité, et que nous n'avons plus l'ombre d'un doute, nous devons l'assimiler si profondément que nous pourrons alors transcender notre identification erronée au corps, au mental et à l'intellect pour nous identifier complètement à la Conscience. Cette étape est appelée *nidhidhyasanam* ou contemplation.

Dans la contemplation, et même pendant chacune de ses actions et de ses expériences, le disciple s'habitue à penser continuellement : « Je ne suis ni le corps, ni le mental, je suis la pure Conscience qui n'a ni commencement ni fin ». Si une réaction de notre part est nécessaire dans une situation donnée, elle devrait être éclairée par cette vérité. En maintenant la pensée constamment fixée sur les enseignements du maître et en suivant sincèrement ses instructions, le disciple se purifie suffisamment pour réaliser la Vérité. Le maître authentique est comme une boîte d'allumettes, tandis que le disciple en pleine maturité est comme une allumette sèche : il s'enflamme au moindre frottement sur le grattoir. Mais, seuls les conseils et la grâce du maître peuvent amener le disciple à cette maturité complète.

On ne peut pas se forcer à s'endormir. On peut s'allonger sur un lit confortable, s'assurer que la pièce est assez sombre et tranquille, que l'on a assez chaud, mais pour vraiment s'endormir, on n'a pas le choix, il faut attendre patiemment. De même que le besoin de dormir chasse toute autre pensée et nous conduit à la chambre à coucher, la contemplation constante de la vérité védantique sur la non-dualité chasse toutes les autres pensées du disciple. Toutefois, comme pour le sommeil, c'est uniquement la grâce du maître qui fait passer le disciple à l'état le plus élevé.

La voie du Védanta, c'est-à-dire la réalisation de la Vérité par son étude directe et par la réflexion alors que cette vérité n'a ni nom ni forme, est une voie extrêmement ardue. En fait elle ne convient pas à tout le monde. Ainsi, Adi Shankaracharya, qui a rétabli la suprématie de la philosophie de la non-dualité (l'Advaita Védanta), a lui-même composé des hymnes à la gloire de la Mère Divine parce qu'il savait que la voie de l'Advaita est très difficile à suivre pour la majorité des gens. Le Bouddha a recommandé un chemin essentiellement non-dualiste et a demandé à ses disciples de ne pas lui vouer de culte, ni à lui, ni à aucune forme. Et pourtant, aujourd'hui, la plus grande statue au monde est une statue du Bouddha. Ceci montre que pour la grande majorité des gens, le culte d'un Dieu Sans Forme est difficile, voire impossible.

Dans la *Bhagavad Gita (ch. 12)*, le Seigneur Krishna dit :

kleṣo'dhikataras teṣām avyaktāsakta cetasām
avyaktā hi gatir duḥkhaṁ dehavadbhir avāpyate

« *Plus grande est la difficulté pour ceux dont le mental est dirigé vers le Non-manifesté, car le but du Non-manifesté est très difficile à atteindre pour ceux qui sont incarnés.* »

Pour la plupart d'entre nous, il suffit que nous nous souvenions d'agir et d'évaluer nos expériences correctement. Si nous pouvons agir en comprenant que nous ne sommes qu'un instrument entre les mains de Dieu, ou en nous rappelant que nous avons le droit d'agir mais pas de déterminer le résultat de nos actions, nous pourrons atteindre vis-à-vis de nos expériences, une équanimité très proche de l'état de témoin. Sur la voie de la dévotion, nous accédons également à un état où nous ne sommes plus affectés par ce qui est bon ou mauvais, par le succès ou l'échec, par le bonheur ou le malheur. En nous abandonnant à la volonté de Dieu, ou à la volonté du maître spirituel, nous continuons à nous efforcer de faire de notre mieux pour atteindre nos objectifs, mais si nous ne réussissons pas, ou si nous jouons de malchance, nous l'acceptons en toute sérénité, le cœur en paix. Si nos efforts sont couronnés de succès, nous acceptons cela aussi, comme la grâce du maître.

Lorsque nous nous rendons au temple, nous rendons hommage à la déité qui s'y trouve et les prêtres nous offrent le prasad, du payasam, des fruits ou des noix. Quel qu'il soit, nous l'acceptons comme un don précieux du Seigneur. Dans la voie de la dévotion, cette attitude englobe tous les aspects de la vie. Nous considérons chacune de nos actions comme un culte rendu à notre guru, et nous voyons les résultats de nos actions aussi bien que toutes les autres expériences qui se présentent à nous, comme le prasad du guru. C'est pourquoi nous ne sommes ni transportés de joie par le succès, ni déprimés par l'échec, mais toujours dans un état de contentement. Cette équanimité vient du fait que nous faisons de notre mieux pour nous abandonner à Dieu ou au guru. C'est cet abandon qui nous fait renoncer à l'ego, au sens du « moi » et du « mien », et grâce à lui, nous considérons que tout est Dieu ou le maître et seulement Dieu ou le maître.

Dans une voie, nous percevons tout comme étant Dieu, et dans l'autre, nous percevons tout comme étant le Soi. Amma dit que le fait d'adorer Dieu sous une forme particulière nous amènera jusqu'à un point d'où il sera alors très facile de réaliser le Soi Suprême, et que le dévot qui a atteint ce point de la dévotion absolue sera guidé par Dieu Lui-même jusqu'à la réalisation de l'état au-delà de la dualité.

Chapitre 11

Mettre les bœufs avant la charrue : l'importance de l'adoration

Dans le monde d'aujourd'hui, beaucoup de gens remettent en question le fait d'adorer une déité ou un maître vivant. Parfois on demande à Amma : « Puisqu'en fin de compte, les formes sont illusoires, le Védanta ne condamne-t-il pas le culte de toute forme particulière ? » ou : « Si la Vérité Suprême est sans nom ni forme, pourquoi devons-nous méditer sur un dieu pourvu de certains attributs comme Ganesha, Shiva ou Kali ? Pourquoi méditer sur la forme du guru ?

Après avoir lu des textes d'un niveau avancé tels que les *Upanishads*, on peut être amené à formuler ce genre de questions pertinentes, car les *Upanishads* font l'éloge de la contemplation du Brahman Sans Forme comme étant la pratique spirituelle ultime. Il se peut que ceux dont le tempérament est plutôt intellectuel soient inspirés par ce genre de textes et qu'ils adoptent même la contemplation de Brahman comme leur principale pratique spirituelle. Mais s'ils ne sont pas correctement guidés, il est rare de les voir faire des progrès significatifs sur la voie spirituelle.

Bien sûr, l'étude des Écritures est essentielle pour tout aspirant spirituel, mais en matière de lecture des textes sacrés, il faut savoir bien discerner par où commencer. De nos jours, naturellement, la plupart des textes sacrés sont facilement disponibles. Ils ont été traduits et publiés dans de nombreuses langues et on peut même les consulter sur internet. Toutefois, les traductions anglaises ont souvent été faites sans compréhension de la signification profonde des Écritures. Par exemple, le mot sanscrit *pashu* peut se traduire par « vache », mais aussi par « ego ». Ainsi, certaines des traductions les plus courantes disent que les Écritures préconisent le sacrifice des vaches, alors qu'une traduction plus fidèle du même verset explique que nous devons transcender l'ego limité et faire l'expérience de l'unité avec le Soi universel, *l'Atman*.

Un jour, alors que les *dévas* (êtres célestes), les *asuras* (démons) et les humains pratiquaient des *tapas* (des austérités), ils ont entendu le son « da » résonner dans l'atmosphère. Ils l'ont pris chacun comme étant un message divin, qu'ils ont cependant interprété de façon différente. Les humains ont pensé que « da » signifiait « *danam* » ou charité et ils en ont conclu que Dieu leur suggérait de manifester plus de générosité. Au même moment les *asuras* ont décidé que « da » voulait dire « *daya* » ou compassion. Quant aux dévas, ils étaient persuadés que le son « da » renvoyait à « *damam* », ou contrôle des sens. Rien de surprenant à cela puisque le plus grand défaut des humains, c'était l'égoïsme, que les *asuras*, eux, étaient cruels et avaient le cœur dur, tandis que les *dévas* passaient leur temps à s'adonner aux plaisirs des mondes célestes. Chaque groupe a imaginé que Dieu lui demandait de cultiver la vertu correspondant à son point faible.

De même, nous interprétons les Écritures selon notre niveau de compréhension.

La rédaction des Écritures est relativement récente. Dans le passé, elles étaient enseignées oralement dans une *gurukula* (école traditionnelle). Le guru récitait les textes, les élèves arrivaient à tout retenir par cœur, et l'enseignaient ensuite de mémoire à leurs propres disciples. C'est pourquoi il existe un autre mot en sanscrit pour désigner les Écritures : *shruti*, « ce qui a été transmis en écoutant ». Parce que les élèves écoutaient sans intermédiaire l'enseignement qui était issu des lèvres du guru, il n'y avait pas de malentendu. Maintenant tout est imprimé et chacun peut lire et tomber dans la confusion. En fait, nous sommes déjà dans la confusion, et en lisant des textes d'un niveau avancé, nous ne faisons qu'augmenter cette confusion. Le peu de clarté dont nous disposons disparaît si nous ne lisons pas les Écritures sous la conduite d'un maître réalisé.

Il est bon de commencer par la *Bhagavad Gita*, mais même avant de nous lancer dans la lecture de ce texte célèbre, Amma nous recommande toujours de cultiver l'innocence, la dévotion et l'abandon à Dieu. Pour cela, il faut lire les ouvrages des grands dévots de Dieu, des fidèles du Seigneur qui avaient ces qualités en abondance. Il est très important de développer ces qualités avant de nous mettre à étudier les Écritures, parce que nous allons lire que nous sommes le Soi Suprême et que tout le reste est illusion. Si nous lisons ces textes sacrés sans avoir auparavant cultivé les dispositions nécessaires, nous allons penser : « À quoi bon faire des pratiques spirituelles, à quoi bon avoir un maître ? Je suis la Vérité, donc je peux bien faire tout ce que je veux. »

Pour montrer combien cette attitude est erronée, Amma donne l'exemple de la graine et de l'arbre. Bien entendu, un arbre gigantesque donnera de l'ombre, des fruits et des fleurs à ceux qui passeront sous ses branches. Mais la graine de l'arbre peut-elle prétendre en faire autant ? Certes, la graine porte en elle le germe de l'arbre, mais elle doit d'abord s'enfoncer dans la terre, germer, prendre racine, se transformer en arbuste, et lentement se développer pour devenir un arbre. Ainsi, à quoi sert-il que des gens ordinaires s'en aillent partout proclamer : « Je suis Brahman » ? C'est une vérité dont il faut faire l'expérience.

Nous ne pouvons pas nous établir dans cette expérience de la Vérité grâce à la seule lecture de textes, mais en même temps, c'est uniquement par la connaissance que nous pourrons atteindre la réalisation du Soi. Toutes les méditations, tout le séva et les autres exercices spirituels que nous pratiquons ne servent qu'à purifier le mental. Ce ne sont pas des moyens qui vont nous amener jusqu'à la Libération. Il en est ainsi parce que le Soi n'est pas à créer. Il a toujours été là. Il imprègne toute chose et a toujours existé. En atteignant la Libération, nous n'allons en fait rien acquérir, nous ne ferons que réaliser la vérité de ce qui est déjà. D'où le mot de « réalisation ». Par exemple, si nous perdons nos lunettes, nous allons les chercher partout. Mais qu'arrive-t-il si on nous dit qu'en fait, nous les avons sur le nez ? Aurons-nous retrouvé quelque chose que nous avions perdu ? Les lunettes ont toujours été là, sur notre nez. Il nous fallait seulement en prendre conscience.

C'est pourquoi on dit qu'il est impossible de réaliser le Soi grâce à des pratiques quelconques, qu'il s'agisse par exemple de répéter un certain nombre de mantras ou de méditer pendant un certain temps. En revanche, de même que le soleil voilé par les nuages se révèle quand ceux-ci se dispersent, de même notre impureté intérieure, nos vasanas et autres perturbations mentales sont graduellement évacuées par nos pratiques spirituelles et par la grâce du guru. Le *jnana* réel (la connaissance révélant que nous sommes le Soi) apparaîtra intérieurement, sans effort et naturellement. La réalisation du Soi intervient lorsque nous prenons conscience de : « Je suis Brahman » avec la même certitude inébranlable que nous avons pour le moment quand nous avons conscience de : « Je suis un être humain ».

Quand je suis arrivé à l'ashram, il y a plus de vingt-sept ans, le premier livre dont Amma recommandait la lecture à tous les brahmacharis, c'était la vie et les enseignements de Sri Ramakrishna Paramahamsa. En lisant des ouvrages sur les grands maîtres qui avaient tant de dévotion, d'humilité et d'innocence, nous purifions notre cœur. Nous ne sommes guère marqués par l'égocentrique et l'orgueilleux ; mais nous sommes vraiment touchés par quelqu'un d'humble, d'innocent. Amma dit qu'un cœur simple et innocent est la clé du progrès spirituel :

« Celui qui cherche réellement la Vérité est humble et simple. La grâce du guru se répand seulement sur ce genre de personne. Pour vivre vraiment spirituellement et atteindre l'expérience spirituelle authentique, il faut développer l'amour, l'humilité et l'innocence. »

Les Écritures décrivent différentes pratiques spirituelles. Mais ces pratiques ne conviennent pas forcément à tout le monde. À moins d'être guidé par un véritable maître, il est très difficile de savoir de quelle manière on doit pratiquer. Amma donne l'exemple d'un tonique très efficace pour la santé qui augmente l'énergie et la vitalité. C'est un bon remède, mais si nous vidons la bouteille d'un coup en pensant en augmenter les bienfaits, il nous fera du mal. Il est bénéfique à condition de prendre la dose prescrite.

En 1987, lors du premier tour du monde d'Amma, un des brahmacharis a lu la composition d'une bouteille de jus de pruneaux et a découvert que c'était très riche en vitamine C. Comme un médecin venait de lui conseiller de prendre davantage de vitamine C, il a décidé de boire toute la bouteille. À l'époque, nous n'avions jamais quitté l'Inde et n'avions jamais vu de jus de fruit en bouteille. Très fier de sa décision de tout avaler, ce brahmachari nous a raconté à tous combien de vitamine C il avait absorbé. Quelques heures plus tard, et pendant les trois jours qui suivirent, il a eu une telle diarrhée qu'il n'a même pas pu assister aux programmes d'Amma.

Si quelqu'un qui connaissait les effets du jus de pruneaux l'avait averti de ne pas en prendre trop, il aurait pu profiter des bienfaits de cette boisson en s'en tenant à la dose recommandée. De même, quand nous abordons la spiritualité, beaucoup parmi nous sont attirés par les versets mystiques et les promesses de béatitude éternelle que nous trouvons dans les Écritures et les ouvrages spirituels ; le problème survient quand nous essayons de réellement mettre en pratique les principes spirituels. Nous avons besoin des conseils d'un maître pour déterminer les pratiques qui sont bonnes pour nous et pour en fixer la durée quotidienne.

Le chapitre 12 de la *Bhagavad Gita* décrit la voie de la dévotion comme une progression allant de *saguna* (Dieu avec forme) à *nirguna* (Dieu Sans Forme). Cette compréhension est à la base de la voie, elle est essentielle bien entendu, mais nous ne sommes capables de la mettre en pratique que sous la conduite d'un *Satguru* en vie. Le maître authentique est le summum de tous les enseignements que nous avons lus dans les Écritures. Non seulement il incarne l'enseignement mais il offre également le contact personnel dont nous avons besoin pour continuer à avancer sur la voie. Même si sur des millions de gens, il existe un Bouddha ou un Ramana Maharshi[1], tous les autres ne pourront, eux, transcender le mental et atteindre l'infini qu'en suivant les conseils d'un être réalisé qui a déjà atteint cet état.

Nous pouvons facilement nous souvenir de l'état dans lequel nous étions avant de rencontrer Amma. Nous avions peut-être déjà lu certains ouvrages spirituels et même essayé de méditer, mais tous nos efforts étaient bien médiocres en comparaison de ce que nous sommes capables de faire en sa présence. Si nous ne l'avions pas rencontrée, nous en serions probablement toujours à peu près au même point. Jusqu'à ce que nous rencontrions le

---

[1] Sri Ramana Maharshi, le sage d'Arunachala, a réalisé le Soi à l'âge de dix-huit ans, après s'être allongé par terre et avoir fait l'expérience de mourir. Il existe d'autres cas où des êtres ont atteint la Libération sans la conduite d'un guru, mais ils sont extrêmement rares. Ils avaient certainement eu un guru dans leur incarnation précédente et devaient se tenir juste sur le seuil de la Réalisation du Soi quand ils sont morts, n'ayant alors besoin que d'un petit coup de pouce, ou n'ayant qu'un peu de prarabdha karma à épuiser avant d'arriver au but.

guru, tous les enseignements dont nous prenons connaissance restent des concepts abstraits dont il est impossible de s'imprégner pleinement ou qu'il est difficile de mettre en pratique. Si nous nous y exerçons pendant quelque temps, quand les difficultés surviennent, tout s'effondre, et c'est le retour à la case « départ ».

Même ceux qui vénèrent le Sans-Forme ont un guru qui les guide. Nisargadatta Maharaj avait un guru qui lui a donné les instructions nécessaires pour suivre cette voie, et grâce à la fermeté de la foi qu'il avait en son maître, il a pu atteindre le but en peu de temps. Une fois établi dans l'état non duel, il a continué à rendre un culte à l'image de son guru jusqu'à son dernier soupir.

Amma dit : « Un vrai disciple peut affirmer : « Je suis un avec Dieu », mais jamais il ne déclarera : « Je suis un avec le guru », même après avoir réalisé qu'il est un avec l'univers tout entier. Le disciple sait que c'est seulement par la grâce du guru qu'il a pu aboutir à l'état de Réalisation, et c'est la raison pour laquelle il éprouvera toujours la plus grande vénération et la plus profonde dévotion envers le guru. »

Naturellement, pour la majorité d'entre nous, que nous vénérions Dieu avec forme ou que nous contemplions le Brahman Sans Forme, la voie spirituelle est un long processus qui nécessite beaucoup de patience et de dur labeur. Nous ne serions pas capables de poursuivre nos efforts ni de garder l'enthousiasme nécessaire si nous n'étions pas constamment inspirés et guidés par la forme du guru. Amma nous donne cette inspiration et ces conseils, et elle le fait toujours au bon moment. Il arrive que nous soyons complètement découragés et sur le point d'abandonner tout espoir, mais qu'elle nous touche ou nous regarde, et notre état d'âme change du tout au tout et nous sommes portés pendant des mois.

Si beaucoup de gens préfèrent aujourd'hui méditer sur l'Absolu Sans Forme, c'est que cela paraît être un raccourci. Puisqu'il est dit que la Vérité se trouve au-delà des noms et des formes, il semble plus rapide et plus sensé de commencer tout de suite par la méditation sur le Sans Forme, sans passer par le processus d'adorer une forme pour purifier le mental. Toutefois, si l'on n'est pas guidé de façon adéquate dans ce genre de pratique spirituelle, il est très facile de tomber dans les griffes du mental et d'agir seulement en fonction de nos préférences personnelles.

À notre époque, les gens n'apprécient guère d'être contrôlés, ni qu'on leur dise quoi faire. Nous avons parfois l'impression d'avoir déjà trop de « chefs » autour de nous. Nos parents et nos professeurs sont nos chefs pendant toute notre jeunesse, puis après le mariage c'est notre conjoint qui devient notre nouveau chef, nous avons un chef au travail, etc. Ainsi, Dieu ou le guru n'est perçu que comme un chef de plus : le chef spirituel. On peut se dire : « Ce que je veux, c'est la paix du mental. À l'église ou au temple, je n'ai pas envie de trembler devant quelque impressionnante figure d'autorité. C'est la contemplation sur le Sans Forme qui me convient le mieux. »

Pourtant ce genre d'attitude naît d'un malentendu sur la nature de Dieu ou du guru. Quand nous avons un guru en vie, nous changeons complètement de point de vue. Nous savons par expérience que nous ne voyons pas Amma uniquement comme une impressionnante figure d'autorité. Certes, c'est son rôle de nous discipliner, mais elle joue aussi tous les autres personnages importants dans notre vie : la mère, le père, le bien-aimé (ou la bien-aimée), la sœur, le frère et même le fils et la fille. Le disciple sait que tout ce que le guru dit est pour son plus grand bien, et que plus il lui obéit, plus le maître lui accorde sa grâce en le guidant et en l'instruisant encore plus avant.

Méditer sur le Dieu sans attribut présente une kyrielle d'inconvénients. Pour commencer, nous ne pouvons pas penser à des qualités ou des attributs indépendamment d'une forme. Nous n'arrivons à comprendre pleinement les vertus décrites dans les Écritures que lorsque Amma nous les révèle concrètement par son exemple. Essayez simplement d'imaginer la douceur du sourire d'Amma sans ses lèvres, ni sa bouche, essayez de visualiser son regard plein de compassion sans ses yeux. Voilà ce qui arrive lorsque nous tentons de contempler le Dieu immuable Sans Forme ni attribut. Puisque le mental n'est pas assez fin pour s'exercer correctement à la contemplation, nous avons besoin d'un objet pourvu de la qualité que nous cherchons à développer.

Amma explique : « Si on sert un plat unique dans un restaurant ou si on ne vend qu'une taille de chaussures dans un magasin, combien de gens pourront en bénéficier ? Pour convenir aux goûts et aux besoins de chacun, il nous faut offrir toute une variété de plats ou un grand choix de pointures. De même, les rishis savaient que les êtres humains étaient dotés de tempéraments bien différents. C'est en tenant compte de cela que toute une variété de déités dotées d'apparences et de qualités particulières nous sont proposées comme supports d'adoration.

Il est bon de choisir une déité sur laquelle concentrer notre attention, mais nous devons le faire en comprenant que, comme une seule et même électricité fait fonctionner le réfrigérateur, la climatisation, le radiateur et les ampoules, chaque déité est une manifestation distincte d'un seul et même principe divin. »

Un brahmachari venu vivre à l'ashram d'Amma méditait sur l'Absolu Sans Forme. Un jour Amma a soudain décroché une image de la déesse Kali qui était au mur pour la lui donner en lui disant de changer sa pratique et de méditer sur cette image-là. Elle savait qu'auparavant il avait médité sur Kali et qu'il n'avait commencé cette méditation sur le Sans Forme que sur les conseils d'un érudit. Amma a précisé : « Tu n'es pas assez mûr pour méditer sur le Sans Forme. Par conséquent, médite sur cette forme de la Mère. Sans amour, on ne peut rien obtenir. Ton mental est devenu très dur. Arrose-le d'amour pour l'attendrir. » L'image qu'elle lui a donnée représentait en fait Kali exactement dans la même posture que celle sur laquelle il méditait précédemment. C'est seulement parce qu'il avait un guru comme Amma qu'il lui a été possible d'éviter l'obstacle important qui serait survenu sur la voie qu'il avait choisie.

Amma dit : « Les temples sont apparus quand, à des périodes plus récentes, le mental est devenu trop grossier et que la seule purification intérieure ne suffisait plus. Les rishis savaient que les hommes des temps à venir seraient incapables de saisir ces vérités subtiles à moins qu'elles ne soient présentées de façon différente. »

Le culte rendu à une forme commence par l'adoration d'un certain personnage, et mûrit au fur et à mesure que le dévot comprend les principes et les idéaux à l'œuvre derrière les attributs superficiels de sa déité. Il s'agit d'une progression du personnel à l'impersonnel. Au début, l'attachement à la forme est très important car c'est le seul moyen d'assimiler l'essence qui anime cette forme et de l'intégrer dans notre vie. Si nous n'étions pas attachés à la forme d'Amma, il nous serait impossible d'apprécier le vaste éventail des *bhavas* (états intérieurs) et des *lilas* (jeux divins) qu'elle nous dévoile comme autant de moyens par lesquels elle manifeste les vertus que nous avons besoin de cultiver.

Au sujet de l'état avancé de méditation sur une forme, Amma dit : « Quand on parvient à un certain stade dans les pratiques spirituelles, toutes les formes se fondent et disparaissent, et on atteint l'état du Sans Forme. La dévotion suprême est pur Védanta. Un véritable dévot perçoit toute chose comme imprégnée de Dieu. Il ne voit rien d'autre que Dieu partout. Quand un dévot s'exclame : " Tout est rempli de Dieu ! ", l'adepte du Védanta s'écrie : " Tout est rempli de Brahman ! " ».

Vouloir rejoindre le Sans Forme sans avoir au préalable cultivé les qualités mentales appropriées, c'est comme tenter de monter à un arbre d'un seul bond, nous dit Amma. Non seulement nous allons échouer, mais nous risquons aussi de tomber et de nous faire mal. Cela s'appelle aussi « Mettre la charrue avant les boeufs ». Cela ne mène à rien. Pour avancer sur la voie spirituelle, il faut placer les boeufs avant la charrue, c'est-à-dire comprendre l'importance du culte rendu au Dieu avec forme et l'accepter comme une étape essentielle de notre pratique spirituelle. Un érudit peut saisir le concept qui sous-tend la progression de la forme au Sans Forme, mais nous avons tous besoin d'un guru pour mettre cette compréhension intellectuelle concrètement en pratique dans notre vie. Aux stades avancés de sa pratique spirituelle, c'est grâce à la forme du guru que le disciple reçoit les instructions nécessaires pour méditer sur le Sans Forme.

Nous ne devrions pas considérer notre relation avec Amma comme allant de soi. Cette relation recèle tout ce qui nous est indispensable. Elle contient toute la spiritualité. La relation avec le maître nous conduit sur le sentier spirituel du début jusqu'à la fin, elle nous octroie toute l'inspiration nécessaire et balaie les obstacles que nous rencontrons en chemin. Côtoyer le guru est aussi le moyen le plus efficace de chasser l'ego chaque fois qu'il apparaît. Quand le disciple est prêt, le maître le guide jusqu'à la méditation Sans Forme et l'emmène ainsi au-delà des limitations du mental, vers l'état Suprême.

Chapitre 12

Voir Dieu, c'est voir le bien

On a demandé un jour à Amma : « Quelle est la meilleure façon de voir Dieu en chacun ? »

Elle a répondu que c'était de voir le bien partout. En faisant cela, nous ne nous faisons pas d'illusion. Amma souligne que même un assassin ressent de la sollicitude et de l'amour pour son propre enfant. Donc, nous avons tous de la bonté. Amma affirme que cette bonté, c'est Dieu.

Si Amma ne voit que ce qui est bon en chacun de nous, nous ne savons rien faire d'autre actuellement que de remarquer les défauts des uns et des autres. Il y a des années, un dévot est venu trouver Amma parce qu'il avait de gros problèmes financiers dans son entreprise. Tout en sachant que les ressources de l'ashram étaient très limitées à cette époque, il espérait qu'Amma lui viendrait en aide d'une façon ou d'une autre. Il a promis de rembourser l'ashram quand son affaire commencerait à refaire des bénéfices. Voyant la triste situation dans laquelle il se trouvait, Amma lui est venue en aide tout en sachant que cela allait accroître les difficultés de l'ashram.

Parmi nous, quelques-uns n'ont pas apprécié qu'Amma ait donné de l'argent alors que nous en avions si peu. J'étais le caissier principal d'une banque en ce temps-là et je me faisais beaucoup de souci à propos de la situation financière de l'ashram. Ce dévot n'a pas rendu l'argent même une fois que son affaire se soit stabilisée, alors certains des brahmacharis qui vivaient à l'ashram ont commencé à manifester de la mauvaise humeur et ont voulu le forcer à s'acquitter de sa dette. Sans rien dire à Amma, quelques-uns se sont rendus chez lui pour le presser de payer. Sans mâcher nos mots, nous avons insisté pour qu'il rembourse immédiatement ce qu'il devait à l'ashram sous peine d'avoir à faire face à de fâcheuses conséquences. Nos efforts se sont révélés inutiles.

Avant d'en venir à des mesures plus radicales, je suis allé demander à Amma ce que nous devions faire. Amma a tranquillement répondu : « Et alors, qu'est-ce que ça peut bien faire qu'il ne rembourse pas ? C'est aussi mon fils, exactement au même titre que vous tous, n'est-ce pas ? »

En m'occupant de cette affaire, j'avais cru faire preuve de ma sincérité et montrer que j'essayais d'aider l'ashram. En entendant la réponse d'Amma, je me suis senti comme un ballon qu'on crève. Tout ce qui me préoccupait c'était l'argent et je portais un jugement sur le dévot qui ne remboursait pas ; Amma, au contraire, portait le même regard sur nous. Elle répète souvent que ce sont les actions négatives qui sont à condamner, pas la personne elle-même. Ceci parce qu'en essence, nous sommes tous le même *Atman*.

Si nous prenons l'habitude de nous concentrer seulement sur ce que nous n'aimons pas chez quelqu'un ou dans une situation donnée, nous risquons d'en arriver à ne plus pouvoir apprécier ce qui a véritablement de la valeur pour nous.

C'est l'histoire d'un homme marié qui travaille dans son bureau. Il examine des plans de construction avec sa secrétaire. Il est assis tout près d'elle, il ne fait pas attention qu'elle perd un de ses longs cheveux noirs qui reste accroché à sa chemise blanche. Quand il rentre chez lui, sa femme voit le cheveu de la secrétaire sur sa chemise et elle se met à pleurer : « Maintenant j'ai la preuve que tu as une liaison avec ta secrétaire ! »

En découvrant le cheveu, le mari tente de s'expliquer, mais

en vain. Le lendemain, avant de rentrer, il s'assure qu'il n'a aucun cheveu sur ses vêtements. Juste avant d'arriver chez lui, il aperçoit un passant qui promène un gros chien aux longs poils dorés. Le chien se met à lui manifester de la sympathie et lui-même ne peut s'empêcher de le caresser. Le chien se frotte contre ses jambes et essaie de le lécher. À ce moment-là, quelques longs poils dorés restent accrochés à son pantalon, mais il ne remarque rien.

Il rentre chez lui, un bouquet de roses à la main : « Chérie, c'est moi ! je suis là ! »

Son épouse ne lève même pas les yeux. Elle scrute chaque centimètre de ses vêtements à la recherche de cheveux. Quand elle aperçoit les poils dorés du chien, elle fond immédiatement en larmes.

– « Qu'est-ce qu'il y a chérie ? Qu'est-ce qui ne va pas ? »

– « Tu as des cheveux blonds sur le pantalon ! Non content d'avoir une liaison avec ta secrétaire, tu en as aussi une avec ma meilleure amie ! »

Le mari ne sait plus à quel saint se vouer. Le jour suivant, il fait très attention de ne pas avoir un seul grain de poussière sur lui. Il fait en sorte de traverser la rue à chaque fois qu'il aperçoit quelqu'un qui promène un chien. Sachant qu'il a pris toutes les précautions nécessaires, il rentre chez lui, une boîte de chocolats fins dans une main et des billets d'avion pour des vacances à Hawaï dans l'autre et il appelle sa femme en étant tout à fait sûr de lui : « Hé chérie, c'est moi ! Je suis rentré ! ».

Mais elle l'examine à nouveau de la tête aux pieds. Après avoir passé au peigne fin d'un œil son corps entier sans rien trouver, la voilà qui se lamente encore plus fort qu'avant.

– « Que se passe-t-il chérie ? Je n'ai pas de cheveux accrochés sur moi, si ? »

– « Non en effet », gémit-elle entre deux sanglots, « que tu aies une liaison avec ta secrétaire, c'était terrible, que tu en aies une avec ma meilleure amie, c'était pire encore, mais je n'aurais jamais imaginé que tu puisses t'intéresser à une femme chauve ! »

C'est ainsi que parfois, si nous avons le cœur fermé, même quand les autres veulent nous manifester de l'amour, nous ne sommes pas capables de l'accepter. L'histoire suivante est issue de la tradition juive, elle illustre à quel point il est intéressant de voir ce qui est bon en toute circonstance.

Le rabbin Moshé part en voyage à l'étranger. Avec lui, il prend un âne, un coq et une lampe. Un soir, dans un certain village, on lui refuse partout l'hospitalité. N'ayant pas d'autre alternative, il part dormir dans les bois.

Il allume sa lampe pour étudier les textes sacrés avant de s'endormir, mais un vent violent se lève, renverse la lampe et la casse. Se disant que « Tout ce que Dieu fait est pour le mieux », le rabbin décide de se coucher. Pendant la nuit, quelques animaux sauvages s'approchent, le coq apeuré s'enfuit, et des voleurs s'emparent de l'âne. Quand le rabbin se réveille et constate les pertes subies, il déclare avec toujours autant de sérénité que : « Tout ce que Dieu fait est pour le mieux. »

Le rabbin retourne au village où on avait refusé de le loger et il y apprend que des soldats ennemis ont envahi ce village pendant la nuit et massacré tous ses habitants. Il apprend aussi que ces mêmes soldats ont traversé la partie de la forêt où il dormait. Si sa lampe n'avait pas été brisée, il aurait été découvert. Si le coq n'avait pas été chassé par les bêtes sauvages, il aurait chanté et signalé l'endroit où il se trouvait. De même, si l'âne n'avait pas été volé, ses braiments auraient pu le trahir. Une fois encore, le rabbin affirme : « Tout ce que Dieu fait est pour le mieux ! »

Cette stratégie fonctionne dans les deux sens. Quand nous sommes capables de percevoir Dieu partout, nous voyons ce qui est bon en tous et nous nous souvenons que tout être et toute chose est une partie précieuse de la création divine.

Un jour le sage Adi Shankaracharya croise un homme de basse caste, un intouchable selon la tradition. Le sage lui demande de s'écarter pour qu'il puisse passer son chemin. L'intouchable ne bouge pas d'un pouce et lui demande : « Qu'est ce que vous voulez écarter du chemin ? Ce corps ou le Soi qui y demeure ? » Et il poursuit : « Oh grand ascète ! Tu proclames que l'Absolu se trouve partout, en toi et en moi. Est-ce ce corps-ci, constitué des cinq éléments, que tu souhaites garder à distance de ce corps-là qui est aussi fait des cinq éléments ? Ou bien veux-tu séparer la pure Conscience présente ici de la même Conscience qui est présente là-bas ? »

Shankaracharya reconnaît immédiatement son erreur. S'inclinant profondément devant celui qui l'interroge ainsi, il compose sur le champ cinq versets dans lesquels il assure que celui qui manifeste une telle égalité de vision a beau être intouchable, il est en vérité son guru. Quand le sage achève ses vers, son interlocuteur disparaît et à sa place se tient le Seigneur Shiva, le premier des gurus.

Beaucoup de gens se demandent : « Si Dieu existe, pourquoi y a-t-il tant de souffrance ? » Amma dit qu'il n'y a pas de place pour la souffrance dans la création de Dieu. Au niveau humain, le malheur et le bonheur, le plaisir et la souffrance coexistent. Mais au niveau divin, il n'y a ni malheur ni bonheur, seulement la béatitude. C'est pourquoi les Écritures qualifient l'Être Suprême *d'anandaswarupam*, ce qui signifie « dont la forme est béatitude ». Ce sont uniquement les êtres humains qui ont créé la souffrance. Voici une histoire qui illustre ce fait.

Un jour, quelqu'un vient faire un reproche au soleil : « Pourquoi laisses-tu toujours la moitié de la planète dans l'obscurité ? Si tu aimais vraiment le monde, est-ce que tu ne devrais pas l'éclairer partout ? »

Ce reproche déconcerte le soleil et le rend très malheureux. Il demande au mécontent : « Y a-t-il vraiment une partie du monde qui est dans l'obscurité ? Peux-tu me la montrer ? »

Celui qui a fait ce reproche acquiesce et emmène le soleil faire le tour du monde pour qu'il se rende compte que l'obscurité règne de l'autre côté. Mais partout où se rend le soleil, il y a de la lumière. Finalement le soleil fait un tour du monde complet sans voir d'obscurité où que ce soit.

Demander à Dieu pourquoi il y a tant de souffrance dans le monde, cela revient à demander au soleil pourquoi il y a de l'obscurité. Là où se trouve le soleil, l'obscurité disparaît. De même, pour un être qui a réalisé le Soi, il n'y a pas de souffrance.

Nous avons tous beaucoup de problèmes et de doléances. Les jours et les semaines qui précédent la venue d'Amma, nous nous mettons quelquefois à dresser mentalement la liste des griefs à lui confier quand nous irons recevoir son darshan. Mais que se passe-t-il ? Le plus souvent, au moment où nous arrivons devant Amma, nous sommes incapables de nous souvenir du moindre problème. Toutes nos souffrances semblent s'être évaporées. Le maître est comme un miroir qui reflète notre véritable Soi. En présence d'Amma, nous avons un avant-goût de ce qui se situe au-delà du malheur et du bonheur, et qui est la béatitude du Soi.

Au lieu de poser un regard négatif sur tous nos problèmes, si nous voyons chaque situation d'un point de vue positif, nous y gagnerons considérablement. À l'âge de huit ans, à la suite d'un accident, le français Jacques Lusseyran a été frappé de cécité, et dix ans plus tard, a été victime de toute la cruauté humaine dans un camp de concentration nazi. Devenu professeur d'université, il a écrit par la suite : « La joie ne vient pas de l'extérieur, car quoi qu'il nous arrive, la joie se trouve à l'intérieur. » Si Lusseyran a pu trouver la paix intérieure même dans les circonstances les plus atroces, nous avons certainement la capacité de transcender toutes nos difficultés, quelles que soient les circonstances extérieures, et de faire l'expérience de la béatitude intérieure.

Il y a plusieurs années, un voyageur a débarqué un peu par hasard à l'ashram en Inde pour y rester un certain temps. Pendant les premiers jours, je ne l'ai vu assister à aucune des pratiques régulières, et du coup, un peu inquiet, je lui ai demandé s'il profitait bien de son séjour.

– « C'est un endroit très paisible », m'a-t-il dit, « mais il y a deux ou trois choses qui m'énervent. »

– « Ah bon ? Quoi par exemple ? »

– « Eh bien », a expliqué le visiteur, « je me lève vraiment tôt le matin pour méditer, mais il commence à y avoir un vacarme terrible dans le temple… » Il parlait de l'archana. « …Ensuite tout est bien tranquille jusqu'à environ onze heures du matin. Alors cela recommence, il y a plein de gens qui se mettent à s'affairer dans le temple, ils chantent et font du bruit… » Il faisait allusion au darshan d'Amma. « …Après, c'est à nouveau agréable et paisible pendant quelque temps jusqu'à ce qu'ils se mettent à chanter à tue-tête le soir… » C'était le commentaire qu'il faisait à propos des bhajans d'Amma. « …Pourtant dans l'ensemble, je me sens bien en paix ici, alors je n'arrive pas à me décider à partir. »

Ce voyageur ne voyait pas que tout ce qu'il n'aimait pas à l'ashram, (l'archana, le darshan d'Amma et les bhajans), c'était précisément ce qui créait l'atmosphère sacrée et sereine qu'il appréciait tant.

À la suite de cette conversation, je me suis souvenu d'une anecdote que l'un des brahmacharis m'avait confiée après être allé dans un monastère au Japon. En pénétrant dans les lieux, le brahmachari avait été immédiatement frappé par la situation idyllique et la profonde paix qui régnait aux alentours.

Plus tard, dans le parc du monastère, le brahmachari avait momentanément ressenti un pincement de jalousie. Il avait songé :

« Quelle chance ils ont de pouvoir faire leurs pratiques spirituelles dans une atmosphère si tranquille et tellement propice à la méditation ! Moi je reste rarement au même endroit bien longtemps, et quand cela m'arrive, c'est à Tokyo. À Amritapuri, il y a toujours une foule énorme et quand on part en tournée avec Amma, il y a beaucoup de remue-ménage. Ici, c'est un bel endroit... »

Toutefois, en parlant avec le moine responsable du monastère, le brahmachari a découvert bien des choses intéressantes sur leur situation. Le frère supérieur a expliqué qu'ils devaient faire face à un grand nombre de problèmes de tous ordres. Il y avait, bien sûr, les luttes et les conflits interpersonnels, comme il en surgit partout où coexistent des âmes encore liées à l'ego. Il leur fallait également faire face à des difficultés juridiques et économiques.

Le frère supérieur du monastère a continué à décrire leur situation en précisant :

– « En fait, tous ces soucis sont vraiment insignifiants comparés à notre problème le plus sérieux. »

– « Quel est-ce problème ? » a demandé le brahmachari.

– « C'est un problème qui pèse lourdement sur de nombreux moines au Japon aujourd'hui, a expliqué le moine. Ici, toute la tradition doit faire face à une crise sérieuse, du fait qu'il n'y a pratiquement plus de maître réalisé encore en vie. »

En écoutant le moine, le brahmachari a compris que quelle que soit la sérénité apparente des lieux, ceux qui vivaient là ne connaissaient aucune paix intérieure.

Par contre, même si l'ashram d'Amma (qu'elle a elle-même comparé à une jungle) semble souvent chaotique, les résidents sont entraînés à trouver la paix intérieure quelles que soient les circonstances extérieures. Pourtant, la différence principale entre le monastère japonais et l'ashram d'Amma ne tient pas au nombre de décibels mais à la présence d'un maître réalisé. Sans cette présence, il est difficile de mener une vie spirituelle authentique même dans l'environnement le plus paisible qui soit.

En progressant sur le chemin spirituel, nous avons tendance à osciller entre une confiance en nous exagérée et le désespoir. Soit nous pensons que nous sommes déjà parfaits, soit nous croyons qu'il n'y a aucun espoir. L'idéal serait de reconnaître que notre état actuel est incomplet et imparfait, mais qu'Amma nous mènera assurément jusqu'au but. Nous avons besoin à la fois de patience et d'enthousiasme.

Quand Beethoven était encore jeune homme et totalement inconnu du public, il a commencé à devenir sourd ; il se débattait alors pour étudier la musique. À peu près à la même période, son père est décédé. Tout cela l'a fortement déprimé, et il a même envisagé le suicide. Imaginons maintenant que vous pouvez remonter dans le temps et rencontrer notre Beethoven complètement découragé à cette période critique. Il est vraiment malheureux, il n'a pas confiance en lui, mais vous connaissez l'immensité de son talent encore caché. Qu'allez-vous lui dire ? « Tu as raison, Ludwig! C'est sans espoir. Tu perds ton temps à faire ces exercices et tout le reste. Laisse tomber. » Naturellement, personne ne lui aurait dit cela parce que nous savons quelle perte incommensurable cela aurait été pour l'humanité. Sans aucun doute, nous aurions fait tout notre possible pour l'encourager à s'exercer sans relâche.

Tout comme Beethoven, nous n'avons pas conscience de la grandeur et de la puissance qui sont latentes en nous. Chacun de nous porte intérieurement « l'Ode à la Joie et à la Paix éternelles ». Nous avons tendance à ne penser qu'à nos limites, mais Amma ne voit jamais que le potentiel infini au-delà de nos limites et elle s'efforce de le révéler au grand jour.

Bien des brahmacharis qui travaillent pour le projet Amrita Kutiram (construction de maisons gratuites pour les sans-abri) n'avaient aucune expérience dans ce domaine. Certains ont été profondément surpris quand Amma leur a demandé de se mettre à bâtir les maisons et à en superviser la construction. Mais par la grâce d'Amma, ils ont appris très rapidement, et maintenant ils coordonnent de façon compétente des projets de grande envergure comme la réhabilitation de bidonvilles et la reconstruction d'agglomérations entières dévastées par des catastrophes naturelles.

Quand il est devenu évident que l'hôpital ultra spécialisé d'Amma à Cochin aurait besoin d'un réseau informatique, les administrateurs de l'hôpital ont présenté à Amma les prix des systèmes conçus par des sociétés multinationales disponibles sur le marché. Ce genre de systèmes se vend très cher. Quand Amma a vu les prix, elle a décidé : « Nous allons développer notre propre réseau pour l'hôpital. », et elle a nommé un brahmachari responsable de cette tâche. Les administrateurs de l'hôpital n'en croyaient pas leurs oreilles. Le brahmachari qu'Amma avait choisi pour créer le système avait les diplômes requis mais peu d'expérience, or, en principe, la mise au point de ce genre de système nécessite des années de travail et des équipes complètes de techniciens. Les administrateurs étaient persuadés qu'Amma faisait une grosse erreur, mais ils n'avaient pas d'autre alternative que de suivre sa décision. En un an, le système était fonctionnel. Les administrateurs ont dû admettre qu'il était aussi bon, voire meilleur, que les systèmes très chers dont ils avaient envisagé l'achat.

Il est très facile pour le charpentier d'utiliser des clous neufs et tout brillants, mais imaginez le labeur de celui qui ne dispose que de clous rouillés et tordus. Dans sa compassion infinie, Amma nous choisit, nous tous qui sommes de vieux clous rouillés et tordus, et avec une patience prodigieuse, elle travaille à nous polir et à nous redresser.

Dans le *Shiva Aparadha Kshamapana Stotram* d'Adi Shankaracharya, on trouve un verset qui décrit notre état actuel :

« Je ne suis pas capable d'accomplir les rituels prescrits par les Écritures car à chaque étape il y a des règles compliquées. Je suis encore moins capable de me conformer aux injonctions védiques qui mènent au chemin essentiel de la réalisation de Brahman. Je n'ai aucun désir de connaître ni d'accomplir le dharma. Il ne me vient pas davantage à l'esprit d'écouter ce que dit le guru sur le sens des Védas, et encore moins d'y réfléchir. Quel support me reste-t-il pour méditer sur le chemin de la réalisation du Soi ? Oh ! Seigneur, je t'en prie, pardonne-moi toutes ces fautes et dans ta miséricorde infinie, daigne m'accepter. »

À quelques Occidentaux qui souffraient d'avoir à lutter pour mener une vie spirituelle au milieu de tous les problèmes et défis du quotidien, Amma a un jour conseillé : « Pendant ce processus, il se peut que nous essuyions de nombreux échecs. Laissons les échecs se produire. Après tout, l'échec n'arrive qu'à celui qui tente de réussir. Mais ne perdez pas votre enthousiasme ni votre intérêt. Essayez encore et encore. Déclarez ouvertement la guerre au mental. Le mental va certainement vous tirer et vous faire retomber dans les mêmes vieilles habitudes. Comprenez qu'il s'agit seulement d'une astuce utilisée par le plus grand des escrocs, le mental, pour vous détourner de la voie. Ne cédez pas. À un certain stade, les vasanas vont perdre toute leur force et laisser la place au Seigneur pour qu'Il vienne gouverner. Jusque-là n'arrêtez pas d'essayer. Faites échec aux échecs qui essaient de vous empêcher de persévérer dans vos pratiques ! »

C'est parce qu'Amma comprend notre potentiel intérieur bien mieux que nous qu'elle ne relâche jamais ses efforts pour guider et former ses enfants. Il se peut que nous ne croyions plus en nous, mais jamais Amma ne renoncera à croire en nous. Sachant cela, prions pour avoir une foi assez ferme dans la présence divine qui est en nous afin de persévérer avec patience et enthousiasme jusqu'au but.

Amma sait que notre essence à tous est bonne et pure. Peu importe l'étendue de nos défauts, elle sait aussi que nous sommes en chemin vers la Réalisation. Quand elle dit qu'elle voit Dieu partout, elle pourrait tout aussi facilement affirmer qu'elle voit partout ce qui est bon. Comme elle nourrit continuellement ce qui est bon en nous, cela renforce ces qualités et les rend plus éclatantes. Exactement comme le sculpteur transforme une grosse pierre en une magnifique statue, Amma nous dépouille lentement de nos défauts et tendances négatives pour permettre à la divinité et à la beauté intérieures de rayonner à l'extérieur.

Chapitre 13

Comment s'y prendre pour manifester notre amour et par où commencer ?

Quand nous pensons à tout ce qu'Amma nous a donné, nous souhaitons naturellement faire de notre mieux pour lui offrir quelque chose en retour. Alors se pose la question suivante : Comment pourrons-nous jamais lui rendre l'équivalent de tout ce qu'elle nous a donné ? En vérité, c'est une tâche impossible. Nous n'y arriverons jamais. Amma nous accorde une compassion et un amour illimités et inconditionnels. Quand on reçoit un cadeau, on cherche à en offrir un de valeur équivalente. Tant que notre niveau de conscience ne dépassera pas les limites de l'ego, nous n'arriverons jamais à offrir un cadeau infini. Lorsque quelqu'un demande à Amma ce qu'elle aimerait, elle répond qu'elle n'a besoin de rien, mais que si nous l'aimons vraiment, nous manifesterons amour et compassion envers tous les êtres.

Peut-être nous sentons-nous débordés de responsabilités et de problèmes, et pensons-nous n'avoir ni le temps ni l'énergie de faire quoi que ce soit de bon pour les autres. L'histoire suivante montre que nous pouvons toujours trouver un moyen d'aider autrui, dans n'importe quelle situation.

Un homme veuf et âgé voudrait bien bêcher son jardin, mais il n'a plus assez de force pour un tel effort physique. D'habitude, c'est son fils unique qui l'aide, mais il purge une peine de prison pour un vol de bijoux. Le vieil homme écrit alors la lettre suivante à son fils :

> « Mon cher fils, je me sens plutôt malheureux parce que je ne vais vraisemblablement rien pouvoir planter dans le jardin cette année. C'est dur pour moi de ne pas pouvoir faire le jardin, parce que ta mère aimait toujours tellement la saison des semis. Je me fais trop vieux pour bêcher tout le jardin. Si tu étais là, ça résoudrait tous mes problèmes. Je sais que tu bêcherais à ma place si tu n'étais pas en prison. Je t'embrasse.
> Ton Papa. »

Quelques jours plus tard, le vieil homme reçoit un mot de son fils :

> « Pour l'amour de Dieu, Papa, ne bêche pas le jardin ! C'est là que j'ai enterré les bijoux ! »

Le lendemain, à 4 heures du matin, une douzaine de policiers débarquent chez le veuf et retournent tout le jardin mais sans trouver aucun bijou. Dérouté, le vieillard écrit une nouvelle fois à son fils pour lui raconter ce qui s'est passé et lui demander ce qu'il doit faire à présent.

Son fils répond :

> « Vas-y, plante tes pommes de terre, papa… En étant en prison, c'est tout ce que je pouvais faire. »

Amma nous recommande de rendre chaque jour au moins une personne heureuse soit en lui offrant une assistance matérielle ou financière, soit en l'écoutant nous confier ses chagrins, soit encore en la faisant profiter de nos talents. Si nous nous sentons incapables d'offrir quelque chose aux autres, nous pouvons au moins présenter un visage souriant à tous ceux que nous croisons. Amma raconte l'histoire suivante à propos de l'importance du sourire.

C'est un monsieur très déprimé qui rentre chez lui après ses huit heures au bureau. Sa journée s'est fort mal passée au travail. Il attend à l'arrêt de bus, le moral vraiment au plus bas. À côté de lui, il y a une dame toute douce et gentille qui lui sourit avec sympathie.

Jamais on ne lui a souri ainsi. Pour lui, c'est comme si le soleil perçait les nuages sombres ; ce sourire est un rayon de lumière dans le découragement et le désespoir qui l'accablent. La clarté de ce sourire plein de compassion le rend soudain très joyeux et sa joie persiste alors qu'il prend le bus pour rentrer chez lui.

En descendant du bus, il aperçoit dans la rue un mendiant recroquevillé dans un coin. Comme il se sent toujours aussi content d'avoir reçu ce si beau sourire, il donne au pauvre homme tout ce qu'il a dans les poches. Le mendiant prend l'argent, et après s'être rempli l'estomac et avoir pris un café bien chaud, il décide d'acheter un billet de loterie. Et quand il gratte le billet, il découvre qu'il a gagné un peu d'argent. Ce n'est pas énorme, mais c'est plus que ce dont il dispose habituellement et il voit que dans les jours à venir, il n'aura pas de souci à se faire pour manger. Le voici soulagé et d'une certaine manière heureux alors qu'il retourne à son village à pied.

En route, il croise un petit chien maigre et malade qui semble sur le point de mourir. Le mendiant est tout triste de voir dans quel état se trouve le chien. En temps ordinaire, cela ne l'aurait pas affecté, mais comme il vient de se sentir si heureux et gâté par sa bonne étoile, il déborde de compassion en voyant le chien qui souffre. Il le prend dans ses bras et le cajole tout en marchant. En route, il achète de la nourriture pour le chien. Le pauvre animal n'a rien avalé depuis plusieurs jours. Après avoir mangé, le chien retrouve un peu de force et de vitalité. Quand la nuit tombe, le mendiant n'a toujours pas atteint son village. Du coup, il s'arrête chez une famille qui l'a parfois hébergé. Le mendiant et le chien s'abritent dans le garage pour dormir.

Soudain, pendant la nuit, le bâtiment prend feu. Tout le monde dort à poings fermés et risque de mourir dans l'incendie mais le chien se réveille et se met à aboyer, alertant toute la maisonnée et permettant ainsi à chacun de s'en sortir indemne. Cette famille a deux enfants, dont l'un deviendra plus tard un mahatma qui répandra sa grâce sur des milliers d'aspirants spirituels et sur les gens en quête de réconfort.

Si à l'arrêt de bus, la dame au bon cœur n'avait pas souri à l'employé de bureau, ce mahatma serait mort dans son sommeil et le monde aurait été privé de sa grâce divine. Tel est le pouvoir d'un seul sourire. Comme Amma l'a expliqué une fois : « La graine des évènements, si infimes soient-ils, destinés à se produire dans 20 000 ans est présente ici et maintenant. » Quand nous songeons aux conséquences que peut avoir la plus insignifiante de nos actions sur le monde, comment pouvons-nous continuer à retenir l'amour et la bonté qui sont en nous ?

Un cadeau, même modeste, offert avec amour, peut faire énormément plaisir à celui qui le reçoit. Parfois, des petits enfants apportent leur dessin à Amma. Si vous regardez la feuille de papier, il n'y a que deux ou trois lignes, juste quelques pattes de mouche, mais ils l'offrent à Amma avec beaucoup d'amour. Quand elle accepte ces dessins, elle les porte souvent à son front. En Inde, c'est une manière de montrer qu'on apprécie et qu'on respecte ce qui est sacré, c'est aussi une façon d'accueillir la grâce et la bonté qui viennent nous remplir à cet instant. Bien sûr, le cadeau est peut être insignifiant. Que va-t-elle faire de tous ces dessins ? Mais, même ces gribouillages d'enfants, elle les considère comme sacrés du fait qu'ils ont été dessinés et offerts avec amour.

Donné avec amour, un cadeau dérisoire peut devenir

magnifique, alors que les présents coûteux et recherchés offerts sans amour ne seront pas appréciés et ne feront guère plaisir à celui qui les reçoit. Par exemple, quand une compagnie distribue de nombreux gadgets à ses clients, ce n'est pas par amour, mais dans l'intention d'acheter leur fidélité. Les clients savent très bien qu'ils représentent une source de revenus pour cette compagnie et ils s'attendent à recevoir des cadeaux tous les ans. Cela ne s'appelle pas faire un cadeau. C'est plutôt une forme de troc.

Amma assure que tout l'amour véritable que nous sommes capables de donner nous sanctifie. Il est à la fois la cause et la conséquence de la croissance spirituelle. Lorsque nous sommes capables d'exprimer notre amour, nous grandissons spirituellement. Et plus on évolue spirituellement, plus il est possible d'exprimer cet amour.

Comment faire pour nous mettre à donner de l'amour ? Je dirais que le meilleur endroit pour commencer, c'est celui où l'on se trouve maintenant. N'allez pas croire que si vous voulez croître spirituellement, il vous faut devenir sannyasin (moine). Si vous avez une famille, le meilleur endroit pour apprendre à faire ce cadeau, c'est chez vous. Vos enfants sont là. Votre conjoint est là. Aimez les davantage.

Amma précise qu'exprimer l'amour, ce n'est pas forcément aller serrer tout le monde dans ses bras. C'est accorder du temps et de l'attention aux autres, leur montrer que nous nous soucions d'eux, que nous nous sentons concernés par leur bien-être, leurs joies et leurs chagrins. Mettre cela en pratique permet de créer une merveilleuse atmosphère dans la famille. Si vous vivez seul, essayez d'exprimer votre sollicitude à vos amis et collègues, accordez leur du temps et de l'attention. Où que vous soyez, ne vous attendez pas à ce que les autres se montrent aussi aimants que vous. En général, si l'autre n'a pas la réaction espérée, notre amour diminue immédiatement. Souvenons-nous que, pour le moment, toutes nos relations sont celles de deux individus plongés dans l'ignorance. Chacun espère recevoir l'attention et l'amour inconditionnel de l'autre, alors qu'aucun des deux n'est en mesure de l'accorder lui-même. Au lieu de vous bloquer sur le fait que votre conjoint ne peut pas vous donner l'amour que vous recherchez, et de vous sentir coupable de ne pas pouvoir exprimer vous-même un amour pur, réconfortez-vous en reconnaissant que vous faites de votre mieux.

Je suis souvent invité chez des dévots d'Amma. J'entends alors fréquemment le mari, la femme et les enfants se plaindre. La femme critique son mari, le mari critique sa femme, et les enfants, leurs parents. Tout cela parce que, entre eux, ils ne s'accordent pas assez de temps et d'attention. Parfois la femme est en train de parler et le mari regarde la télévision. Il lui dit : « Continue, je t'écoute », mais tout en affirmant cela, il a les yeux rivés sur l'écran. Comment son épouse pourrait-elle avoir la satisfaction de se sentir écoutée ?

Dans le village de Mullah Nasrudhin, le juge était parti en vacances. Suivant les règles en vigueur à cet endroit, on demanda à Mullah d'occuper la fonction de juge pour la journée. Il s'installa sur l'estrade réservée au magistrat, le marteau du juge à la main, et les yeux baissés, fixa l'assemblée avec un grand sérieux. Finalement il ordonna qu'on présente la première affaire du jour. Après avoir écouté l'accusation, Mullah s'adressa au plaignant : « Vous avez tout-à-fait raison ». Après avoir entendu la défense, il déclara au second : « Vous avez tout-à-fait raison ». Une voix s'éleva dans le public pour protester :

– « Mais les deux parties ne peuvent pas avoir raison ! »
– « Vous avez tout-à-fait raison », répondit Mullah.

De même, nous pensons tous que nous avons raison et que c'est l'autre qui est la source du problème. Le mari croit que sa femme a tort ; quant à elle, elle est convaincue que c'est lui qui a tort. Le vrai problème, c'est l'absence d'amour, de sollicitude et d'attention sincères et réciproques. S'il règne une atmosphère d'amour dans la famille, même si nous avons un problème, nous nous sentons soulagés lorsque nous rentrons à la maison. Mais actuellement, c'est l'inverse qui se passe. Nous rencontrons beaucoup de difficultés dans notre vie à l'extérieur, et en plus, quand nous rentrons chez nous, nous devons faire face à d'autres problèmes. C'est la raison pour laquelle beaucoup de gens ne rentrent pas directement chez eux après le travail. Ils vont traîner quelque part et n'arrivent à la maison que tard le soir, quand tout le monde est profondément endormi.

Essayez de penser que c'est Dieu qui vous a donné une famille. Souvenez-vous que beaucoup de gens désirent avoir une famille mais n'arrivent pas à se marier. Même s'ils se marient, il peut arriver qu'au bout de deux ans, la femme quitte son mari, ou bien inversement, que ce soit lui qui s'en aille. Et s'ils restent ensemble, il arrive qu'ils ne puissent pas avoir d'enfants. Pour avoir une famille, il faut recevoir la grâce de Dieu. Si donc vous avez une famille, c'est le meilleur endroit pour vous mettre à exprimer ce don qu'est l'amour. Amma répète constamment qu'elle souhaite que nous fassions tous de notre mieux pour manifester cet amour, pour donner du temps et de l'attention particulièrement à notre famille. Une fois que nous sommes capables de faire cela au sein de notre foyer, nous pouvons graduellement étendre notre amour à nos amis, à la société en général, et finalement à toute la création. Au stade ultime, nous pouvons devenir une incarnation de l'amour d'Amma afin que tous ceux qui s'approchent de nous puissent aussi ressentir cet amour.

Chapitre 14

Travail sacré

Beaucoup de gens me disent qu'après avoir passé quelques jours auprès d'Amma, il leur est très douloureux de se retrouver éloignés d'elle physiquement. Comparées à la compagnie d'Amma, toutes les activités matérielles semblent ternes et vides. Mais le fait est qu'en général, nous avons de multiples responsabilités auxquelles nous ne pouvons pas échapper. Nos enfants, notre conjoint ou des parents âgés dépendent de nous. Si nous pensons que nous perdons notre temps à faire ce que nous avons à faire, toute notre force et notre enthousiasme disparaîtront, et nos proches risqueront d'en souffrir.

Dans l'Inde antique vivait un roi appelé Shivaji. Les Moghols avaient envahi l'Inde et y avaient établi leur empire. Shivaji avait construit son royaume en regagnant des territoires occupés par les conquérants Moghols. Cependant, afin de conserver son royaume, il devait continuellement se battre contre eux. Avec les années, il s'est lassé de faire la guerre et de verser le sang, même s'il se battait pour une noble cause. Un jour que son guru était venu lui demander *bhiksha* (l'aumône), le roi Shivaji a écrit quelque chose puis il a tendu le bout de papier à son maître spirituel.

– « Je suis sannyasin », lui a reproché le guru. « J'ai seulement besoin de nourriture. Je ne mange pas de papier. »

– « Sur cette feuille », a expliqué Shivaji, « je reconnais que je vous lègue la totalité de mon royaume et de ma fortune. Vous êtes venu demander l'aumône et c'est ce que je vous donne. Je ne désire plus rien de ce monde, ni aucun de ses précieux cadeaux que sont la richesse, la célébrité et le pouvoir. »

– «Tu m'as offert ce royaume et je l'accepte. Désormais, il m'appartient,» a répondu le guru.

Avec un immense soupir de soulagement, Shivaji s'est prosterné aux pieds de son maître. Il s'est littéralement senti délivré du poids du monde. Il a alors demandé à son guru ce qu'il devait faire dorénavant pour le reste de ses jours.

Voici ce que le guru lui a demandé de faire : « Je souhaite que tu prennes soin du royaume, que tu en sois l'intendant. Tu seras mon représentant et tu gouverneras en tant que tel. »

C'est ainsi que Shivaji est resté souverain du royaume, mais au nom de son guru. Il a accompli les mêmes tâches qu'auparavant, pourtant il a complètement changé d'attitude. Au lieu de penser : « Je suis le seigneur de ce territoire », il se disait : « Ce royaume ne m'appartient plus. Je ne suis qu'un gardien au service de son guru. » Alors, toutes les tensions qui l'avaient fait souffrir ont disparu, et il agissait avec beaucoup plus d'amour et de sollicitude. Aujourd'hui encore, Shivaji est considéré comme l'un des plus grands rois de l'histoire de l'humanité.

Il ne s'agit donc pas d'abandonner notre travail actuel. Pour transformer notre vie, il suffit de changer d'attitude. Si nous arrivons à penser que c'est Amma qui nous a confié notre travail, et qu'en l'effectuant, c'est comme si nous lui rendions service, nous pourrons assumer nos responsabilités avec amour et en y mettant tout notre coeur. Cela est en soi une façon de consacrer sa vie à Amma.

Avant qu'Amma ne lui demande de devenir le directeur administratif de AIMS, son hôpital aux multiples spécialités de Cochin, Ron Gottsegen ne lisait que les textes sacrés ou leurs commentaires. Mais une fois chargé de ce poste, il a dû se mettre à lire beaucoup d'ouvrages techniques concernant la médecine, la technologie médicale et l'administration hospitalière. Au bout de deux ou trois ans, il a commencé à se sentir bien triste de ne plus du tout avoir le temps d'étudier les Écritures. Au lieu d'apprendre quelque chose au sujet de l'Atman, il s'initiait à l'IRM. Un jour il a dit à Amma qu'après toutes les années passées à étudier les *Upanishads*, la *Bhagavad Gita* et d'autres trésors spirituels, il craignait de perdre son temps en lisant tous ces ouvrages techniques.

Dans sa réponse, Amma lui a donné une belle leçon qui peut nous servir à tous : « C'est la tâche que je t'ai confiée pour le moment. Ne te soucie pas de savoir si elle va t'aider dans ta quête spirituelle ou non. Si tu fais ton travail en y mettant tout ton coeur, c'est-à-dire si tu sers le guru, il est certain que tu en bénéficieras dans le domaine spirituel. »

Tout ce que font les mahatmas comme Amma sert toujours à rétablir l'harmonie dans la société et dans toute la création. Chaque fois qu'Amma crée un nouvel institut, que ce soit un hôpital, une école de gestion, un orphelinat ou une faculté de médecine, c'est toujours dans le but de remettre de l'ordre dans la société et de la rendre plus harmonieuse.

Par exemple, avant qu'Amma ne reprenne l'orphelinat de Paripally, au Kérala, les enfants désespérés y étaient maintenus dans des conditions catastrophiques. Lorsqu'Amma a adopté l'orphelinat, elle l'a réorganisé et a complètement remanié son infrastructure et son programme de soutien aux enfants, apportant ainsi l'harmonie là où avaient régné le chaos et la désolation.

Quand elle a construit son hôpital à Cochin, c'était pour parer à la dure réalité du Kérala (et de nombreuses autres régions en Inde) : si quelqu'un avait besoin de l'opération chirurgicale d'un spécialiste mais n'avait pas les moyens de la payer, il n'avait aucun espoir de survie. Maintenant, non seulement les patients pauvres peuvent recourir aux services de AIMS en cas de besoin, mais de nombreux hôpitaux au Kérala ont été forcés de baisser leurs prix pour rester compétitifs. Là aussi, Amma a créé le dharma à partir de l'adharma, l'harmonie à partir du chaos.

En tout, les projets et les instituts d'Amma emploient des milliers de salariés et de bénévoles. Travailler dans l'un d'entre eux, c'est contribuer à restaurer l'harmonie dans la société et dans le monde. Non seulement ces instituts rendent un grand service à la société, mais chaque salarié ou volontaire en retire un bienfait spirituel. Les Écritures disent : « Celui qui contribue à l'harmonie universelle honore Dieu ; celui qui dérange cette harmonie va contre Dieu. »

Bien entendu, cela ne s'applique pas uniquement à ceux qui travaillent dans les instituts d'Amma. Chacun de nous peut adopter cette attitude vis-à-vis de son travail, quel qu'il soit. Amma m'a donné le même conseil qu'à Ron quand le travail que je faisais dans une banque n'avait rien à voir avec l'ashram. C'est en pensant qu'Amma m'avait placé là, qu'elle m'avait confié ce travail, qu'elle m'avait personnellement envoyé chaque personne que je rencontrais, que j'ai pu servir les clients avec plus de patience, de compréhension et d'affection.

C'est en soi une façon de servir le guru. Amma affirme que l'aimer vraiment, c'est aimer et servir tous les êtres. Où que nous soyons, quel que soit notre travail, si nous arrivons à traiter nos collègues et les autres avec amour et bonté, en imaginant qu'Amma nous a placés dans cette situation particulière simplement dans ce but, alors nous menons, véritablement, une vie spirituelle.

Ce n'est qu'une question de changement d'attitude. Tant que nous arrivons à travailler avec amour et en y mettant tout notre coeur, cela devient notre façon de servir le guru. Autrement, la spiritualité serait le domaine exclusif des sannyasins. Or elle n'est pas réservée à un petit nombre d'élus, elle est pour tout le monde. En fait, c'est la science la plus pragmatique qui soit. Les Écritures et les maîtres spirituels savent que la plupart des gens ont des responsabilités à assumer envers autrui et qu'il leur est impossible de se retirer dans un ashram ou dans un endroit solitaire afin de consacrer leur temps à des pratiques spirituelles. Alors comment peuvent-ils intégrer la spiritualité dans leur vie quotidienne ? Pour répondre à cette question, il suffit d'observer Amma. Bien qu'elle n'ait pas personnellement d'enfants, on peut dire qu'elle a la plus grande famille du monde : des millions de dévots la considèrent comme leur Mère, et de fait, elle voit tous les êtres de la Création comme ses enfants. Sur cette planète, c'est donc elle qui a le plus de responsabilités matérielles. Mais elle ne pense jamais : « Je vais d'abord finir le travail que j'ai à faire aujourd'hui et ensuite je ferai quelques pratiques spirituelles. » Elle est continuellement engagée dans l'action, et pour elle tout fait partie de sa pratique spirituelle. En chaque personne qui l'approche, elle perçoit Dieu. Dans chaque oreille, elle chante le nom de la Mère Divine. Amma est la preuve vivante qu'en dépit de toutes nos responsabilités et obligations, il est possible de mener une vie spirituelle au sein du monde.

Amma dit qu'elle aime tout le monde de façon égale, mais qu'elle ressent une affection spéciale pour ceux qui travaillent pour les autres, plutôt que pour eux-mêmes. Dans son discours au Parlement des Religions du Monde à Barcelone de 2004, elle affirme que si nous avons la moindre compassion dans notre cœur, nous allons nous mettre à travailler une demi-heure supplémentaire par jour pour donner l'argent ainsi gagné aux pauvres. Elle précise que ce serait une solution à la pauvreté et à toutes les souffrances dans le monde. Même si nous avons l'impression que notre travail n'a rien à voir avec l'organisation d'Amma et les œuvres dont elle s'occupe, si nous nous engageons à travailler tous les jours une demi-heure de plus pour les nécessiteux, peu importe notre métier, il se transforme en karma yoga. Il suffit de suivre cette simple instruction d'Amma, et toute notre vie professionnelle devient une offrande à Dieu, et le profane devient sacré.

Un jour, les habitants de l'enfer se plaignent à Dieu : « Voici des siècles que nous souffrons en enfer, expliquent-ils, et chaque fois que nous levons les yeux, nous voyons les résidents du paradis profiter de tous les plaisirs célestes et mener une vie merveilleuse. »

Le Seigneur les écoute patiemment et leur promet : « Je vais voir ce que je peux faire. » Il rend ensuite visite aux résidents du paradis et leur soumet la plainte déposée par les habitants de l'enfer. Sans même qu'on ait à le leur suggérer, les occupants du paradis offrent généreusement d'échanger leur place avec ceux de l'enfer.

Bien sûr, les habitants de l'enfer adoptent leur proposition. Et c'est ainsi que tous ceux qui jusque là profitaient des plaisirs du paradis descendent en enfer et que tous ceux qui souffraient en enfer montent au royaume céleste.

Au bout de deux semaines, Dieu se rend au paradis pour voir comment les nouveaux résidents s'en sortent. Mais quand Il arrive au paradis, l'endroit est méconnaissable. Les nouveaux résidents n'en ont pris aucun soin. Ils ont arrêté de nettoyer les rues et d'entretenir les maisons et il semble qu'eux-mêmes n'aient pas pris de bain depuis qu'ils sont au paradis. On pourrait dire que le taux de délinquance a augmenté, mais en fait, c'est la première fois qu'il y a de la délinquance au paradis. Les passants ne sourient pas quand ils se croisent dans la rue. Les sentiments de peur, de doute, de haine et de désespoir règnent en maîtres. Deux semaines ont suffi pour que le paradis commence à ressembler beaucoup à l'enfer.

Le Seigneur descend alors en enfer pour demander aux ex-résidents de l'Éden leur avis sur les mesures à prendre au vu de la tournure que prennent les affaires au Ciel. Après tout, comme ils avaient quitté le paradis de leur plein gré, rien ne les empêche d'y retourner.

La région de l'enfer est tout aussi méconnaissable que le paradis deux semaines après que les anciens habitants de l'enfer s'y soient installés. Les anciens résidents du paradis ont travaillé dur ; ils ont nettoyé, arrangé et repeint tout ce qu'ils voyaient. Ils se sont tous entraidés et personne n'a refusé de ranger ce qu'il n'avait pas dérangé. Ainsi, les lieux sont imprégnés d'esprit de groupe, de soutien mutuel, d'optimisme et de joie bienveillante. « En fait, songe Dieu, l'enfer se met à ressembler beaucoup au paradis. »

Les habitants de l'enfer croyaient que tous leurs problèmes seraient résolus s'ils pouvaient seulement échanger leur place avec celle de leurs camarades célestes. Mais finalement, il est apparu évident que les caractéristiques du paradis et de l'enfer ne dépendent pas des lieux, mais de l'attitude et des actions de ceux qui y habitent. En deux semaines seulement, les résidents du paradis ont métamorphosé l'enfer en un domaine très semblable au paradis, tandis que les habitants de l'enfer ont transformé le paradis en un autre genre d'enfer.

Que nous vivions à l'ashram d'Amma ou que nous travaillions dans le monde, c'est fondamentalement notre attitude qui détermine ce que sera notre expérience. Si nous cultivons en nous la paix, l'amour, la patience et la compassion, nous serons au paradis même si ce qui nous entoure est un enfer. Mais si nous laissons les tendances négatives telles que la jalousie, la colère, l'impatience et la haine bouillonner en nous, nous nous retrouverons en enfer même dans l'environnement le plus agréable, le plus confortable ou le plus spirituel qui soit.

Troisième partie

Une pluie de grâce

*« La grâce se répand continuellement comme une pluie.
Nous devons simplement nous ouvrir pour la recevoir. »*

– Amma

Chapitre 15

L'omniscience d'Amma

C omme nous l'avons déjà vu, il est impossible de cacher quoi que ce soit à Amma. Au début, cela nous a surpris. Nous ignorions tout des mahatmas et des caractéristiques d'un maître réalisé, et nous ne comprenions pas qu'Amma était omnisciente. Et bien qu'elle ne nous ait jamais directement informés qu'elle l'était, elle nous l'a prouvé à maintes reprises.

Dès les premiers temps de l'ashram, elle a constamment insisté pour que les repas de tous les visiteurs soient servis avant ceux des brahmacharis, et elle-même était toujours la dernière à manger. C'est ainsi que bien souvent, il ne restait plus assez de nourriture après que tous les dévots aient pris leur repas. Certains jours, il restait du riz mais pas de curry. D'autres jours, c'était l'inverse. Parfois, quand il n'y avait plus que du riz, nous versions dessus de la poudre de curry pour lui donner un peu de goût.

C'est ce qui arriva, il y a environ vingt-cinq ans, à deux brahmacharis qui se trouvaient dans la cuisine pendant qu'Amma donnait le darshan ; ils ont découvert qu'il restait un faitout de riz mais plus de curry. Ils se sont servi chacun une assiette de riz qu'ils ont saupoudrée de curry. Peut-être qu'ils étaient trop affamés, ou qu'ils n'ont pas fait attention, toujours est-il qu'ils en ont mis beaucoup trop. C'est à cet instant qu'ils ont entendu Amma s'approcher de la cuisine. Ils savaient qu'elle serait chagrinée si elle voyait tout ce qu'ils avaient gaspillé[1]. Afin de dissimuler leur

---

[1] En ce temps-là, Amma devait parfois aller dans les maisons voisines

maladresse, ils se sont dépêchés de recouvrir le curry d'une autre louche de riz, et de cacher les deux assiettes dans un coin de la pièce derrière une porte.

Quand Amma est entrée, un des brahmacharis fredonnait un air, les bras croisés, avec autant de désinvolture que possible, comme si de rien n'était. L'autre avait plus de mal à camoufler sa culpabilité. Il faisait attention de ne pas croiser le regard d'Amma en faisant semblant de chercher quelque chose dans le coin opposé à celui où avaient été cachées les deux assiettes.

Ils n'ont cependant pas réussi un seul instant à lui donner le change. Comme une flèche, elle est allée tout droit dans le coin où se trouvaient les assiettes, elle a mis de côté le riz « trompeur » et dégagé l'énorme quantité de poudre de curry.

Au début de sa relation avec Amma, Swami Purnamritananda (il était alors jeune homme et s'appelait Srikumar) a eu une expérience qui a balayé tous ses doutes au sujet de l'omniscience d'Amma.

Dans son enfance, il a assisté à un concert de flûte. Son cœur a été touché et il a eu envie d'apprendre à en jouer. Mais son père ne le lui a pas permis car il voulait éviter que son fils pense à autre chose qu'à ses études. Cela a rendu Swami Purnamritananda très triste. Un jour, au cours d'une fête qui avait lieu dans un temple des environs, il a entendu un musicien qui jouait magnifiquement de la flûte et il a vu que de nombreuses flûtes étaient en vente. Swami Purnamritananda en a acheté une et a essayé d'en jouer, mais cela s'est avéré extrêmement difficile. Il a confié à sa

---

demander du riz pour pouvoir nourrir les brahmacharis, c'est pourquoi même une poignée de poudre de curry était précieuse. Encore aujourd'hui, alors que l'ashram compte plus de 3000 résidents et sert des dizaines de milliers de repas par jour, Amma est attentive à inculquer à tous les résidents le respect de la nourriture et de tout ce que l'ashram utilise. Grâce à quoi, l'ashram produit une quantité incroyablement réduite de déchets pour une institution de cette taille.

grand-mère qu'il voulait que quelqu'un lui apprenne à jouer de la flûte. Elle lui a conseillé de prier le flûtiste divin, le Seigneur Krishna, de lui apprendre à jouer.

Le jeune garçon l'a crue. Il s'est rendu au temple de Krishna et l'a prié de devenir son maître de flûte. Comme si le Seigneur avait entendu sa prière, Swami Purnamritananda s'est mis soudain à savoir jouer des mélodies simples.

Bien des années plus tard, peu de temps après avoir rencontré Amma, il a décidé de la mettre à l'épreuve. Pendant un Krishna Bhava, il a enveloppé sa flûte dans du papier journal et l'a apportée au petit temple où Amma donnait toujours le darshan. Il a montré le paquet à Amma et il lui a demandé si elle pouvait dire ce qu'il y avait dedans.

Elle a souri et lui a répondu :
– « C'est à toi de me le dire. »
– « Je sais déjà ce que c'est », a-t-il répliqué, « je veux que ce soit toi qui me le dises. »

Amma a répété que c'était à lui de le dire. Finalement il a dû lui révéler qu'il s'agissait de sa flûte en bambou. Il était déçu qu'Amma n'ait pas pu le deviner.

Du tac au tac, Amma l'a gentiment contredit :
– « Ce n'est pas une flûte, mon enfant, c'est une boîte d'encens.
– « Non, c'est ma flûte, c'est moi qui l'ai empaquetée. »

Swami Purnamritananda était sûr d'avoir raison. Amma lui a proposé d'ôter l'emballage. Tous les dévots observaient la scène avec une grande curiosité tandis qu'il défaisait le papier journal. Quelle ne fut pas sa surprise de découvrir au lieu de sa flûte, une boîte en métal toute neuve remplie de bâtons d'encens !

Il n'en croyait pas ses yeux. Comment une telle chose avait-elle pu arriver ? Il a mentalement demandé à Amma : « Es-tu magicienne ? Pourquoi as-tu transformé ma flûte en boîte d'encens ? » Il n'avait plus envie de tester Amma, mais il souhaitait ardemment récupérer sa flûte. Il s'est humblement adressé à Amma : « S'il te plaît, dis-moi où est ma flûte ? »

Un sourire malicieux a éclairé le visage d'Amma quand elle lui a répondu : « Ta flûte est dans la salle de prières chez toi, derrière l'image de Krishna. » Swami Purnamritananda est retourné immédiatement chez lui, il est entré dans la salle de prières pour chercher sa flûte. Il l'a trouvée exactement là où Amma avait dit qu'elle était. « Comment est-ce possible ? », se demandait-il. Il s'est remémoré le déroulement des événements de la journée. Ce jour-là, après avoir empaqueté sa flûte, il s'apprêtait à quitter la maison quand sa mère l'avait appelé dans la cuisine. Elle avait insisté pour qu'il prenne un petit déjeuner avant de partir.

Swami Purnamritananda avait obéi et il était allé dans la cuisine en laissant sa flûte sur la table de la salle de séjour. C'était exactement à ce moment-là que son père était rentré après avoir acheté une boîte cylindrique pleine de bâtons d'encens, également enveloppée dans du papier journal. Il l'avait déposée sur la table à côté de la flûte et s'était rendu dans la salle de bains pour se laver les pieds avant de pénétrer dans la salle de prières.

En sortant de la salle de bains, au lieu du paquet d'encens, il avait pris la flûte qui était empaquetée de façon similaire et il l'avait placée derrière l'image de Krishna, à la place où il rangeait habituellement l'encens. En revenant de la cuisine, Swami Purnamritananda avait pris le paquet d'encens en croyant qu'il s'agissait de la flûte avec laquelle il allait tester Amma.

Voilà ce qui s'était réellement passé, mais il était impossible qu'Amma ait pu être au courant de cette succession de coïncidences. Swami Purnamritananda était persuadé que, consciente de son envie de la mettre à l'épreuve, Amma avait orchestré les événements de la journée pour lui jouer un bon tour. Bonne farce ou pas, en tout cas, il ne doutait plus de l'omniscience d'Amma et il a décidé d'arrêter de la tester.

Dans l'épopée du *Mahabharata*, il arrive quelque chose de particulier pendant que les frères Pandavas sont exilés dans la forêt, loin de chez eux. Krishna vient leur rendre visite. Krishna et Arjuna ont une conversation. Krishna montre un arbre à Arjuna et lui demande :

– « Tu vois le corbeau perché là-bas ? »

– « Oui, Seigneur », dit Arjuna.

– « Arjuna, je crois bien que ce n'est pas un corbeau en fait, c'est un coucou. »

– « Oui, Seigneur, c'est bien un coucou. »

Alors, Krishna fait à nouveau semblant de s'être trompé et se reprend :

– « En fait, Arjuna, ce n'est pas un coucou, c'est un tout jeune paon. »

– « Oh oui, affirme Arjuna, je vois bien maintenant que c'est un magnifique paon juvénile ! »

– « Arjuna », conclut finalement Krishna, « il ne s'agit ni d'un corbeau, ni d'un coucou, ni d'un jeune paon, mais d'un aigle. Pourquoi me soutiens-tu quand j'affirme tout cela, et que tu sais pertinemment de quel oiseau il s'agit ? »

– « Seigneur, Tu es Dieu en personne. Tu peux ainsi facilement changer un corbeau en coucou, un coucou en jeune paon et un paon en aigle. Je sais que ta vision est toujours plus juste que la mienne. »

Un jour, il y a des années de cela, alors que je servais d'interprète à Amma durant un de ses programmes au Tamil Nadou, elle m'a interrompu pour me dire que j'avais commis une erreur dans la traduction. Très sûr de moi, j'ai informé Amma que j'avais étudié le tamoul à l'école pendant quatorze ans et que sans nul doute, ma traduction était correcte. Amma m'a alors soudain demandé de me lever pour quitter la scène en expliquant : « Tu n'as plus besoin de me servir d'interprète. » et elle a appelé un dévot qui écoutait assis parmi le public, et l'a prié de me remplacer. Je suis parti, tout penaud, en restant à portée de voix d'Amma.

Avant que le dévot ne poursuive la traduction, Amma lui a demandé ce que j'avais dit. Il a répété mes paroles, et en l'écoutant, j'ai compris que j'avais effectivement commis une erreur. Je n'avais pas dit la même chose qu'Amma. Bien que je parle couramment le malayalam et le tamil, je n'avais pas traduit correctement ce qu'Amma voulait dire. Je me suis senti profondément malheureux. Je pensais que je n'aurais plus jamais la chance de servir d'interprète à Amma. Je me suis alors promis que si la chance de traduire se représentait, je n'essaierai plus jamais de prouver que j'avais raison et qu'Amma avait tort. Peut-être avait-elle senti ma résolution, car pendant ce même tour, dès la ville suivante, Amma a eu l'immense compassion de m'appeler pour me demander de traduire.

En écoutant cette histoire, on pourrait se dire qu'Amma a de nombreux dévots tamouls, et qu'elle connaît donc un peu leur langue : qu'elle puisse ainsi me corriger n'aurait rien de miraculeux. Mais Amma peut faire la même chose dans des langues qui devraient lui être complètement inconnues, et elle l'a fait à maintes reprises.

La première fois qu'Amma est allée en France, pendant que son discours était traduit en français, elle a interrompu l'interprète, pour répéter un des points et elle lui a demandé de retraduire. C'est alors qu'il a réalisé qu'il avait complètement omis de mentionner ce point. Bien qu'il ait parlé français, Amma a su qu'il avait oublié un point particulier. Plus tard il a interrogé Amma : « Tu ne parles pas français du tout ; comment as-tu su que je n'avais pas traduit ce point précis ? »

Amma a répondu : « C'est vrai qu'Amma ne connaît pas la langue, mais elle peut voir tes pensées. Avant que les mots ne soient exprimés, ils existent sous la forme de pensées, n'est-ce pas ?

La pensée est la forme subtile de la parole. Amma observait tes pensées et elle a vu que tu avais laissé ce point de côté. »

Un brahmachari qui travaille pour le projet Amrita Kutiram rentre à l'ashram. Il revient du chantier de construction de Bangalore et demande à Amma la permission de travailler sur un chantier situé plus près d'Amritapuri ; Amma lui donne son accord. Cela fait une semaine qu'il est sur un chantier près de l'ashram ; Amma l'appelle pendant le darshan du matin pour lui dire qu'il doit immédiatement partir pour un autre chantier, à Ernakulam, à environ trois heures d'Amritapuri. Complètement bouleversé, il demande à Amma si elle serait d'accord pour qu'il ne reparte que dans une quinzaine de jours, parce qu'il vient juste de rentrer de Bangalore. Amma insiste pour qu'il parte à Ernakulam sur le champ. Il vient me voir en larmes pour m'expliquer qu'il ne veut pas y aller. J'essaie de le persuader qu'un disciple doit suivre aussi fidèlement que possible les instructions du guru. Citant quelques-unes de mes expériences, je finis par le convaincre de s'en aller. Tôt dans la soirée, il se rend sur le chantier d'Ernakulam et prend les dispositions nécessaires pour remplacer un autre brahmachari qui avait jusque-là fait office de chef de chantier. Une heure après, il est pris de très violentes douleurs au ventre et il est immédiatement admis à AIMS, l'hôpital ultra-spécialisé d'Amma situé juste à quelques minutes en voiture du chantier. Comme son état empire, les médecins l'examinent avec des ultra-sons et découvrent que son appendice risque d'éclater d'un moment à l'autre. On le transporte d'urgence dans une salle où on l'opère in extremis de l'appendicite. À sa sortie de l'hôpital, Amma permet au brahmachari de retourner à l'ashram et de travailler sur un chantier voisin après sa convalescence.

Quand ce brahmachari était venu me voir en pleurant, j'avais fait de mon mieux pour le persuader de suivre les instructions d'Amma à la lettre, mais intérieurement, je m'étais demandé pourquoi Amma tenait tant à le renvoyer si tôt loin de l'ashram. J'avais trouvé étrange qu'elle ne lui permette pas de rester ne serait-ce qu'une journée de plus à l'ashram. Quand j'ai entendu parler de l'intervention chirurgicale, tout est devenu clair comme de l'eau de roche ; j'ai compris ce qui avait motivé l'injonction d'Amma. Elle savait que ce jour-là précisément, il devait absolument se trouver près de l'hôpital. Si cette nuit-là, sa crise d'appendicite s'était déclenchée à Amritapuri, il n'y aurait eu aucun moyen de le transporter à l'hôpital pour l'opérer à temps, et cela aurait pu lui être fatal.

Mais puisqu'Amma sait tout, nous demanderons-nous, pourquoi n'a t-elle pas tout simplement dit au brahmachari qu'il devait, ce soir-là, se rendre à l'hôpital et se faire opérer d'urgence ? En l'envoyant sur le chantier, Amma a fait en sorte qu'il ne passe pas toute la journée à s'inquiéter de l'opération et elle lui a également donné une précieuse leçon sur l'importance qu'il y a à obéir aux instructions du guru. En même temps, elle s'est assurée qu'il se trouve à proximité de l'hôpital au moment crucial. Il y a aussi une autre raison : dans son humilité, Amma ne fait jamais directement état de son omniscience à moins que cela ne soit absolument nécessaire.

Il arrive toutefois que ses mystérieuses actions ou paroles révèlent presque immédiatement sa nature omnisciente, comme dans l'histoire qui précède. Dans d'autres cas, il a fallu des années, voire des dizaines d'années, avant que cela ne devienne clair.

Au début, nous n'étions qu'une poignée de brahmacharis autour d'Amma. Nous étions alors si attachés à sa forme physique que nous la suivions partout, même si elle n'en avait pas envie. Elle essayait parfois de s'éclipser de l'ashram à notre insu, mais d'une façon ou d'une autre, nous arrivions toujours à savoir où elle était partie.

Une fois en particulier, elle s'est rendue assez loin de l'ashram pour rendre visite à une famille. Elle était assise dans une hutte en attendant l'arrivée de cette famille ; lentement, un par un, les brahmacharis se sont glissés à l'intérieur pour s'installer le plus près possible d'elle. Lorsque la famille est arrivée, Amma nous a priés de nous asseoir à l'autre bout dans la hutte. Nous lui avons obéi mais cela nous a fait beaucoup de peine. Une fois les visiteurs repartis, Swami Paramatmananda (alors Br. Nealu) a dit à Amma : « Nous étions très tristes quand tu nous as demandé de nous éloigner. Nous ne voulions pas déranger ta conversation avec cette famille, nous voulions seulement rester tout près de toi.»

Elle a répondu sur on ton neutre : « Pour l'instant tu es malheureux d'avoir à t'éloigner de moi de quelques mètres. Mais un jour tu auras besoin de jumelles pour me voir.» À l'époque, nous ne pouvions pas comprendre combien ces paroles allaient se révéler prophétiques. Nous n'y avons vu qu'une façon de parler. Mais à plus de vingt ans de là au stade de Cochin, lors de la célébration d'Amritavarsham 50, Étreindre le monde pour la Paix et l'Harmonie (un grand rassemblement international de prières pour la paix organisé à l'occasion du cinquantenaire d'Amma), Swami Paramatmananda tentait de se frayer un chemin jusqu'à la scène, quand il s'est retrouvé bloqué par les agents de la sécurité du stade qui ne savaient pas qu'il était l'un des tout premiers disciples d'Amma. Afin de pouvoir regarder le programme de la soirée, il a dû s'asseoir sur les gradins du stade. De là où il était assis, Amma n'était qu'un minuscule point blanc et lumineux. C'est à ce moment-là qu'il s'est rendu compte que la prophétie d'Amma, prononcée plus de vingt années auparavant, s'était réalisée mot pour mot.

Parfois ce que nous apprenions dans les textes sacrés rendait la tâche d'Amma plus difficile. Je me souviens du jour où nous avons appris qu'un maître spirituel authentique ne pouvait jamais être vraiment en colère contre un disciple, et que la colère qu'il exprimait était seulement un masque utilisé pour faire évoluer le disciple.

Ensuite, Amma avait beau parfois se montrer très en colère contre nous, nous ne la prenions pas au sérieux. Nous étions alors si attachés à Amma que nous ne la laissions jamais tranquille, ne serait-ce qu'une minute. Amma ne souhaitait pas que nous soyons tant attachés à sa forme physique, et elle essayait par différentes méthodes de nous éloigner d'elle : en se montrant irritée, en agissant comme si elle ne nous aimait pas du tout. Mais rien ne nous dissuadait de rester en sa présence et de tout faire pour obtenir son attention.

Quelquefois, elle s'enfermait dans la chambre et n'ouvrait pas, même si nous toquions à maintes reprises. Un jour, un brahmachari s'est mis à crier de toutes ses forces devant la porte fermée : « Ammaaaaa ! Ammaaaaa !... » Il a fait ensuite une pause pour informer Amma à travers la porte : « Amma, je t'ai appelée dix fois. » Devant son silence, il a recommencé à appeler son nom, puis s'est arrêté pour annoncer : « Amma, je t'ai appelée vingt fois maintenant. » Et il a continué ainsi jusqu'à déclarer : « Amma, ça y est, j'ai terminé les 108 Noms. Tu dois ouvrir la porte. » Mais Amma n'a pas ouvert. Alors le brahmachari a poussé des gémissements en faisant semblant de pleurer. Amma n'a pas pu résister à cette tactique à cause de son extrême compassion. Et quand elle a ouvert la porte, elle a trouvé le garçon tout sourire.

Parfois, Amma restait assise absorbée en méditation pendant longtemps. À l'époque, nous ignorions tout de l'état de samadhi (absorption totale dans le Soi suprême), et nous avions beaucoup de mal à contenir notre impatience quand Amma s'intériorisait ainsi. Plusieurs fois, après environ une demi-heure d'attente, je suis allé secouer Amma par les épaules pour tenter d'obtenir son attention. Je me souviens qu'une fois, un brahmachari a voulu lui dire quelque chose qu'il jugeait très important. Il l'a appelée :

comme Amma ne répondait pas, il s'est approché d'elle et doucement mais fermement, il lui a relevé les paupières.

Même si elle nous chassait, nous nous accrochions à elle en disant : « Tu peux nous disputer, tu peux nous repousser, tu peux faire tout ce que tu veux. Mais par pitié, nous ne pouvons pas supporter que tu restes en silence, ou que tu te montres indifférente. » C'est ainsi que sans nous en rendre compte, nous lui avons donné un des seuls moyens vraiment efficace pour nous discipliner. Quand elle souhaitait corriger nos fautes, au lieu de nous réprimander directement, elle s'infligeait une punition. Quelquefois elle refusait de manger ; à d'autres moments, elle restait pendant des heures dans un étang avec de l'eau jusqu'à la taille. Cette façon de nous éduquer nous était extrêmement douloureuse, et lentement nous avons appris à prendre ses réprimandes plus au sérieux, pour qu'elle n'ait pas à en venir là.

Tout ce qu'elle a pu dire concernant « les ténèbres qui s'annonçaient » pour l'année 2005 a permis de mettre en évidence son omniscience de façon très particulière et poignante. Pendant des années, en privé, Amma avait parlé de l'année 2005 à ses disciples. Puis en juillet 2003, à Rhodes Island, juste avant le darshan du Dévi Bhava elle a annoncé publiquement devant une foule de plus de quatre mille personnes qu'il ne fallait pas avoir peur mais qu'elle sentait approcher des moments difficiles : « Amma voit dans le monde de profondes ténèbres, et il faut que tout le monde fasse extrêmement attention. Quand Amma baisse les yeux, elle voit de grands fossés, alors, à moins que les gens ne soient exceptionnellement vigilants, les choses peuvent très mal tourner. »

En fait, c'est surtout pour cette raison qu'en septembre 2003, Amma a accepté d'appeler à un rassemblement international pour célébrer son cinquantième anniversaire. Elle sentait que si des centaines de milliers de personnes se retrouvaient afin de prier pour la paix et l'harmonie dans le monde, cela réduirait l'effet des calamités qui s'annonçaient. C'est ainsi que sur toute la planète les enfants d'Amma se sont mis à psalmodier à la fois individuellement et collectivement le mantra pour la paix « *Om lokah samastah sukhino bhavantu* » c'est-à-dire, « Que tous les êtres de tous les mondes soient heureux ! ».

Un soir, pendant les célébrations du cinquantième anniversaire d'Amma, auxquelles assistaient plus de deux cent milles participants venus du monde entier, Amma a demandé à tous ses enfants de répéter le mantra de la paix pendant une minute complète en imaginant que les vibrations de paix rayonnaient dans leur cœur et se répandaient sur toute la Terre. Quand la minute de prière s'est terminée, Amma a demandé à chacun de prendre la main de ses voisins, et de réciter le mantra encore trois fois. Elle a également fait une puja particulière au cours de laquelle elle a arrosé une jeune pousse de banian avec l'eau recueillie dans un fleuve, un lac ou un océan de pratiquement toutes les nations.

Pendant l'été 2004, Amma a répété qu'elle sentait que « des nuages sombres s'apprêtent à envahir le ciel ». Et quand l'Organisation des Nations Unies lui a demandé de participer à sa journée internationale pour la paix, elle a accordé son soutien sans réserve ; de cette manière, elle a motivé des centaines de milliers de personnes qui se sont jointes, le 21 septembre 2004, à la prière collective pour la paix. Ce jour-là, dans son discours, elle a dit : « Aujourd'hui, le besoin de prières et de pratiques spirituelles est plus grand que jamais. » Lors de son Tour d'Europe en octobre et novembre 2004, dans chaque ville où elle s'est rendue, Amma a demandé à ses enfants de prier collectivement pour la paix et l'harmonie des temps à venir.

Quelques semaines avant que le terrible tsunami ne dévaste le Sud de l'Asie, Amma a confié à certains de ses disciples que les jours qui suivaient Noël seraient très durs, allant même jusqu'à affirmer que le 26 décembre serait particulièrement tragique pour un grand nombre de personnes. La nuit du 25 décembre, Amma a entendu des corbeaux croasser en même temps que le rossignol chantait. Elle est devenue très grave et a dit à son intendante qu'il s'agissait d'un signe de très mauvais augure. Cette semaine-là, on a vu Amma pleurer en chantant les bhajans, en particulier celui qui comporte la prière *lokah samastah sukhino bhavantu*. En voyant Amma pleurer, beaucoup de gens à l'ashram ont également pleuré en silence.

En vérité, tout ce qu'a pu faire Amma la veille de la tragédie prouve clairement qu'elle savait qu'il se préparait quelque chose de grave. Le 26 décembre, il était prévu que 5000 femmes démunies du district d'Allapad, la région côtière où se trouve l'ashram, recevraient les pensions allouées tous les trimestres par l'ashram. Intuitivement, la veille, Amma avait fait passer l'information que la distribution des pensions pour ces personnes-là allait être reportée d'une semaine. Si Amma n'avait pas décidé cela, les veuves auraient laissé leurs enfants chez elles pour venir chercher leur pension. Personne n'aurait été là pour sauver les petits de la montée des eaux et il y aurait eu encore beaucoup plus de morts dans ces villages.

Par contre, la distribution des pensions aux veuves de la ville de Kollam qui se trouve dans l'arrière pays (et pas directement sur la côte), n'a pas été annulée, mais Amma a demandé qu'elle soit organisée, non pas dans l'auditorium où elle se déroule habituellement, mais sur l'autre rive en face de l'ashram, juste à côté des bateaux, de l'autre côté de la lagune, sur le continent. Imaginez le chaos si cet auditorium, qui a été complètement envahi par la mer, avait été plein de femmes qui attendaient leur pension ? En fait, ce hall était pratiquement vide quand l'eau y a déferlé.

Comme c'était dimanche, Amma aurait dû, comme d'habitude, donner le darshan dans cet auditorium, et il aurait été bondé ; il y aurait eu au moins quinze mille personnes. Cependant, une heure avant de commencer, Amma a décidé que le darshan aurait lieu dans le temple (le temple est en hauteur, à un étage et demi au dessus du niveau de la mer). Grâce à quoi, l'auditorium était quasiment vide lorsque l'océan s'y est engouffré.

Même aujourd'hui, quand on demande à Amma si elle est omnisciente, elle fait simplement non de la tête et rit en disant : « *Je ne sais rien du tout. Je ne suis qu'une folle.* » Un maître spirituel authentique ne fera jamais état de sa grandeur. Comme Amma le fait remarquer, si nous faisons un tas de sucre dans un coin, y a-t-il besoin de mettre un écriteau marqué : « C'est du sucre » ? Il est évident que c'est du sucre. Si quelqu'un à côté de ce tas soutient que c'est du sel et pas du sucre, cela va t-il changer quoi que ce soit au fait que c'est du sucre ? Ce contestataire ne fait que laisser passer sa chance de goûter au sucre, même si juste sous ses yeux les gens pour qui c'est du sucre font la queue pour le déguster.

Juste avant la déclaration de la guerre du Mahabharata, le Seigneur Krishna fait un dernier effort pour éviter le conflit. Il se rend seul et sans arme comme messager des bons Pandavas jusqu'à la Cour des méchants Kauravas. Alors que Krishna entame son appel à la paix, Duryodhana, le prince des Kauravas, refuse de l'écouter jusqu'au bout et ordonne qu'on l'attache et qu'on l'emmène. Ayant épuisé tous les autres moyens, Krishna révèle à Duryodhana sa *vishwarupa* (sa forme cosmique), juste là, au beau milieu de la Cour.

Mais bien qu'il lui soit donné de contempler l'univers entier révélé à l'intérieur de la forme de Krishna, Duryodhana ne se laisse pas impressionner. Il ne croit pas à ce qu'il voit et il se moque de Krishna comme d'un simple magicien.

Plus tard, sur le champ de bataille, Krishna montre à Arjuna cette même forme cosmique, en plein milieu du discours de la *Bhagavad Gita*. Arjuna est frappé d'émerveillement et tombe aux pieds de Krishna en le priant de lui pardonner les paroles qu'il a pu prononcer devant lui à la légère quand il le considérait comme son compagnon. La vision de la forme cosmique de Krishna terrifie Arjuna et en même temps, le pousse à ne prendre refuge qu'en Krishna.

Même lorsque Dieu se dévoile devant nous, il n'est pas donné à tout le monde de le reconnaître. Comme l'a dit le Christ : « Ceux qui ont des yeux pour voir, qu'ils voient. »

Chapitre 16

La lumière de la conscience

Beaucoup de gens m'ont confié que depuis qu'ils connaissent Amma, il leur semble que leurs pensées négatives et leurs défauts se sont brusquement multipliés. C'est ainsi qu'ils perdent la motivation qu'ils avaient au départ pour les pratiques spirituelles. Amma explique qu'en fait, la négativité était déjà présente, mais soit nous n'en avions pas conscience, soit elle restait latente au niveau subconscient parce que les circonstances n'étaient pas favorables à leur développement. Amma raconte l'histoire suivante pour illustrer ce point :

Dans la chaîne des Himalayas un voyageur trouve un serpent lové sur le bord du sentier enneigé. L'animal est congelé, il n'arrive même plus à bouger d'un centimètre. Apitoyé, le voyageur commence par caresser le serpent. Ce dernier semble si gentil et inoffensif que l'homme décide de l'emporter. Sur le chemin du retour, il a l'impression que le serpent doit souffrir du froid. Il décide de le caler sous son bras pour le garder bien au chaud. Lentement, le reptile absorbe la chaleur du corps humain. Il émerge de son hibernation, et mord son bienfaiteur en lui plantant ses crochets venimeux dans le bras.

De même, si la situation n'est pas propice, notre négativité reste latente. En présence d'un maître authentique comme Amma, les circonstances adéquates se mettent spontanément en place pour révéler au grand jour toutes nos vasanas, même celles qui sont dormantes. Pour transformer et finalement transcender la négativité, il faut d'abord l'exposer à la lumière de la conscience.

En présence d'Amma, des circonstances variées font remonter nos émotions négatives telles que la colère, la rancune ou la jalousie. Si nous regardons Amma donner le darshan et que quelqu'un se place devant nous et nous empêche de voir, nous allons peut-être nous mettre en colère. Si elle nous accorde moins d'attention qu'à un autre, nous pouvons en être jaloux. S'il arrive qu'on nous demande de ne pas rester debout ou de ne pas nous asseoir à un endroit particulier, nous réagissons négativement. Toutes ces circonstances sont autant d'occasions de révéler notre négativité.

Chaque année, Amma fait une tournée de deux mois dans le Nord de l'Inde. Beaucoup souhaitent l'accompagner. Avec les années, ce qui se composait au départ d'un ou de deux minibus s'est transformé en une énorme caravane de six ou sept bus, sans compter quelques véhicules plus légers.

Pendant l'une de ces tournées, un des bus est tombé en panne et les autres véhicules ont dû accueillir des passagers supplémentaires. Cela s'est produit lors d'une des étapes les plus longues du voyage. Les bus étaient vraiment bondés. Le stress et la tension supplémentaires ont engendré des disputes parmi les voyageurs. Amma a profité d'un bref arrêt en route pour monter dans un des bus et faire une sorte de petit discours d'encouragement pour tout le monde. Elle a dit qu'il fallait nous souvenir que lorsque quelqu'un nous agace ou nous critique, c'est simplement Amma qui travaille sur nous sous la forme de cette personne.

Plus tard, un passager de ce bus m'a raconté une histoire. Pendant tout le voyage, le type qui était assis derrière lui n'a pas arrêté de faire la même gaffe : chaque fois qu'il fouillait dans son sac placé dans le porte-bagages au-dessus des sièges, sans le faire exprès, il laissait tomber quelque chose sur la tête de mon interlocuteur, systématiquement deux ou trois fois par étape. Le passager m'a précisé que les premières fois, il avait réussi à rester aimable et gentil, mais que finalement, il en était venu à crier à l'autre : « Ça suffit cette fois, espèce d'idiot ! T'es malade ou quoi ? »

Après le passage d'Amma et le discours qu'elle a adressé à tout le monde, le comportement de l'autre voyageur n'a pas changé, mais mon interlocuteur a pu l'accepter avec le sourire.

Pendant les darshans de l'après-midi, il arrive qu'Amma demande aux responsables des files d'attente d'arrêter la queue vers 17h30. Amma doit commencer le programme du soir à 19h30, et entre les deux programmes elle a souvent plusieurs rendez-vous importants.

Les responsables des queues du darshan obéissent à Amma et prient les dévots de ne plus rejoindre la file d'attente. Souvent, cela ne va pas sans mal. Tout le monde a une bonne excuse pour passer au darshan immédiatement. Bien sûr, à chacun ses problèmes. En tous cas, les responsables des files d'attente et parfois même les brahmacharis et les swamis, ont bien du mal à faire comprendre aux gens qu'ils peuvent revenir dans la soirée, ou même le lendemain s'il leur est impossible de se déplacer le soir-même. Bien souvent ils font la sourde oreille et se mettent à attendre de chaque côté de la salle en faisant des têtes d'enterrement. En les voyant là, Amma nous demande aussitôt de laisser passer quinze personnes supplémentaires. Nous arrêtons la queue puis nous laissons les gens passer et ainsi de suite trois ou quatre fois. De temps en temps les dévots se mettent en colère contre les responsables : « Qu'est-ce que vous fabriquez ? Vous nous demandez de venir au darshan et ensuite vous nous en empêchez !? »

Il y a des salles où les files du darshan sont organisées de telle façon que les gens arrivent par les deux côtés et repartent par l'allée centrale. Dans ce cas, Amma interdit de s'asseoir dans cette allée centrale car elle souhaite qu'on laisse le passage pour ceux qui s'en vont.

Un jour, Amma a demandé aux responsables des files de bien s'assurer que personne ne s'installe dans le passage pour le programme du soir. En préparant la salle dans l'après-midi, on a veillé à ce que tout le monde soit assis de chaque côté des cordes pour que l'allée du milieu reste libre. Quand Amma est arrivée pour le programme du soir et qu'elle a vu l'allée vide, elle m'a demandé : « Pourquoi y a-t-il un tel trou ? Annonce au micro que tous ceux qui le désirent peuvent s'y asseoir. » Les gens n'attendaient que cela, et l'allée centrale s'est remplie en un clin d'oeil. Le lendemain, vu ce qu'Amma avait décidé la veille, les responsables des files d'attente ont laissé le public s'asseoir au milieu. Cette fois, dès qu'elle est arrivée, Amma a demandé : « Pourquoi avez-vous mis des gens dans l'allée centrale ? Je vous ai dit hier de ne pas le faire. Pourquoi l'avez-vous fait aujourd'hui ? »

Les responsables ont dit à Amma : « Hier, on n'y a mis personne, mais tu as appelé tout le monde, alors on a pensé que tu voulais que ce soit comme ça. »

Amma a répondu : « Ne faites que ce que je vous dis de faire. Ne vous préoccupez pas de ce que je fais ensuite. »

Les instructions et les comportements apparemment contradictoires d'Amma créent des situations qui font resurgir les défauts et les tendances négatives des responsables. La répétition de situations similaires a permis aux responsables de cultiver la patience, l'acceptation, la gentillesse et d'autres qualités du même genre. De cette façon, Amma les aide à grandir spirituellement. Les visiteurs aussi ont l'occasion de développer ces qualités lorsque les responsables leur donnent les instructions contradictoires d'Amma,.

Nombreux sont les maîtres spirituels qui utilisent la contradiction pour emmener le disciple vers la Réalisation. En fait, c'est l'un des principes de base de la tradition bouddhiste Zen. Les maîtres Zen parlent à leurs disciples sous forme de *koans*, des énigmes sans réponse. Ils entendent ainsi dérouter le disciple et l'amener à soumettre l'intellect pour entrer en contact avec la Pure Conscience qui se trouve au-delà. Par exemple le maître Zen Shuzan, montrant sa courte canne, dit à un de ses disciples : « Si tu appelles cela "une canne courte", tu t'opposes à sa Réalité. Si tu ne l'appelles pas "une canne courte", tu ignores les faits. Maintenant, comment souhaites-tu appeler cela ? »

L'histoire de Marpa et de son plus proche disciple, Milarépa, nous fournit un exemple très célèbre de ce genre d'enseignement.

Milarépa a une enfance difficile et une adolescence turbulente, nourrie par le désir de vengeance. Ensuite, il se détache de plus en plus du monde et se tourne vers le célèbre guru Marpa pour recevoir ses instructions spirituelles. Mais Marpa ne l'accepte pas immédiatement comme disciple. D'abord, il dit à Milarépa qu'il souhaiterait le voir construire un édifice en pierre sur une crête rocheuse élevée qui surplombe sa propriété.

Dans son immense soif de connaître la Vérité, Milarépa saute sur l'occasion de servir son guru. Il doit traîner à pied tous les gros blocs de pierre depuis une carrière avoisinante et il n'y a personne pour l'aider à bâtir cette tour. C'est une tâche éprouvante qui nécessite des mois d'intense labeur. Un jour que Milarépa travaille sur le chantier, Marpa sort pour inspecter les travaux. Après avoir regardé la tour un certain temps, Marpa demande à Milarépa de la démolir et de rapporter tous les blocs et les pierres là où il les a trouvés. Il dit qu'il a changé d'avis et que maintenant il veut un autre bâtiment à un autre emplacement.

Ce scénario se répète à maintes reprises jusqu'à ce qu'il demande à Milarépa de construire une immense tour de neuf étages (qui existe encore de nos jours). Pour mener à bien toutes ces tâches pénibles et apparemment inutiles, Milarépa fournit des efforts herculéens. Il reste persuadé qu'il finira par recevoir les instructions spirituelles qu'il cherche.

Il faudrait être au moins trois hommes pour soulever les pierres qu'il traîne à lui tout seul. Il s'acharne tant au travail que son dos n'est plus qu'une immense plaie à force de porter les rochers et le mortier. Il a les jambes et les bras crevassés et meurtris. Pourtant il continue à travailler, espérant chaque jour avoir enfin la faveur de recevoir quelque conseil spirituel. Par compassion, Marpa lui montre comment se protéger le dos et l'autorise à se reposer le temps que ses plaies guérissent. Jamais il ne lui permet d'échapper au labeur de la construction. Il a entrepris de la lui faire mener jusqu'au bout.

Pendant des années, Milarépa continue ses efforts. Finalement, il perd tout espoir d'être un jour accepté comme disciple et il quitte l'ashram de Marpa en pensant ne jamais y revenir. Tout le monde s'attend à ce que ce départ laisse Marpa de marbre, car il n'a jamais manifesté la moindre affection à l'égard de Milarépa. Mais quand le maître apprend la nouvelle, il éclate en sanglots et s'écrie : « Ramenez-le ! Pour l'amour du Ciel ! C'est mon disciple le plus cher. »

Marpa accepte enfin Milarépa comme disciple. Il lui explique alors que, même s'il a toujours ressenti un profond amour pour lui et eu conscience de son formidable potentiel, il n'avait pas d'autre alternative que de le traiter ainsi à cause de toutes les actions atroces que Milarépa avait commises dans la première partie de sa vie. Les ordres apparemment insensés et contradictoires de Marpa ont simplement aidé l'élève à se libérer des conséquences de ses actions passées.

Swami Paramatmananda raconte une histoire similaire qui lui est arrivée au début de sa relation avec Amma. Un jour Amma décide qu'il est temps de construire deux nouvelles huttes en plus de celle qui existe déjà. Du fait de l'afflux de résidents permanents, il faut quelques chambres supplémentaires.

Swami Paramatmananda (alors Br. Nealu) est chargé de

diriger les travaux. Amma approuve le plan qu'il a conçu. Il s'agit d'un projet de trois huttes sans vis-à-vis et disposées en forme de U. Il pense que cela fait gagner de la place et laisse la brise entrer par la porte de chaque hutte. En son for intérieur, il est fier de son plan et de la manière dont se déroule la construction.

Quelques heures après le démarrage des travaux, Amma se rend sur le chantier. Voyant la façon dont les huttes sont situées, elle s'exclame soudain : « Qui leur a dit de construire les huttes comme ça ? » Tout le monde montre du doigt Swami Paramatmananda. Celui-ci rappelle à Amma qu'elle a vu le plan et qu'elle l'a approuvé.

« Je ne me souviens pas du tout d'avoir vu un plan. Démolissez-ça ! Il ne faut jamais utiliser cette disposition pour construire des huttes. Tout ce qui vous intéresse, c'est votre confort et d'avoir une bonne brise ! N'avez-vous aucun respect pour les règles traditionnelles ? La tradition ne permet pas qu'on bâtisse les huttes de cette façon. » Là-dessus, Amma quitte les lieux.

Swami Paramatmananda donne des instructions aux ouvriers pour qu'ils défassent tout ce qu'ils ont fait depuis le matin. Amma revient peu de temps après. En voyant les ouvriers se mettre à démonter les huttes, elle demande :

– « Qu'est-ce qu'ils font ? Dis-leur de construire les huttes selon le plan d'origine. Autrement, comment la brise fera-t-elle pour y entrer ? »

– « Mais Amma, et les règles traditionnelles ? » interroge Swami Paramatmananda.

– « Quelles règles ? Il n'y a pas de règle concernant la construction de huttes. C'est seulement pour les bâtiments en dur. »

N'importe qui pourrait penser qu'Amma est devenue folle. Mais Swami Paramatmananda comprend que c'est le moyen qu'a trouvé Amma pour faire ressortir son orgueil et l'aider à le dépasser.

Les circonstances créées par Amma sont le meilleur et le plus rapide moyen de faire mûrir le mental. En fait, Amma compare son ashram au Kurukshetra, le champ de bataille où, selon l'épopée du Mahabharata, se sont affrontés les cinq Pandavas, les cent Kauravas et leurs armées respectives. Les Pandavas étaient du côté du dharma, pourtant les Kauravas étaient largement supérieurs en nombre. L'armée des Kauravas était aussi beaucoup plus importante que celle des Pandavas. Et pourtant, parce que les Pandavas avaient le Seigneur Krishna dans leur camp, ils ont pu dominer les Kauravas.

On dit que, symboliquement, cela représente la proportion des tendances positives et des tendances négatives en nous. Même si nos tendances négatives semblent plus puissantes et beaucoup plus nombreuses que nos qualités, par la grâce du maître spirituel authentique, nous pouvons déclarer la guerre à nos tendances négatives. Il ne s'agit pas d'une bataille à livrer une fois pour toutes et à perdre ou à gagner. C'est une lutte que nous devons engager de nombreuses fois par jour, en fait, à chaque instant de notre vie.

Quelquefois, il se peut que nous ayons conscience de nos défauts sans forcément ressentir le besoin de nous en débarrasser. Il nous est arrivé à tous de rencontrer quelqu'un qui semble heureux d'être déprimé, et nous avons tous fait l'expérience de justifier notre colère vis-à-vis d'autrui. Parfois, après avoir perdu notre sang-froid, nous nous sentons même satisfaits d'avoir dit son fait à quelqu'un.

Un jour, sur une autoroute, un homme au volant de sa voiture aperçoit un camion en panne et un homme tout affolé qui fouille dans le moteur. Il décide de s'arrêter pour voir s'il peut donner un coup de main.

– « Je ne m'y connais guère en moteurs, explique-t-il au chauffeur du camion en rade, mais si je peux vous être utile autrement… ? »

– « Oui ! Oui ! » s'exclame le routier. « Vous voyez, j'ai deux crocodiles dans la remorque. Mais ils souffrent de claustrophobie, et je ne peux pas les garder enfermés trop longtemps. Monsieur, vous pourriez peut-être les transporter au zoo ! »
– « Pas de problème ! », répond l'homme. Le chauffeur du camion l'aide à charger les crocodiles sur le siège arrière de sa voiture. Ils les attachent le mieux possible et l'homme part en trombe en direction du zoo.

Environ deux heures plus tard, tandis que le routier se trouve toujours en panne sur le bord de la route, il voit le même homme repasser à toute vitesse dans l'autre direction. Les crocodiles sont toujours dans la voiture mais cette fois, l'un d'eux se trouve à l'avant, sur le siège du passager.

Le chauffeur du camion lui fait signe de s'arrêter :
– « Vous êtes cinglé ou quoi ? Je vous ai dit d'apporter ces crocodiles au zoo ! »
– « On y est allé », explique l'autre plein d'enthousiasme, « et on s'est bien amusés. Maintenant on va au cinéma ! »

De la même façon, nous restons en compagnie de nos ennemis intérieurs tels que la jalousie, la colère, l'orgueil et la sensualité, sans savoir qu'ils peuvent nous dévorer à tout moment. Afin de dépasser nos vasanas, il est nécessaire de voir les effets nocifs qu'elles ont sur nous et sur les autres. Même si nos tendances négatives ne nous dérangent pas, nous pouvons être sûrs qu'elles dérangent les autres.

Un jour, un voisin appelle Mullah Nasruddhin pour lui demander s'il peut emprunter son âne. « Je suis désolé », répond Mullah, « mais je l'ai déjà prêté à quelqu'un. » À peine a-t-il fini sa phrase qu'on entend un âne braire dans l'écurie de Mullah.
– « Mais Mullah, j'entends ton âne dans l'écurie. »
– « Tu n'as pas honte », proteste Mullah indigné, « de croire la parole d'un âne plutôt que la mienne ! »

C'est ainsi que, même quand les autres soulignent que nous avons tort, nous nous accrochons obstinément à notre point de vue et nous trouvons le moyen de nous justifier.

Selon Amma, on peut fort bien s'asseoir tous les jours dans une grotte pour méditer pendant des heures et se fâcher ou ressentir de la jalousie dès qu'on en sort. Ce genre de réaction nous fait gaspiller la plus grande partie de l'énergie spirituelle accumulée pendant les exercices spirituels. Amma cite souvent l'exemple du sage Vishwamitra qui a pratiqué une ascèse rigoureuse pendant des milliers d'années. Il était très irritable et chaque fois qu'il sortait de méditation, il se mettait en colère pour un rien. Afin de regagner l'énergie qu'il gaspillait de cette façon, il devait s'asseoir à nouveau pendant de nombreuses années. Il a fini par atteindre la Réalisation du Soi, mais cela lui a pris beaucoup plus de temps que s'il avait pu dépasser plus tôt cette habitude de perdre son sang-froid.

C'est pourquoi Amma insiste tant sur l'importance qu'il y a à aider les autres, à travailler avec eux, en plus de la méditation et d'autres pratiques spirituelles plus personnelles. Le fait de vivre et de travailler avec autrui nous permet de dévoiler et de dépasser des tendances négatives dont nous n'aurions pas pris conscience autrement.

Il existe une plaisanterie qui décrit une conversation entre deux moines appartenant à des traditions différentes. L'un demande à l'autre :

– « Quelle est votre discipline spirituelle ? »

– « Oh ! Je suis un emploi du temps très strict : Je me lève tous les jours à 2 heures du matin, je psalmodie et prie jusqu'au petit-déjeuner. En fait, la plupart du temps je ne prends même pas de petit-déjeuner. Je jeûne plus de cent jours par an. Et c'est seulement parce qu'aujourd'hui vous me questionnez que je me mets à vous parler. Car généralement j'observe un vœu de silence et en plus je vis dans la solitude. »

– « Voilà une discipline bien austère... » commente le premier moine.

– « Qu'est-ce que ça a de si austère ? » interroge le second. « Vous devez certainement faire plus ou moins la même chose. »

– « Pas vraiment », confesse à regret le premier.

– « Que faites-vous donc ? » s'enquiert le second moine.

– « Je vis dans une communauté avec cent autres frères », dit simplement le premier.

– « Je m'incline devant vous, mon frère. Votre discipline est bien plus sévère que la mienne ! », s'écrie à ces mots le second moine.

Même si le second moine pratique une vie beaucoup plus austère, il considère le renoncement du premier moine bien supérieur au sien, simplement parce qu'il parvient à vivre et à travailler en étroite collaboration avec d'autres moines.

Dans le système de santé ayurvédique, les médicaments sont considérés comme une partie du traitement. L'autre partie, appelée *pathyam,* comprend les règles que nous devons suivre concernant le régime, le repos, les bains, etc..... Les médicaments ne seront efficaces que si nous respectons ces règles de vie. De la même façon, les pratiques spirituelles ne constituent que 50 % de la spiritualité. Le reste consiste à dépasser la négativité du mental et de nos réactions dans les diverses circonstances de la vie.

Amma dit : « Il est important de reconnaître et d'accepter tout ce que vous êtes, que vous soyez ignorant et analphabète ou instruit, juste ou égoïste. » Si nous voulons vraiment progresser, nous devons commencer par regarder honnêtement ce que nous sommes et les faiblesses que nous avons.

Le célèbre musicien de Jazz, Rafi Zabor, a dit un jour : « Dieu parle aussi doucement que possible, et aussi fort que nécessaire. »

C'est la tâche du guru de nous aider à dépasser nos imperfections d'une façon ou d'une autre. Chaque fois que c'est possible, le guru le fait avec douceur. Mais d'autres fois, il doit prendre des mesures apparemment radicales pour nous aider à voir nos défauts et à les dépasser. Amma raconte l'histoire suivante pour illustrer ce point.

Après s'être rendu en visite dans un village, un guru et son disciple repartent à pied vers leur ashram. Le trajet est long et ils marchent pendant des heures et des heures. Cela fait longtemps que le disciple souffre en silence et il n'en peut plus. Comme ils traversent une forêt fraîche et ombragée, le disciple finit par demander à son maître s'ils ne pourraient pas s'allonger, ne serait-ce qu'un moment, pour se reposer. Le guru suggère en douceur qu'il serait plus sage de continuer, mais le disciple insiste et le guru se laisse fléchir.

Un moment plus tard, quand le guru se relève, le disciple a maintenant totalement cédé à son épuisement. Il se lamente tout haut : « Je ne vais pas pouvoir faire un pas de plus ! Maître, je ne veux pas vous retenir loin de l'ashram, mais tout ce que je vous demande, c'est de me laisser me reposer ici dans cette belle forêt ombragée jusqu'à demain. » Le guru accepte et poursuit sa route tout seul.

Une fois sorti de la forêt, il tombe sur une famille de fermiers qui travaillent aux champs. Le guru saisit soudain un des enfants et retourne en courant dans la forêt d'où il vient, en tenant délicatement l'enfant sous son bras. La famille hurle et crie quand elle se rend compte que leur chère petite fille a été enlevée. Ils appellent tous les voisins à la rescousse pour tenter de la récupérer.

Quand le guru rejoint en courant son disciple, celui-ci dort à poings fermés. Le maître pose doucement l'enfant par terre et lui demande de rester assise près du disciple. Tout heureuse, la fillette obéit et le guru disparaît.

C'est alors que la troupe en colère partie à la recherche de l'enfant dans la forêt découvre le disciple endormi avec la petite assise à ses côtés. Naturellement ils en concluent que c'est lui qui l'a kidnappée. Ils ne perdent pas une seconde pour le réveiller et lui assènent une pluie de coups de poings. Le disciple s'éloigne d'eux en roulant sur le sol, se lève d'un bond et prend ses jambes à son cou pour se réfugier dans son ashram. Lui qui venait de protester qu'il ne pouvait pas faire un pas de plus, il arrive à l'ashram avant le guru.

C'est un cas où le guru essaie d'abord la douceur pour corriger le disciple, mais comme cela ne marche pas, il doit utiliser une méthode plus radicale.

Au début que je vivais à l'ashram, j'ai suivi les instructions d'Amma et continué à travailler dans une banque pendant plusieurs années. Tous les autres brahmacharis avaient commencé à suivre des cours sur les Écritures. Les leçons avaient lieu pendant mes heures de travail, je ne pouvais donc pas y assister. Quand je rentrais, je parcourais les notes que les autres avaient prises et m'efforçais tant bien que mal de m'en imprégner.

Un jour, un de mes frères spirituels me donnait des conseils sur la façon de se comporter en présence du guru. Il m'expliquait qu'il fallait faire attention même au langage non-verbal du corps : ne jamais se tenir debout de façon orgueilleuse, ne jamais regarder droit dans les yeux du guru, toujours parler doucement, etc. Et même si le maître nous accuse d'avoir commis une erreur que nous n'avons pas faite, nous ne devons jamais protester ni nous justifier, au contraire, nous devons le prendre seulement comme un moyen utilisé par le guru pour mettre en lumière nos tendances négatives.

Comme il avait commencé à étudier les Écritures, je buvais toutes ses paroles. Tout à coup, Amma l'a appelé dans sa chambre et il m'a laissé là pour courir auprès d'elle. Quelques minutes plus tard, j'ai entendu la voix d'Amma et celle de ce même brahmachari qui venait juste de me décrire la manière appropriée de se conduire en présence du guru. Cependant sa voix était bien plus forte que celle d'Amma. Quand je suis allé à la chambre pour voir ce qui se passait, j'ai découvert ce brahmachari en train de contredire avec véhémence ce qu'Amma lui disait. Quand il m'a aperçu, il a dû se souvenir des conseils qu'il venait de me prodiguer. L'air penaud, il a adouci sa voix et a baissé le ton. Tout d'un coup il a compris qu'Amma avait créé cette situation pour voir s'il pouvait mettre en pratique ce qu'il n'avait fait que prêcher.

En janvier 2003, l'ashram termine un lotissement de cent huit maisons à Rameshwaram, au Tamil Nadou et distribue gratuitement les logements aux familles autochtones sans-abri. Plus tard, comme Rameshwaram est son lieu de naissance, le Président de l'Inde, Dr. A.P.J. Abdul Kalam, rend visite à ce lotissement. Le Président est tellement impressionné par le travail réalisé qu'il décide de donner les dix premiers mois de son indemnité présidentielle à l'ashram d'Amma. L'argent contribue au financement d'une salle d'opération construite par l'ashram pour l'hôpital public existant à Rameshwaram. La construction de la salle est sur le point de s'achever. Avant de la remettre à l'hôpital public comme prévu, un brahmachari en poste là-bas informe Amma que le Président a prévu de revenir bientôt à Rameshwaram. Amma apprend cela pendant qu'elle donne le darshan. Elle suggère à un dévot assis près d'elle que, puisque le Président doit se trouver à Rameshwaram, on pourrait l'inviter à l'inauguration de la nouvelle salle d'opération. Le dévot se lève immédiatement pour tenter de joindre le secrétariat du Président.

Par chance, le secrétaire du Président est dans son bureau au moment où le dévot appelle. Comme le Président a rencontré Amma à plusieurs reprises, le secrétaire assure au dévot qu'il va faire part de l'invitation au Président. Moins d'une demi-heure plus tard, il rappelle le dévot pour annoncer que le Président a gracieusement accepté de faire une courte apparition dans le service de chirurgie pour l'inauguration, le jour où il sera à Rameshwaram.

Le dévot est aux anges. Il pense qu'Amma va forcément être très heureuse qu'il ait arrangé tout cela aussi rapidement. Il retourne en courant jusqu'au hall de darshan pour faire part de sa réussite à Amma. Cependant, une fois revenu à côté d'Amma, il constate qu'elle ne le regarde même pas. Ce n'est pas qu'elle soit pressée de finir le darshan. Elle passe en fait beaucoup de temps à parler à tous les dévots qui se présentent à elle. Elle rit et plaisante avec les brahmacharis et avec tous ceux qui se trouvent autour d'elle, mais persiste à éviter le regard insistant de ce dévot particulier. C'est comme s'il était invisible. Le dévot est très surpris. Il pense en effet qu'Amma devrait s'empresser d'apprendre les résultats de la mission extrêmement importante qu'il a menée à bien. Il se tait pendant près d'une heure, mais il n'y tient plus et dit à Amma :

– « Le Président a accepté de venir inaugurer la salle d'opérations. Tu te rends compte, j'ai tout arrangé en moins d'une heure ! »

– « Tu crois donc avoir accompli quelque chose d'extraordinaire. Tout s'est mis en place uniquement par la grâce de Dieu, » a répondu Amma.

D'un seul coup, les paroles d'Amma remettent le dévot en place. Il se rend compte qu'avant même de l'avoir prié de s'occuper de cette affaire, Amma en connaissait le résultat. Elle ne lui avait demandé de s'en charger que pour lui donner l'occasion d'accomplir un service désintéressé et d'apprendre une leçon précieuse.

Amma est l'incarnation de l'humilité, et elle agit avec humilité tant que cela nous incite à plus d'humilité. Si son humilité ne fait que renforcer notre ego, elle va alors assumer le rôle du maître et nous montrer nos fautes sans détour.

Les premières années à l'ashram, nous avions une toute petite fosse septique qu'il fallait vider à la main. Certains jours de fête, la fosse était pleine à ras bord. Alors, tout le monde se bouchait le nez en passant à côté et faisait des remarques sur l'odeur épouvantable, mais personne n'était prêt à vider la fosse.

Une fois, au lendemain d'une fête, tous les dévots étaient repartis et seuls restaient quelques brahmacharis. Nous nous apprêtions à chanter les bhajans. Habituellement, Amma ne manquait jamais les chants du soir. Mais ce jour-là, au moment de commencer, Amma n'était pas encore là. Pour respecter la discipline de l'ashram, un des brahmacharis s'est mis à chanter et nous l'avons tous accompagné. Mais après un premier bhajan, puis un second, nous nous sommes demandé ce qui se passait. L'un de nous s'est levé pour aller voir dans la chambre d'Amma, mais il est revenu nous dire qu'elle ne s'y trouvait pas non plus. Finalement quelqu'un l'a découverte dans la zone inondée par la fosse septique. Elle était en train d'essayer de soulever la plaque de ciment qui recouvrait la fosse. Cette personne a couru nous informer de ce que faisait Amma. Quand nous sommes arrivés sur les lieux, Amma avait déjà réussi à enlever la plaque et elle était en train de vider la fosse, au seau.

Nous nous sommes sentis très mal en voyant Amma debout là-dedans. Elle était en train de faire le travail dont nous n'avions pas voulu. Nous savions bien que la seule chose à faire, c'était de sauter dans la fosse pour l'aider. Pourtant, nous hésitions encore. Amma ne nous a rien demandé. Enfin, un brahmachari est descendu dans la fosse pour aider Amma qui vidait et nettoyait. Deux d'entre nous ont eu la bonne idée de rester sur le bord pour aller vider les seaux dans la lagune. Ils n'ont donc pas eu à descendre dans la fosse. Il a alors bien fallu que les autres y aillent. Ce travail nous a tous, Amma y compris, couvert de « boue ». Amma faisait preuve d'une indifférence pleine de félicité ; Elle aurait tout aussi bien pu être en train de vider un bassin d'eau pure. Cela nous a permis peu à peu de dépasser le dégoût que nous inspirait cette tâche.

À la suite de cet incident, chaque fois que la fosse septique était pleine, les brahmacharis la vidaient et la nettoyaient sans même qu'on ait à le leur demander. Et Amma s'est toujours trouvée à leurs côtés.

Ce genre d'expériences donne des leçons d'une grande valeur. Je m'en souviens encore aujourd'hui. Le dernier jour d'*Amritavarsham 50*, les quatre journées de célébration du cinquantième anniversaire d'Amma, on m'a confié la responsabilité d'accueillir le Président de l'Inde et de le présenter aux centaines de milliers de dévots et d'admirateurs d'Amma rassemblés dans le stade.

Amma a rejoint ses enfants dans le stade d'*Amritavarsham 50* le 27 septembre à 9 heures 30 du matin. Il y a eu d'abord la cérémonie de remise des prix aux étudiants, puis plusieurs discours et quelques programmes culturels. Ensuite Amma a commencé à donner le darshan. Ce n'est que le lendemain qu'Amma a quitté la scène, à 8 heures du matin, presque 24 heures plus tard. Elle a donné le darshan pendant 19 heures d'affilée. Même le jour de son anniversaire, c'est elle qui a donné le plus. Elle a fait ce don suprême, le don d'elle-même.

Quand Amma s'est finalement levée après ce darshan marathon, il y a eu un magnifique silence. Du regard, elle a parcouru le stade et ses enfants qui étaient là par milliers autour d'elle. Elle a joint les mains en un dernier *pranam* (un signe de respect). Beaucoup s'attendaient à la voir s'écrouler d'épuisement. Mais, bien au contraire, acceptant une paire de *kaimanis* neufs (petites cymbales) qu'on lui tendait, Amma a joué un rythme simple et joyeux, comme si elle soutenait le pas de danseurs qu'elle seule pouvait voir. Puis elle a quitté la scène. Elle avait le visage rayonnant, détendu, souriant et plein de béatitude. *Amritavarsham 50* était fini.

Plus tard ce jour-là, je me suis retrouvé dans la voiture d'Amma pour rentrer à l'ashram. J'étais très heureux du grand succès de cette célébration. Je me sentais pas exactement fier ... ou alors, si j'étais fier, c'était d'Amma et de l'ashram tout entier, plutôt que de moi-même. L'événement avait pris des proportions incroyables et je n'en revenais pas. J'étais également très satisfait d'avoir eu le privilège de présenter le Président de l'Inde. Sur le chemin du retour, Amma m'a confié ma prochaine mission. Elle a expliqué que plus de cinquante écoles de Cochin avaient hébergé des dévots pour la fête. Maintenant, ces écoles allaient être rendues aux élèves. Nous devions nous assurer de leur propreté. Amma a souligné que les toilettes et les douches des écoles avaient été utilisées par des milliers de gens pendant les quatre derniers jours, et qu'elles devaient être impeccables. Elle voulait que je supervise personnellement le nettoyage. Là-dessus, elle a fait arrêter la voiture à mi-chemin de l'ashram et m'a demandé de descendre pour retourner immédiatement à Cochin.

En écoutant les instructions d'Amma, j'ai eu la certitude qu'elle avait détecté mon sentiment de « satisfaction » d'avoir présenté le Président. Elle cherchait à s'assurer que je ne devienne pas orgueilleux ni égocentrique. C'est ainsi que, du jour au lendemain, je suis passé de la présentation du Président de la nation au nettoyage de dizaines de toilettes crasseuses. Si la même chose m'était arrivée il y a des années, je me serais senti très mal. Mais maintenant, j'arrive à m'inspirer de l'exemple d'Amma. Il ne s'agit pas seulement du passé, quand elle nettoyait la fosse septique. Il s'est produit un autre incident à Amritapuri tout récemment.

Les jours précédant *Amritavarsham 50*, un flot apparemment sans fin de personnalités souhaitait rencontrer Amma en privé. Un matin, aussitôt après une série de rendez-vous avec divers ministres du gouvernement et autres notables, Amma est descendue de sa chambre. Elle s'est mise à aider des dévots qui cousaient des sacs de toile plastique. Ils confectionnaient des rideaux pour les centaines de toilettes publiques que l'ashram installait aussi bien à l'intérieur qu'autour du stade, dans les écoles et dans les endroits où seraient hébergés les dévots venus assister aux célébrations.

Cela fait de nombreuses années que je connais Amma. Pourtant, j'ai été surpris de la voir faire cela. Elle venait de s'entretenir avec beaucoup de P.D.G. et d'officiels importants et elle n'hésitait pas à s'engager ensuite dans la tâche la plus humble qui soit. Je sais qu'Amma accorde toujours de l'attention même au plus petit détail et qu'elle ne considère jamais aucun travail comme indigne d'elle. Cependant, son insondable humilité et sa largeur d'esprit ne cesseront jamais de me surprendre. Qu'Amma ait nettoyé la fosse septique quand l'ashram n'était qu'un simple ermitage avec quelques brahmacharis vivant dans des huttes, passe encore, mais qu'elle soit prête à effectuer le même genre de tâche aujourd'hui encore, alors que tant de personnalités font la queue pour la rencontrer ! Mais pour Amma, c'est la même chose.

Chapitre 17

Les cœurs innocents attirent immanquablement la grâce

Un dévot tamoul âgé et pauvre travaille bénévolement dans les jardins *d'Amrita Vidyalayam* (l'école primaire d'Amma) à Chennai. Bien qu'il soit vraiment dans le besoin, il n'accepte jamais qu'on le paie pour ses services. Un jour, un ami lui offre deux chemises blanches qui s'ouvrent jusqu'en bas et deux dhotis blancs tout neufs. Ses vieux habits sont très usés et le dévot accepte une tenue pour lui. Mais comme à son habitude, il dépose la seconde tenue dans sa salle de prières, devant la photo d'Amma, en attendant le jour où il pourra aller voir Amma pour la lui offrir.

Finalement, c'est presque un an plus tard, qu'il a l'occasion de se rendre à Amritapuri. Il emporte avec lui la deuxième tenue. Dans la file d'attente du darshan, tout en s'approchant d'Amma, il s'inquiète. Après tout, il n'est plus si sûr qu'il soit convenable d'offrir des habits masculins à Amma.

Quand il arrive devant Amma, il lui tend son paquet en hésitant. Elle l'ouvre et trouve les vêtements blancs tout neufs. À la stupéfaction générale, au lieu de les bénir et de les passer à un assistant près d'elle, Amma enfile aussitôt cette chemise d'homme par-dessus son sari et la garde pendant des heures pendant qu'elle donne le darshan. Plus tard, Amma a confié qu'en voyant l'innocence du dévot, elle a spontanément décidé de porter son cadeau.

Cet incident me rappelle une histoire similaire tirée de la vie de Krishna.

Kuchéla est un grand dévot de Krishna, mais il est très pauvre. Il se trouve que c'est un ami d'enfance du Seigneur. Un jour, incapable d'endurer plus longtemps la misère, la femme de Kuchéla suggère à son époux d'aller voir le Seigneur Krishna. Krishna est devenu roi et Kuchéla pourrait le prier de les aider. Kuchéla est consterné par cette idée : Krishna est le Seigneur lui-même et il ne peut pas se résoudre à lui demander autre chose qu'une plus grande dévotion. Durant des semaines et des semaines, sa femme continue à insister afin de sauver ses enfants de la famine. Finalement, Kuchéla accepte d'aller voir le Seigneur. Mais il n'est toujours pas prêt à lui réclamer quoi que ce soit. Il recommande à sa femme de ne pas trop compter sur sa démarche : Krishna ne le reconnaîtra probablement pas et ne l'invitera donc pas chez lui. Kuchéla n'a rien de convenable à offrir à Krishna, et il explique qu'il ne saurait rendre visite au Seigneur les mains vides. Son épouse lui rappelle que, dans son enfance, Krishna se régalait d'*avil*, (c'est-à-dire des flocons de riz). Avant que Kuchéla ne s'en aille, elle prépare une poignée de flocons de riz pour que Kuchéla puisse donner quelque chose au Seigneur.

Au moment où Kuchéla part, sa femme lui apporte l'*avil*. Comme elle n'a rien pour l'empaqueter, elle le noue dans un coin du châle de son époux. Il faut plusieurs jours à Kuchéla pour arriver au palais et son inquiétude augmente d'heure en heure. Il est certain qu'on lui refusera d'entrer dans le palais.

Mais voici que, depuis ses appartements, Krishna aperçoit Kuchéla. Il descend en courant jusqu'au portail pour recevoir cet homme qui est à la fois son vieil ami d'enfance et son grand dévot. Submergé par la joie, Krishna s'agenouille afin de laver les pieds de celui qui a marché si longtemps pour venir lui rendre hommage. Kuchéla se dérobe. Il refuse de laisser son Seigneur bien-aimé lui laver les pieds, mais Krishna insiste. Ensuite, le Seigneur le fait entrer dans le palais et lui offre un siège. Il évoque les jours heureux qu'ils ont passés ensemble à l'école aux pieds de leur guru. Plus Krishna lui parle, plus Kuchéla voit le palais du Seigneur, et plus il lui semble impossible de présenter sa modeste offrande de flocons de riz. Il essaie de cacher ce qui est noué dans un coin de son châle rapiécé, mais Krishna saisit le châle, le dénoue et recueille les flocons dans sa main. Il se met à les savourer avec grand plaisir. La dévotion innocente de Kuchéla a transformé le simple présent de riz en un mets délicieux pour le Seigneur.

Kuchéla quitte Dwaraka au comble de la joie. Il a reçu le darshan du Seigneur et de nombreux signes d'affection et de bonté de sa part. Pourtant, au fur et à mesure qu'il se rapproche de chez lui, la tristesse le reprend au souvenir de sa famille et de ses enfants affamés. Il redoute ce que sa femme va dire quand elle découvrira qu'il n'a rien demandé à Krishna.

Perdu dans ses pensées, il passe devant chez lui sans se rendre compte que sa maison a été transformée de fond en comble. En une nuit, son humble taudis est devenu une demeure resplendissante. Sa femme le voit passer et l'appelle. Elle lui raconte comment tout d'un coup, la grâce de Krishna a répandu le bonheur et la prospérité sur eux.

D'après la tradition du Sanatana Dharma, ce ne sont pas tant les rituels extérieurs qui importent que l'innocence et l'amour de l'adoration. Bien sûr, les rites peuvent aider à développer la dévotion et la concentration mentale. Mais une pierre ou un brin d'herbe offert avec un cœur rempli d'amour et de dévotion sont plus précieux aux yeux du Seigneur que la cérémonie la plus élaborée accomplie avec orgueil et égocentrisme. Dans la *Bhagavad Gita* (IX.26), Krishna dit :

patraṁ puṣpaṁ phalaṁ toyaṁ yo me bhaktyā
prayacchati
tad ahaṁ bhakty upahṛtam aśnāmi prayatātmanaḥ

« *Quiconque m'offre avec dévotion une feuille, une fleur,*
un fruit ou de l'eau, je l'accepte comme la pieuse offrande
de celui dont le cœur est pur. »

Lors d'un récent tour d'Europe, une dévote originaire d'Hawaï a acheté une guirlande pour l'offrir à Amma. Elle n'a pas eu le temps de passer au darshan cet après-midi-là. On lui a demandé de revenir et de se présenter au darshan du soir. Elle devait garder la guirlande plusieurs heures avant de pouvoir la donner à Amma. Peut-être à cause de sa culture, ou bien parce qu'elle ignorait que la coutume indienne l'interdit, elle a mis la guirlande autour de son cou et l'a portée ainsi jusqu'au moment de passer au darshan.

Il se trouve que je me tenais près d'Amma à ce moment-là. Elle avançait avec la file. J'ai remarqué que la guirlande qu'elle portait toujours au cou était maintenant flétrie. C'était presque son tour de passer au darshan. Elle a enlevé la guirlande et s'apprêtait à la passer autour du cou d'Amma. J'ai essayé de l'en empêcher en lui attrapant le bras. Je lui ai expliqué que ce n'était pas correct d'offrir à Amma quelque chose que nous avions nous-mêmes porté. Je lui ai suggéré d'apporter une guirlande de fleurs fraîches qu'elle pourrait alors donner à Amma.

Amma a repoussé mon bras. Elle a insisté pour que la dame puisse lui mettre la guirlande qu'elle avait déjà portée elle-même. En larmes, la dévote a expliqué qu'elle avait porté la guirlande uniquement pour la conserver en lieu sûr jusqu'à ce qu'elle puisse l'offrir à Amma. Je voyais quelqu'un qui ne suivait pas correctement la tradition et, sans le savoir, manquait de respect envers le guru. Amma, quant à elle, ne voyait que le désir innocent de la dame qui souhaitait lui donner une guirlande.

Cet incident me rappelle l'histoire d'une sainte indienne, Andal, qui était la fille adoptive d'un grand dévot appelé Vishnu Chittar ou « Celui dont le mental est immergé en Vishnu. » La pratique spirituelle principale de Vishnu Chittar consistait à confectionner une guirlande pour la *murti* (l'idole en pierre représentant une déité particulière) de Vishnu qui se trouvait dans un temple voisin. Un jour que Vishnu Chittar était dans son jardin en train de cueillir des feuilles du *tulasi* (basilic sacré) pour sa guirlande de fleurs, il a trouvé un bébé, une petite fille. Il a d'abord pensé que quelqu'un avait perdu l'enfant et il a cherché ses parents dans tout le voisinage. Personne n'avait jamais entendu parler de cette petite fille. Il en a donc conclu que c'était un cadeau de son Seigneur bien-aimé Vishnu. Il l'a élevée comme son propre enfant, avec énormément d'amour et d'affection.

Andal grandissait. Elle était ravie d'écouter Vishnu Chittar lui raconter les tours que Krishna jouait pendant son enfance et toutes ses *lilas* avec les gopis. Vishnu Chittar a vite deviné que le cœur de sa fille ne battait que pour le plus enchanteur des *avatars* (Incarnations divines), le petit vacher de Brindavan. Pour Vishnu Chittar, le Seigneur était comme un fils adoré ; pour Andal, il était son bien-aimé. Et avec le temps, le sentiment d'Andal s'est renforcé. Même à l'adolescence, elle ne s'intéressait pas du tout aux garçons. Elle ne pensait qu'à Krishna, son Seigneur bien-aimé.

Durant toutes ces années, Vishnu Chittar avait conservé l'habitude de faire une guirlande pour la *murti* de Vishnu. Il la confectionnait tôt le matin, puis la laissait dans la salle de prières pendant qu'il descendait prendre son bain à la rivière toute proche. Il apportait ensuite la guirlande au temple. Ce qu'il ne savait pas, c'est qu'Andal avait pris l'habitude d'attendre que son père soit à la rivière pour prendre la guirlande et se la mettre autour du cou. Elle faisait cela en toute innocence. Elle regardait dans le miroir comment cette guirlande irait à son Seigneur.

Un jour en rentrant de son bain matinal, Vishnu Chittar a pris la guirlande qui se trouvait sur l'autel et il y a découvert un long cheveu noir. Il était certain que cela ne venait pas de lui, mais n'avait pas la moindre idée de la façon dont ce cheveu avait pu arriver là. Sentant qu'il était impossible d'offrir cette guirlande à la *murti*, il ne s'est pas rendu au temple ce jour-là.

Le lendemain il s'est réveillé encore tout bouleversé par cet incident. Comme à son habitude, il a confectionné la guirlande dès les premières heures du jour et l'a déposée sur l'autel. Mais ensuite il n'a pas suivi son emploi du temps quotidien. Au lieu de descendre à la rivière pour prendre son bain, il s'est caché dans la salle de prières en espérant découvrir le coupable. À sa grande surprise, il a vu sa fille prendre la guirlande, se la mettre autour du cou et admirer le reflet dans le miroir, éperdue de bonheur et totalement inconsciente du monde extérieur.

Furieux et épouvanté que sa propre enfant commette un tel sacrilège contre son Seigneur bien-aimé, il s'est précipité dans la salle de prières pour arracher la guirlande à la pauvre Andal totalement affolée. Ce jour-là non plus, il n'a pas offert de guirlande à la déité. Le lendemain, il a décidé de confectionner la plus belle des guirlandes qu'il ait jamais faites. Il voulait s'assurer que la guirlande resterait hors de la portée de sa fille, inconsciente de son acte sacrilège.

Cette nuit-là, il a reçu la vision de Vishnu. Le Seigneur lui a dit qu'il ne désirait pas de guirlande de Vishnu Chittar qui n'ait d'abord été portée par sa chère Andal. C'est seulement à cet instant que Vishnu Chittar a compris la profondeur de la dévotion de sa fille. Elle n'obéissait pas à la tradition établie, mais son amour innocent pour Dieu et sa dévotion sans partage rendaient Andal très chère au cœur de son Seigneur.

Qu'elles soient anciennes ou modernes, ces histoires de dévotion, nous montrent que ce qui compte par dessus tout pour attirer la grâce de Dieu, c'est un cœur innocent. Nous pouvons toujours mémoriser les textes et les rituels les plus sophistiqués, il nous sera difficile de faire de réels progrès spirituels, si nous n'éprouvons pas un amour innocent pour Dieu.

Un des brahmacharis d'Amma m'a raconté une anecdote touchante : une femme très pauvre pleurait à chaudes larmes. Elle s'est présentée au darshan à Amritapuri. Quand Amma a voulu connaître la cause de son chagrin, cette dévote a dit : « Je ne trouve plus mes sandales, Amma. »

En entendant sa réponse, le brahmachari a été légèrement agacé car il a pensé : « Demander une paire de sandales à Amma, c'est comme réclamer une carotte à un roi généreux. »

Pourtant Amma a pris très au sérieux le problème de cette femme. Elle a dit que c'était à cause du manque d'attention des résidents de l'ashram que les sandales étaient perdues. « Les résidents de l'ashram ne se rendent pas compte à quel point c'est difficile de vivre dans le monde », a commenté Amma. « Les gens ont à supporter beaucoup de traumatismes et d'énormes souffrances. Ils doivent fournir de durs efforts, ne serait-ce que pour avoir à manger régulièrement et simplement arriver à joindre les deux bouts. C'est avec de l'argent si chèrement gagné qu'ils doivent s'acheter des sandales. »

Un autre brahmachari qui se trouvait là a rapporté à Amma que certains dévots n'utilisaient pas le service de consigne organisé par l'ashram pour les chaussures mais continuaient à laisser leurs sandales en bas des escaliers qui mènent au hall du darshan. Comme beaucoup de sandales se ressemblent, il était inévitable qu'une paire disparaisse de temps en temps.

Peu convaincue par cette explication, Amma a ordonné au brahmachari de fournir aux dévots des sachets en plastique. Ils pourraient ainsi garder leurs sandales sur eux quand ils se rendent au darshan. Mais des brahmacharis ont objecté :

– « Amma, ce n'est pas correct d'approcher un maître spirituel en transportant des sandales. »

– « Croyez-vous que les sandales soient si méprisables ? » a demandé Amma qui n'en croyait pas ses oreilles. « Dans la Création divine, il n'y a rien qui soit méprisable. Amma considère les sandales comme une forme de Dieu, car elles protègent les pieds de ses enfants des cailloux et des épines. Vous vous efforcez de voir Brahman partout, et vous ne pouvez même pas accepter qu'une paire de sandales soit divine. »

Là-dessus, Amma a demandé à un brahmachari de fournir des chaussures neuves à cette femme qui en avait besoin.

Nous trouvons une histoire très similaire dans la vie du Seigneur Krishna. Au début de la guerre du Mahabharata, Bhishma, le général de l'armée des Kauravas, fait des ravages au sein de l'armée des Pandavas. Devant cette attaque, le moral des troupes des Pandavas baisse rapidement. Krishna finit par décider d'aller dans le camp ennemi pour voir Bhishma. En effet cet adversaire est aussi son dévot. Draupadi, l'épouse des cinq frères Pandavas, l'accompagne dans cette mission, en pleine nuit.[1]

---

[1] Pour les lecteurs qui ne seraient pas familiarisés avec l'épopée du *Mahabharata*, il pourrait sembler étrange qu'une femme aussi noble que Draupadi ait épousé cinq hommes droits comme les Pandavas. Mais cette relation est très symbolique à différents niveaux. Au niveau du récit, les Pandavas se marient tous avec Draupadi par dévotion et respect pour leur mère qui leur a enjoint de le faire. Il s'est trouvé qu'Arjuna a gagné le droit d'épouser Draupadi dans une compétition de tir-à-l'arc. Après le mariage, les cinq frères ont emmené Draupadi chez eux pour la présenter à leur mère. Dans leur impatience, ils n'ont même pas attendu d'être entrés pour annoncer la bonne nouvelle. De loin, ils ont crié : « Chère Mère, regarde ce que nous rapportons à la maison ! » Sans regarder et en supposant que ses fils parlaient d'un objet, la mère des Pandavas a répondu : « Quoi que cela soit, partagez-le entre vous cinq comme vous l'avez toujours fait. » Les Pandavas ont été choqués d'entendre cette instruction, mais comme elle venait de leur mère, ils sentaient qu'ils devaient s'y conformer. Du coup, chacun d'eux a épousé Draupadi. Symboliquement,

Lorsqu'ils arrivent à la tente de Bhishma, le Seigneur explique à Draupadi que le général est en train de dormir et qu'il faut qu'elle aille se prosterner devant lui. Draupadi enlève ses sandales, entre dans la tente et suit les instructions de Krishna.

Au moment où elle entre, Bhishma se réveille et, découvrant qu'une femme se prosterne devant lui, il murmure la bénédiction suivante : « Puissiez-vous être toujours heureuse dans votre mariage. » Quand Draupadi se relève, il se rend compte qu'il vient de bénir l'épouse de ses ennemis. Il explose de rage : « Comment oses-tu venir ici. Qui t'a accompagnée ? » Soulevant la portière de la tente, il découvre son bien-aimé Seigneur Krishna, tenant les sandales de Draupadi à la main. Lorsque Draupadi s'était introduite sous la tente, il s'était mis à pleuvoir et Krishna est maintenant complètement trempé.

Le général est choqué de voir Krishna debout sous la pluie ; d'autant plus choqué de le voir tenir des sandales à la main. « Mon Seigneur bien-aimé ! s'exclame-t-il. Que signifie donc tout cela ? »

Le Seigneur sourit tendrement. « La pluie s'est mise à tomber tout d'un coup. J'ai eu peur que les sandales de Draupadi ne se mouillent, j'ai essayé de les protéger avec mon châle. »

Paniquée, Draupadi comprend ce qui se passe. Elle s'écrie: « Seigneur, on pourrait bien te critiquer demain pour avoir tenu les chaussures d'une femme ! »

Krishna répond calmement : « Laissons les gens se rendre compte qu'en vérité, les sandales de mes dévots me sont précieuses. Dieu réside bien en chaque objet. Ces sandales sont une image du Seigneur. »

Amma dit que le guru vit pour le disciple et le dévot. En

---

chaque Pandava manifeste une vertu différente. Sahadev représente la dévotion et l'intelligence, Nakula, la beauté physique. Yudhishthira incarne le dharma. Arjuna symbolise le courage et Bhima, la force physique. Pris de cette façon, le mariage de Draupadi avec les cinq Pandavas est destiné à montrer l'importance de cultiver chacune de ces qualités en soi.

gardant cette affirmation présente à l'esprit, comprenons l'importance que notre bien-aimée Amma et le Seigneur Krishna accordent aux chaussures de leurs dévots. Après tout, si nous perdons nos sandales, ne sommes-nous pas contrariés ? Pendant les programmes d'Amma, j'ai souvent vu des gens chercher leurs souliers disparus comme si c'était une question de vie ou de mort. Et pourtant, les chaussures des autres n'ont guère d'importance à nos yeux. S'il nous est impossible de voir Dieu dans des sandales, nous pouvons au moins aimer les dévots qui les portent, et nous souvenir que Dieu demeure en chacun d'eux.

Chapitre 18

Le mystère de la grâce

U n homme meurt et se retrouve devant les portes du Ciel. St Pierre lui explique :
— « Vous avez besoin de cent points pour entrer au paradis. Alors, énumérez-moi toutes les bonnes choses que vous avez accomplies, et pour chacune d'elles, je vous accorderai un certain nombre de points. Si vous atteignez les cent points, vous entrez. »

— « D'accord », dit le nouveau venu. « J'ai été marié pendant cinquante ans à la même femme et je ne l'ai jamais trompée. Je n'ai même jamais regardé aucune autre femme avec concupiscence. »

— « C'est très bien », commente St Pierre. « Cela vaut deux points. »

— « Deux points seulement ? » demande le monsieur un peu découragé. « Bon, j'ai été à la messe tous les dimanches et je dirigeais la chorale de l'église. J'ai fait du bénévolat et j'ai régulièrement fait des dons pour les œuvres charitables. »

— « Vous avez bien fait », remarque St Pierre. « Cela vaut certainement un point. »

— « Un point, c'est tout ? Que pensez-vous de la suite alors ? J'ai offert mes services en tant que médecin bénévole dans des zones déchirées par la guerre pour soigner ceux qui étaient dans le besoin. J'ai adopté et élevé trois orphelins handicapés originaires des pays étrangers où j'ai travaillé. »

— « Super, ça vous rapporte deux points supplémentaires ! »

— « Deux points ? » L'homme lève les bras au ciel. « À ce

rythme-là, il n'y a vraiment que la grâce divine qui puisse me faire entrer au paradis ! »

– « C'est exactement ça », confirme St Pierre.

Pour que nos efforts aboutissent dans n'importe quel domaine, ne serait-ce que pour traverser la rue sans se faire écraser, Amma affirme que nous avons besoin de la grâce de Dieu. Toute situation, tout ce que nous entreprenons, comporte une multitude de facteurs incontrôlables. Bien entendu nous pouvons contrôler l'intensité des efforts que nous fournissons, l'attention et le soin que nous mettons dans notre façon d'agir. Il n'empêche que c'est la grâce qui réunit favorablement tous les autres paramètres et qui permet à nos efforts d'être couronnés de succès.

Au cours de l'été 2004, je parlais un matin à un dévot dans la salle où se déroulait le darshan à l'ashram de San Ramon. J'avais à la main un premier brouillon de manuscrit pour mon second livre *Le Succès Ultime*. Tout en discutant avec le dévot, je me frayais lentement un chemin en direction de la scène. Quand je me suis trouvé près de l'estrade, Amma m'a soudainement appelé. Dès que j'ai été à ses côtés, elle a saisi la liasse de feuilles que je tenais. Elle s'est mise à se moquer tout haut de moi, en expliquant à la ronde que j'avais l'habitude de constamment transporter un « doggie-bag[1] » ou des papiers. Tout en parlant, elle a parcouru les feuilles qu'elle m'avait prises et m'a demandé de quoi il s'agissait. Je lui ai expliqué. Elle s'est immédiatement exclamée :

– « Oh ! Tu écris un deuxième livre ! »

– « Oui, Amma. Il ne faut pas ? »

– « Si, si, vas-y », a-t-elle répondu.

En disant cela, elle a fermé les yeux quelques secondes. Une

---

[1] Aux États-Unis, quand les gens mangent au restaurant et qu'à la fin du repas il y a des restes qu'ils souhaitent emporter, ils disent que c'est « pour leur chien ». Ils demandent donc au garçon de leur apporter un "doggie bag", c'est-à-dire un « sachet pour le chien ». En américain, l'expression est devenue familière et désigne maintenant n'importe quel petit sac.

main sur la pile de feuilles, elle a accordé une merveilleuse bénédiction. Si les lecteurs du « *Succès Ultime* » ont trouvé dans cet ouvrage quoi que ce soit d'utile ou de bénéfique, ils le doivent uniquement à la grâce d'Amma.

Nous ne savons jamais quand ni comment nous recevrons les bénédictions divines. Il y a bien des années, quand nous n'étions encore qu'une poignée à vivre à l'ashram, les swamis ont commencé à composer des bhajans que nous chantions avec Amma tous les soirs au crépuscule. À cette époque, la plupart des premiers swamis avaient déjà composé des chants, sauf moi. Je ne me considérais pas comme un grand musicien, et l'idée d'écrire un bhajan ne m'avait jamais effleuré l'esprit. Mais une fois, assez tard dans la nuit, il m'est venu des paroles et une mélodie. J'ai décidé d'écrire mon premier chant pour Amma. Vers environ une heure du matin, j'avais presque terminé le bhajan, quand j'ai entendu frapper à la porte. J'ai ouvert et j'ai eu la surprise de voir Amma sur le pas de la porte. « Que fais-tu encore debout si tard ? » a-t-elle demandé innocemment.

Un peu intimidé, j'ai expliqué que j'étais en train de composer un bhajan pour elle. « Oh, justement l'autre jour Amma pensait que la plupart des autres swamis avaient composé des bhajans et elle se demandait pourquoi tu ne l'avais pas encore fait. » La remarque d'Amma était en apparence fortuite mais elle m'a permis de comprendre qu'Amma avait semé en moi à la fois les paroles et la musique de ce chant. J'étais ainsi véritablement devenu un instrument entre ses mains.

Un des organisateurs des programmes d'Amma au Nouveau Mexique raconte une belle anecdote. La première fois qu'Amma s'est rendue là-bas, il est allé la chercher à l'aéroport pour la conduire chez lui. Il pleuvait au moment où ils sont sortis de l'aéroport. Avant d'entrer dans la voiture, Amma est restée dehors un instant, la paume de la main tournée vers le ciel pour recueillir quelques gouttes de pluie. Elle s'est tournée vers lui et a dit : « La pluie de la grâce tombe continuellement. Il suffit de s'ouvrir pour la recevoir. »

Lorsqu'Amma recommande de s'ouvrir pour recevoir la grâce, elle ne parle pas du simple désir de recevoir l'aide divine qui est nécessaire pour réussir. Son affirmation a en fait une valeur scientifique profonde. Elle nous dit que nous avons tous une aura où chacune de nos pensées, de nos paroles et de nos actions s'impriment de façon subtile. Chez une personne qui n'entretient que des pensées pures, qui ne prononce que de bonnes paroles et n'accomplit que de bonnes actions, l'aura prend une couleur dorée et devient extrêmement réceptive à la grâce. Mais chez un individu rempli de pensées négatives, de jugements, de vengeance, de jalousie, de désir sensuel, dont la langue est acérée et méchante, et qui n'agit que dans son intérêt, l'aura sera sombre et trouble. La lumière de la grâce n'arrivera pas à y pénétrer. Ce sont les impressions laissées par nos actions qui peuvent bloquer le flot de la grâce et l'empêcher de nous atteindre.

Seuls les êtres humains sont capables de travailler sur eux pour devenir plus réceptifs à la grâce. C'est la raison pour laquelle on dit qu'une vie humaine est un cadeau. Les êtres humains possèdent la faculté de discernement. Toutes les autres formes de vie en sont dépourvues et ne distinguent pas le juste de l'injuste, ou le bon du mauvais. Quand un chien mord un facteur sans raison, cela ne va pas affecter les chances du chien de recevoir la grâce, car il n'a pas de discernement. Mais si un facteur donne sans raison un coup de pied à un chien, son aura gardera l'empreinte négative de cette action. Il dispose de la faculté de discerner et il est censé avoir le sens du dharma. Cela ne signifie pas que nous devons nous décourager en songeant à toutes nos actions passées qui ont pu faire obstacle à la grâce. Réjouissons-nous plutôt de la possibilité de faire des efforts dans le moment présent. Cela nous rendra de plus en plus réceptifs au flot de la grâce, jusqu'à ce que notre vie tout entière devienne une bénédiction.

Une manière de devenir plus réceptif à la grâce c'est de suivre sincèrement les instructions d'un véritable maître spirituel. Un jour, Amma a proposé aux résidents de l'ashram de voir celui qui pourrait chanter le plus grand nombre de mantras sans s'arrêter. Il ne s'agissait pas d'une compétition, mais d'un défi à relever pour chacun d'entre nous. Elle nous a conseillé de ne pas répéter le mantra à toute allure, puisque ce n'était pas une course, mais de le psalmodier à une vitesse raisonnable, constante, avec amour et attention.

Certains résidents ont répété leur mantra cinq mille fois, d'autres moins, et d'autres plus. Mais finalement, au fur et à mesure que la nuit avançait, nous sommes tous partis nous coucher. Tous, sauf une personne. Un des résidents est resté vingt-quatre heures à répéter continuellement son mantra.

Après quoi, Amma lui a donné deux bonbons comme prasad. Deux bonbons seulement pour vingt-quatre heures de travail ? Une bien maigre récompense, semble-t-il. Mais en fait, il s'agissait de bien davantage. Peu importent les bonbons, ce qui compte, c'est la reconnaissance d'Amma. Tout le monde avait psalmodié longtemps, mais il n'était venu à l'esprit de personne de renoncer à dormir pour obéir aux instructions d'Amma. Mais ce résident-là a été le seul à penser : « Amma nous a dit d'essayer de répéter le plus de mantras possible. Il y a toujours moyen de passer une nuit blanche, hé bien, c'est ce que je vais faire. » C'était ce raisonnement et ce degré de dévouement qu'Amma a appréciés. Consciemment ou pas, c'est précisément cette reconnaissance que nous recherchons tous, pas celle de n'importe qui, mais celle d'un vrai maître. Si le guru nous apprécie, cela signifie que sa grâce se répand sur nous.

Naturellement, Amma ne rejette personne, même pas le pire

des criminels. Toutefois, en accomplissant de bonnes actions, nous pouvons devenir plus réceptifs à sa bénédiction et à sa grâce. Elle cite souvent l'histoire du petit garçon qui, sans le savoir, est devenu comme un aimant, attirant irrésistiblement la grâce et l'affection d'Amma :

Un jour, pendant qu'Amma donnait le darshan à Amritapuri, un monsieur a vomi dans la file d'attente du darshan. Il s'est excusé d'avoir à partir à l'hôpital de l'ashram. Il n'était pas en état de nettoyer le sol du temple. Les gens autour de lui ne le connaissaient pas et ne se sont donc pas sentis concernés : puisque ce n'était pas eux qui avaient vomi, ce n'était pas non plus à eux de nettoyer.

Peu à peu, les témoins de l'incident sont passés au darshan et ont quitté les lieux, mais le vomi est resté au milieu de la file d'attente. Chaque dévot qui se rendait au darshan devait l'enjamber. Beaucoup se bouchaient le nez ou allaient même jusqu'à critiquer l'ashram, en disant qu'il n'y avait personne pour nettoyer. Certains signalaient les dégâts à Amma, mais personne ne se portait volontaire pour prendre les choses en main.

Puis, un petit garçon de huit ou neuf ans tout au plus a atteint l'endroit où il fallait enjamber le vomi pour avancer dans la queue. Au lieu de se pincer le nez et de sauter pour avancer, il a fait demi-tour, est sorti en courant pour réapparaître un instant plus tard, tenant un chiffon dans une main et un seau d'eau dans l'autre.

Sans la moindre hésitation, il s'est agenouillé pour nettoyer méticuleusement le vomi de l'autre personne. Il a fait plusieurs allers et retours en courant dehors pour bien rincer le chiffon avant d'essuyer le sol. De souillés qu'ils étaient quelques minutes auparavant, les carreaux sont devenus impeccables, propres et brillants. Pour finir, l'enfant est parti se laver les mains avant de rejoindre la queue.

Amma avait observé toute la scène et quand le petit garçon est arrivé devant elle, elle l'a inondé d'amour et d'affection.

Après avoir quitté le hall du darshan, et pendant tout le reste de la journée, Amma a eu beaucoup à faire dans sa chambre. Elle a eu plusieurs rendez-vous et des coups de téléphone, mais elle revoyait sans cesse le visage du petit garçon. Amma a dit que sa grâce s'écoule comme une rivière vers tout un chacun, mais en accomplissant cette action désintéressée et innocente, c'est comme si ce garçon avait creusé une fontaine dans la berge de la rivière de sa grâce et que le flot s'y l'alimentait directement et spontanément.

Certains pensent pouvoir atteindre la Réalisation suprême par leurs propres efforts et sans avoir besoin de guru ni même de Dieu. Mais les textes sacrés et les maîtres spirituels disent que nos efforts ont des limites, et que seule la grâce peut nous ouvrir les portes de la Libération ultime. Amma dit que cela revient à prendre le bus jusqu'au bout de la ligne. Une fois arrivé au terminus, il ne reste plus qu'une courte distance à parcourir pour atteindre notre destination finale. Cette dernière partie du trajet ne peut être franchie qu'avec la grâce du guru ou la grâce divine. Amma raconte l'histoire suivante :

Une *dharmashala* (auberge pour les pèlerins) sert tous les jours des repas aux pèlerins. Le règlement veut que les pèlerins sonnent une cloche qui se trouve sous l'auvent. Quand il entend la cloche, l'aubergiste ouvre le portail et apporte à manger. Un jour, un tout petit garçon pauvre qui vit d'aumônes arrive à cette *dharmashala*. Il essaie de sonner la cloche mais elle est accrochée trop haut pour lui. Il s'efforce de l'atteindre avec un long bâton, en vain. Il rassemble divers objets pour en faire un tas sur lequel il grimpe pour arriver à toucher la cloche, sans résultat. Finalement, debout sur le tas qu'il vient de faire, il se risque à sauter, mais il échoue. Épuisé, il se laisse tomber par terre, désespéré. Assis sur un banc de l'autre côté de la rue, un passant a suivi tous les efforts du petit mendiant. Il ressent beaucoup de compassion pour lui. Il se lève, traverse la rue et sonne la cloche à sa place. Bientôt le portail s'ouvre et on offre à l'enfant un repas à l'intérieur de la *dharmashala.*

Tant que nous accomplissons nos pratiques spirituelles et faisons tout ce que nous pouvons pour nous purifier, nous n'avons qu'à attendre patiemment que le maître nous accorde sa grâce. Mais faisons attention de ne pas relâcher nos efforts sous prétexte que nous attendons la grâce. Amma dit : « Si vous attendez avec confiance que le Seigneur vienne, il n'y a pas de problème, mais restez vigilants pendant que vous attendez. Si vous pensez à autre chose, comment Dieu pourrait-il venir ? Comment sa grâce pourrait-elle se manifester ? Il est déraisonnable de dire : « J'attends Dieu, j'attends que sa grâce vienne. Il est la compassion incarnée donc il va venir. En attendant, j'ai d'autres choses importantes à faire. » Ce genre de foi ne vous donnera pas la grâce et vous n'arriverez pas non plus à surmonter les situations difficiles. »

En fin de compte, seule la grâce peut nous accorder la connaissance de la vérité. Mais il n'y a qu'une façon d'obtenir cette grâce, c'est de diriger continuellement tous nos efforts vers le but, exactement comme le petit garçon devant la *dharmashala,* qui fait tout son possible pour sonner la cloche. Ce sont les efforts sincères du garçon qui attirent l'attention de l'adulte et qui touchent son cœur. De même, le fait de nous efforcer sans relâche de réaliser le Soi va sans nul doute attirer la grâce du guru, qui nous emmènera jusqu'au but final. De notre côté, nous devons faire des efforts en y mettant tout notre cœur. Le maître spirituel se charge du reste.

Chapitre 19

Bénédictions déguisées

D ans le chapitre précédent, nous définissions la grâce comme ce qui fait aboutir nos efforts et nous permet d'atteindre nos buts. Il est vrai que la grâce agit quelquefois de cette manière, mais ce n'est pas toujours aussi simple. Au fur et à mesure que nous progressons sur le chemin spirituel, nous allons nous rendre compte que, plutôt que dans le succès, c'est parfois dans les échecs et les épreuves que nous pouvons sentir la grâce. C'est peut-être ce à quoi songeait Eschyle le dramaturge grec quand il écrivit : « Il faut souffrir pour apprendre. Et même durant notre sommeil, la douleur qui ne peut oublier tombe goutte à goutte sur notre cœur. Plongés dans le désespoir, nous recevons la sagesse par la terrible volonté de Dieu et contre notre volonté. »

Depuis 1985, Amma m'envoie à l'extérieur de l'ashram pour donner des satsangs, rencontrer les dévots et séjourner dans les ashrams annexes. La seule période où je suis longtemps avec Amma, c'est pendant les tours à l'étranger. Maintenant Amma fait la tournée au Japon et aux États-Unis pendant l'été. Elle revient ensuite passer deux mois à Amritapuri avant de partir en Europe en octobre et novembre. Mais à l'époque, la tournée en Europe suivait immédiatement celle des États-Unis. Je pouvais donc passer trois mois d'affilée en compagnie d'Amma. Pour moi, c'était toujours une période remplie de joie et de bonheur. Tous les ans, je l'attendais avec impatience. Mais en 1989, ces tours sont devenus très difficiles pour moi : chaque fois que je me rendais dans la chambre d'Amma, elle me renvoyait sous un prétexte quelconque. Elle disait qu'elle était occupée, ou qu'elle voulait rester seule ; ou bien encore elle me réprimandait pour certaines choses que je n'avais pas faites correctement. Parfois même elle m'accusait à tort d'avoir commis des erreurs.

Avec le temps, j'ai remarqué qu'il n'y avait qu'avec moi qu'elle se comportait ainsi. J'étais déjà très triste qu'Amma me traite de cette façon. Je me suis senti encore plus mal quand j'ai vu que j'étais le seul à subir ce traitement. J'ai commencé à me tromper en jouant du tambourin pour Amma pendant les bhajans du soir. Globalement, je n'étais pas au mieux de ma forme.

Ce traitement a continué pendant les tours du monde de 1989 et 1990. Finalement, au cours de la tournée mondiale de 1990, Amma m'a appelé dans sa chambre. Je m'y suis rendu à reculons, en me demandant ce qui m'attendait. J'ai même imaginé qu'Amma allait me renvoyer en Inde car je n'arrivais même plus à jouer correctement du tambourin.

Quand je suis entré dans sa chambre, elle était d'humeur toute douce. Elle m'a patiemment expliqué que je traversais une période très défavorable. Je devais subir des épreuves et souffrir. C'est pourquoi elle m'avait traité durement. Elle a aussi conseillé de faire un vœu en plus de mes pratiques spirituelles régulières. Elle a affirmé que cette période était si néfaste pour moi que je risquais même de quitter l'ashram.

En réfléchissant à son conseil, j'ai décidé que puisqu'elle représentait tout pour moi et que je n'avais pas d'autre Dieu qu'elle, je ferai vœu de silence et de jeûne tous les jeudis, car, traditionnellement, c'est le jour où l'on vénère le guru. J'ai également compris qu'Amma ne se montrait froide que pour mieux m'aider à épuiser mon prarabdha. Cela m'évitait des épreuves encore pires. Selon la loi du karma, je devais, durant cette période, faire l'expérience d'une sorte de souffrance émotionnelle doublée d'angoisse. Amma me permettait de traverser cette épreuve sans avoir à quitter sa présence.

Récemment, un jeune *brahmachari* qui faisait office de *pujari* (prêtre affecté à un temple) dans l'un des *brahmasthanams* est venu voir Amma. Il était en larmes. Amma lui a demandé ce qui n'allait pas. Il a alors expliqué que la majorité des dévots du temple lui témoignaient beaucoup de sympathie, mais qu'il y avait un couple qui se montrait systématiquement cruel et grossier envers lui. Ils lui avaient même déclaré que sa seule présence les dégoûtait et que si Amma n'envoyait pas un autre brahmachari pour le remplacer, ils ne fréquenteraient plus le *brahmasthanam*. En terminant le récit de ses malheurs, il a demandé à Amma d'une voix plaintive : « Est-ce que ma présence est si dégoûtante, Amma ? »

Amma a essuyé les larmes du garçon et l'a consolé en disant : « Si on t'insulte, n'y prête aucune attention. » Le brahmachari en était tout réconforté. Mais Amma a ensuite ajouté quelque chose qui l'a profondément surpris : « Bientôt des centaines de personnes se disputeront ton attention ! » En retournant le lendemain au brahmasthanam, le brahmachari avait le moral au beau fixe. Les paroles d'Amma l'avaient rassuré, même s'il ne voyait vraiment pas comment sa prédiction pourrait bien se réaliser.

À plusieurs mois de là, le lendemain du tsunami, Amma a appelé ce brahmachari pour lui proposer de s'occuper de sept cents enfants. Ils avaient tous perdu leur maison et, pour la plupart d'entre eux, au moins un membre de leur famille. Il fallait s'occuper d'eux au niveau physique et au niveau émotionnel. Pendant les semaines et les mois qui ont suivi, ces enfants ont montré une grande affection et un profond respect pour ce *brahmachari*. Partout où il allait, il y avait toujours au moins une douzaine d'enfants qui le suivaient. Les parents survivants ont vu comment il s'y prenait pour inspirer, distraire et discipliner leur progéniture. C'est ainsi qu'eux aussi ont commencé à réclamer son attention et ses conseils.

Quelquefois, notre prarabdha ne nous permet pas d'échapper à une expérience pénible. Il faut en passer par là. Nous n'avons pas le choix. L'écrivain Chinua Achebe décrit cela avec éloquence : « Lorsque la souffrance frappe à la porte et que vous lui annoncez qu'il n'y a pas de siège pour elle chez vous, elle vous répond de ne pas vous inquiéter, elle a apporté son propre tabouret. » Dans ce cas-là, toutefois, Amma nous accorde la force de faire face aux circonstances avec courage et équanimité.

Il y a trois ans, j'ai dû me faire opérer deux fois du genou. Amma m'avait déjà prévenu que c'était une mauvaise période pour moi, et que je devais faire attention à ma santé. Comme Amma ne m'avait pas précisé de quel problème il s'agissait, je ne m'en suis pas inquiété. J'ai seulement remis le problème à Amma. Peu de temps après, j'ai commencé à avoir très mal à un genou. Quand j'en ai parlé à Amma, elle m'a demandé d'aller immédiatement à l'hôpital. Après m'avoir ausculté, les médecins ont conseillé une opération chirurgicale orthopédique. L'opération serait bénigne, mais j'étais un peu anxieux parce que je n'avais jamais eu de blessure sérieuse ni de maladie grave.

Amma a confirmé que je devais passer par la chirurgie. Je me suis donc organisé en conséquence. J'étais aux États-Unis à ce moment-là, et j'appelais Amma presque tous les jours. Je la priais de m'aider à éviter le bistouri. Chaque fois que je lui parlais, elle me rassurait toujours : « Ne t'en fais pas, mon fils. Tout se passera bien. »

Des paroles d'Amma j'avais conclu que je pouvais passer à côté de l'opération. Pourtant, au jour prévu pour l'intervention, mon état ne s'était pas amélioré et j'ai dû me résoudre à accepter l'intervention. L'opération s'est déroulée sans problème. Par la suite, j'ai appelé Amma. Elle m'a dit que je n'avais pas pu la voir, mais qu'elle était à mes côtés pendant qu'on m'opérait. Ses paroles m'ont beaucoup réconforté. Après l'opération, la douleur a disparu.

Six mois plus tard, j'ai eu d'autres problèmes au même genou. Les médecins m'ont dit qu'une seconde opération s'imposait. Cette fois, Amma m'a conseillé de me faire soigner à AIMS, son hôpital de Cochin. Au moment de la première opération, je me trouvais loin d'Amma aux États-Unis, et je n'avais pas pu la voir pendant plusieurs jours. En me faisant opérer à AIMS, j'allais pouvoir revoir Amma deux jours plus tard, car l'hôpital n'est qu'à trois heures de route de l'ashram. J'ai suivi ses instructions et je me suis préparé pour la deuxième opération. Cette fois-ci, je savais que pendant l'intervention, Amma serait avec moi sous une forme subtile. Je ne tarderai pas à la revoir ensuite. Je n'ai donc ressenti aucune anxiété. Avant cela, je ne voulais même pas d'une simple piqûre dans le bras. Pourtant, à la suite de cette expérience, je n'appréhende plus d'avoir à me faire opérer. Dans ce cas-là, Amma m'a aidé, mais pas comme je m'y attendais. Elle n'a pas ôté le problème, elle m'a plutôt donné le courage d'affronter l'expérience tranquillement.

Les vrais maîtres spirituels peuvent influer sur les lois de l'univers mais ils ne le font que rarement. Ils respectent ces lois et s'y soumettent. Ils n'ont aucun désir personnel d'agir pour faire changer les choses. Étant donné leur niveau de conscience, ils comprennent que ces lois n'existent que pour le bien du monde.

Mais il y a des moments où notre Mère Nature répond au sankalpa spontané (à la résolution divine) de mahatmas comme Amma. Une année, pendant les programmes d'Amma à San Ramon en Californie, un terrible incendie s'est déclaré dans la cuisine où l'on préparait à manger pour les centaines de dévots venus voir Amma. Un des brahmacharis qui se trouvait alors avec elle dans la véranda de la maison où elle logeait, m'a raconté plus tard qu'à ce moment-là, Amma a fait face au feu. Les mains jointes, elle s'est mise à prier.

Ce qui s'est passé ensuite est vraiment incroyable : le vent qui attisait le feu a aussitôt tourné. De ce fait, le feu a épargné la tente et les bâtiments de l'ashram. Bien sûr, certaines personnes ont été blessées immédiatement par les premières flammes, mais beaucoup d'autres ont été sauvées du danger parce que le feu ne s'est pas propagé.

Amma est allée à l'hôpital rendre visite aux blessés. Elle s'est assise au chevet de chacun. Elle a expliqué plus tard que pour tous ceux qui avaient été hospitalisés ce jour-là, le destin aurait dû être bien plus terrible. Ils auraient même pu perdre la vie. Mais comme l'accident s'était produit à l'ashram d'Amma, ils avaient pu éviter le pire.

Maintenant, ils ont presque tous repris leur poste à la cuisine pour le tour d'Amma aux États-Unis. Ils sont encore plus enthousiastes et dévoués qu'avant. Ils m'ont tous confié que, pendant cette épreuve, ils avaient senti très fort la présence et la grâce d'Amma. À la suite de cette expérience, leur foi s'est intensifiée. Le feu avait touché leur corps mais leur foi et leur esprit étaient restés intacts. Ils n'ont pas pris l'accident de manière négative ni ruminé leur destin. Ils ont considéré que c'était une occasion de renouveler leur confiance à Amma. Ils n'ont pas laissé cette épreuve devenir un obstacle dans leur existence. Ils en ont fait une étape de plus dans leur démarche spirituelle.

Amma a dit que le guru supprime quatre-vingt-dix pour cent de notre karma. Il ne nous en laisse que dix pour cent. Mais vous allez dire : « Pourquoi en laisser dix pour cent ? Si le guru peut en prendre quatre-vingt-dix pour cent, pourquoi pas cent pour cent ? La loi du karma est-elle si puissante et importante qu'il nous faille en souffrir au moins le dixième ? » La réponse, c'est que ces dix pour cent vont nous faire grandir et évoluer spirituellement.

Amma décrit ainsi l'attitude qu'un aspirant spirituel devrait adopter vis-à-vis de son karma :

« Un chercheur spirituel ne se préoccupe pas du bonheur ou du malheur qui lui échoit. Il sait que son karma est comparable à la flèche qui a déjà quitté l'arc. Rien ne peut l'arrêter. La flèche peut le toucher, le blesser, ou même le tuer, mais cela lui est indifférent. La flèche du karma est comme l'aiguille du phonographe qui suit les sillons du disque. La musique continuera tant que l'aiguille de la vie parcourra les sillons. La mélodie peut être affreuse ou bonne. Dans un cas comme dans l'autre, c'est le chercheur spirituel qui l'a composée. C'est sa propre musique qu'il entend. Il ne veut pas échapper à son karma car il sait qu'il s'agit d'un processus de purification qui nettoie les taches qu'il a lui-même faites dans le passé, lors de quelque vie antérieure. Et par-dessus tout, le chercheur authentique bénéficiera toujours de la protection et de la grâce du guru. Ainsi, même dans les périodes les plus difficiles, il sera consolé et aidé. »

La souffrance ne nous atteint que lorsqu'elle nous a été épargnée depuis longtemps. Il suffit pour le vérifier de demander aux millions de gens à travers le monde qui vivent dans la plus abjecte misère ou dans les régions déchirées par la guerre. Ils nous diront à quel point la vie est pleine de souffrance. Nous n'avons qu'à interroger Amma. Elle le sait mieux que personne : des millions de gens viennent des quatre coins de la planète chargés du poids de leurs problèmes innombrables pour solliciter sa grâce et ses conseils. Au lieu de nous demander pourquoi nous devons souffrir, essayons plutôt de penser à la chance que nous avons eue à d'autres moments de notre vie. Remercions Dieu d'avoir pu profiter de la prospérité pendant si longtemps.

Dans sa compassion infinie, Amma nous garantit que dans les périodes les plus difficiles, nous recevrons son aide et son réconfort. Que pouvons-nous demander de plus ? Je prie pour que dans chaque épreuve, nous puissions tous nous souvenir de ces paroles d'Amma, et pour qu'avec la grâce d'Amma, nous considérions nos expériences de façon juste : leur raison d'être est de nous aider à grandir et à évoluer sur le chemin spirituel.

Chapitre 20

Pluie de grâce

Environ deux mois après le tsunami, Amma a organisé deux stages pour les enfants touchés par la catastrophe. Pendant ces deux stages, l'ashram est devenu un énorme centre d'accueil pour plus de dix mille enfants. Ils ont participé aux divers ateliers et suivi des cours de yoga, de sanscrit et de conversation anglaise… Avant de venir à l'ashram, un grand nombre d'entre eux étaient si traumatisés par le tsunami qu'ils se réveillaient la nuit. Ils n'étaient jamais venus à Amritapuri. Ils ne connaissaient même pas Amma. Pourtant, dès leur arrivée, ils ont semblé oublier tout leur chagrin. Du jour au lendemain, ils se sont remis à jouer et sont redevenus joyeux, voire un peu espiègles : ils échangeaient les cadenas des portes et s'amusaient à monter et descendre en ascenseur en s'arrêtant à chaque étage. Des enfants d'à peine huit ans se sont mis à une douzaine pour plaquer au sol un des brahmacharis occidentaux qui travaille dans ces bâtiments résidentiels. Ils voulaient tester leur force.

Pendant ce temps-là, un autre dévot occidental apprenait aux enfants à fabriquer des avions en papier. Le lendemain, l'ashram avait besoin de toute urgence d'un aiguilleur du ciel. Nos petits visiteurs lançaient des centaines d'avions en papier du haut du quinzième étage des bâtiments résidentiels.

Chaque jour, Amma a participé à une séance de question-réponse avec les enfants. Elle prenait leurs questions innocentes comme point de départ pour leur transmettre des valeurs

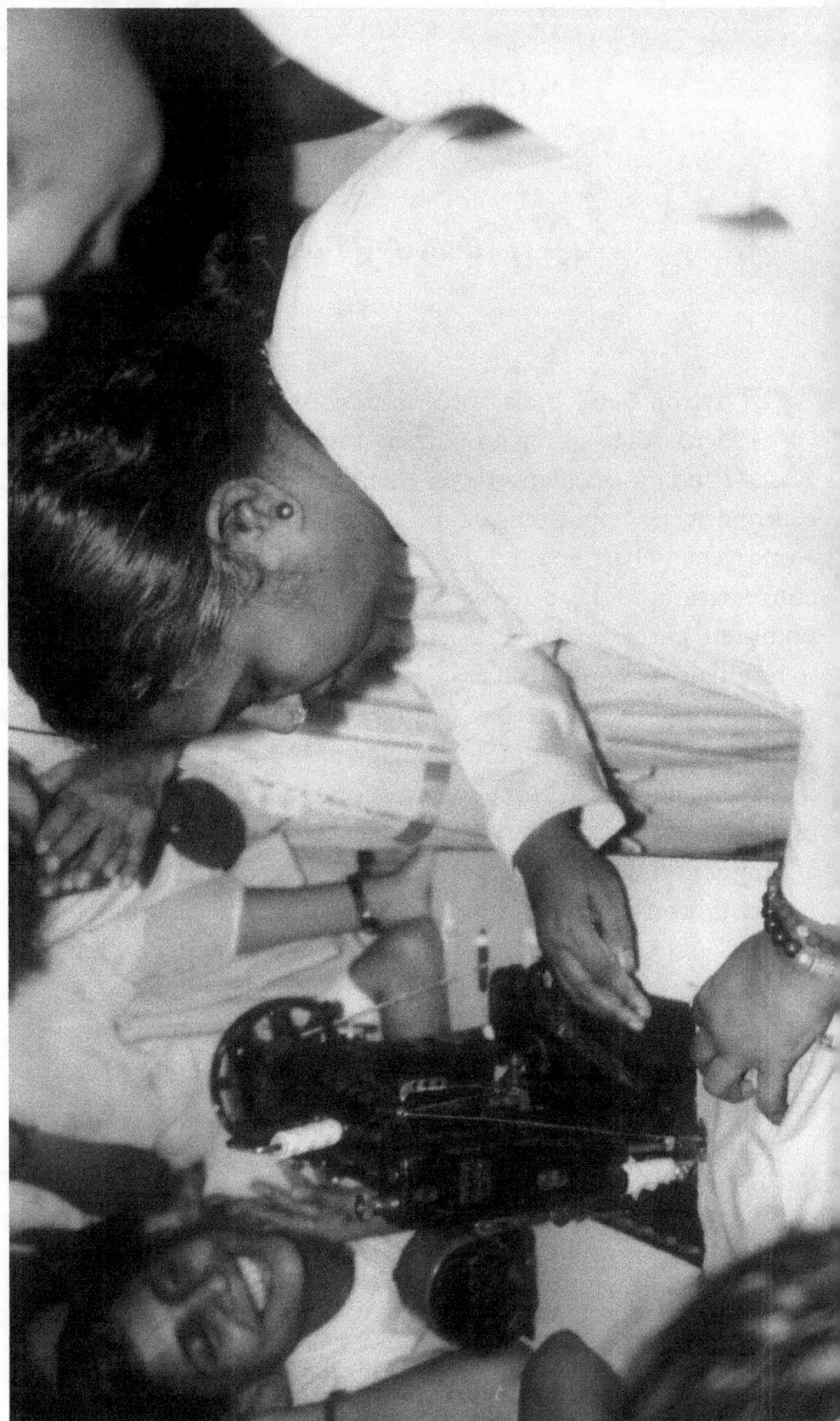

spirituelles. Par exemple, un après-midi, une fillette a raconté à Amma qu'elle avait entendu dire que les idoles de certains temples grandissaient doucement avec les années. « Est-ce que c'est possible ? » voulait-elle savoir.

« Dieu est merveilleux, a expliqué Amma. Tout est possible dans la Création divine. Il est bien possible que les idoles grandissent. Mais toi ? As-tu grandi ? As-tu changé ? Quel est l'intérêt de savoir si les idoles changent ? C'est toi qui dois changer. »

Un autre enfant a demandé à Amma quel était son vrai nom. « Moi aussi je me suis posé cette question », a commenté Amma. « Je n'ai pas de nom. Les gens me donnent différents noms. »

Un enfant a demandé : « Amma, comment s'appelle ta mère ? »

La réponse d'Amma a révélé une fois de plus sa sagesse : « Ma mère adoptive s'appelle Damayanti [1], mais pour moi, la terre est ma mère, l'océan est ma mère, le ciel est ma mère, les plantes sont ma mère, la vache est ma mère, les animaux sont ma mère. Même le bâtiment dans lequel nous nous trouvons est aussi ma mère. »

Une petite fille s'est alors avancée :
– « Amma, on dit que tu as des pouvoirs divins. C'est vrai ? »
– « Qu'est-ce que tu veux-tu dire par « pouvoirs divins » ? »
– « Que tout ce qu'Amma dit se réalise, que ceux qui ne pouvaient pas avoir d'enfants, ils en ont eu grâce à toi…»
– « Demande aux dévots », a d'abord dit Amma, qui ne veut pas parler d'elle-même. « Je préfère être un petit enfant, une débutante. Les gens veulent tous devenir chef du village, et ensuite ils se bagarrent entre eux. Il faut devenir le chef à l'intérieur. »

Amma a ajouté que nous sommes tous capables d'accomplir

---

[1] La mère biologique d'Amma s'appelle Damayanti. En parlant de Damayanti comme de sa mère adoptive, Amma souligne le fait qu'avec chaque naissance, nous recevons temporairement une mère différente, et que la seule mère permanente que nous avons, c'est Dieu.

ce genre de choses mais que c'est à nous d'invoquer le potentiel qui est en chacun de nous. Les enfants se sont mis à acclamer Amma et à l'applaudir.

Le dernier jour du stage, un enfant s'est levé pour demander : « Amma, qu'est-ce qui va nous arriver quand nous quitterons l'ashram demain ? »

Amma lui a demandé pourquoi il posait une telle question. Il a répondu : « Amma, les cinq jours que nous avons passés ici ont complètement transformé notre vie. Même si beaucoup parmi nous ont perdu leur mère, leur père, une sœur ou un frère dans le tsunami, nous avons cessé de ressentir la douleur de les avoir perdus parce que tu nous as inondés d'amour et d'attention. Maintenant on ne veut plus quitter l'ashram. On veut rester ici pour toujours. »

Au moment où il passait au darshan, un autre enfant qui participait au stage a dit à Amma : « Amma, on a tout perdu dans le tsunami, mais on t'a trouvée. Et tu sais quoi ? Ça valait la peine. »

Une fois le stage terminé, on a vu de nombreux enfants des villages environnants fréquenter régulièrement l'ashram. Ils ont maintenant l'impression que l'ashram leur appartient. Leurs parents et d'autres adultes du village qui n'avaient jamais mis les pieds à Amritapuri y viennent maintenant y chercher du lait, faire leurs provisions, recevoir des soins médicaux, trouver des vêtements, recevoir des conseils et même suivre une formation professionnelle. L'ashram est devenu une oasis d'espoir au milieu de ce qui aurait pu autrement devenir un désert de souffrance desséché et ravagé par l'une des pires catastrophes naturelles de l'histoire.

En 2004, pendant sa tournée en Occident, Amma a dit qu'elle voyait de sombres nuages s'amonceler à l'horizon et que nous devions tous prier afin que ces nuages se transforment en pluie de grâce. À la lumière des évènements qui se sont déroulés depuis, nous pouvons constater que si ces nuages noirs ont pris la forme du tsunami pour tourmenter tant de vies, il n'en est pas moins vrai qu'ils ont aussi répandu la pluie de la grâce d'Amma sur de nombreuses personnes.

Amma dit que lorsque tout va bien, et que l'on ne souffre pas vraiment, nous n'avons pas pleinement conscience de la grandeur de la compassion du maître spirituel. Mais qu'un désastre s'abatte sur nous, et la compassion du guru s'exprimera dans toute sa plénitude. Plus la catastrophe est importante, plus le maître répandra sa compassion sur nous. En réalité, la compassion est toujours la même, mais nous sommes incapables de la percevoir. Avant le tsunami, je crois que personne d'entre nous n'avait en fait vraiment compris à quel point Amma incarne la compassion.

En regardant un reportage sur l'action d'Amma le jour du tsunami, un ministre du gouvernement indien a fait remarquer qu'avant toute chose, Amma avait réajusté ses vêtements pour pouvoir marcher dans l'eau qui montait et demander à tout le monde d'aller se réfugier dans les étages supérieurs des bâtiments pour se mettre en sécurité. Le ministre a dit qu'à la place d'Amma, il aurait d'abord été se mettre en hauteur et que, seulement ensuite, il aurait demandé aux autres de venir l'y rejoindre. Mais Amma a fait l'inverse. Elle a en fait insisté pour être la dernière à quitter l'ashram ce jour-là. Même les vaches et les éléphants de l'ashram ont été évacués sur la terre ferme avant qu'Amma n'accepte enfin de se rendre en un lieu plus sûr.

Le jour du tsunami, il y avait presque vingt mille personnes à Amritapuri et bien que l'ashram ait été sérieusement inondé, il n'y a pas eu un seul blessé. On a sauvé les patients du petit hôpital de l'ashram qui ne pouvaient pas se lever.

Le darshan devait se dérouler dans l'auditorium comme tous les week-ends. Mais Amma avait, à la dernière minute, décidé de donner le darshan ailleurs. Elle avait demandé qu'il ait lieu dans l'ancien hall de prières construit un étage et demi au-dessus du niveau du sol. En conséquence, aucun enfant ne se trouvait dans le grand espace ouvert de l'auditorium situé au niveau de la mer. Et c'est parce qu'Amma avait également reporté la date de la remise des pensions (qui se passe également à l'auditorium), que les neuf mille femmes pauvres qui en bénéficient n'ont pas été cueillies de plein fouet au plus fort de la catastrophe au moment où l'eau s'engouffrait dans l'ashram.

Quand je songe à cet enchaînement miraculeux de circonstances qui a permis d'éviter de justesse tant de catastrophes, je ne peux m'empêcher de me souvenir du Seigneur Krishna soulevant le Mont Govardhana au-dessus des têtes des gens de son village d'enfance pour les protéger du déluge. Tout s'est passé comme si Amma avait pris chaque personne, et dans ce cas précis, chaque animal également, et l'avait maintenu au-dessus du déferlement des eaux en furie. Qu'est-ce que c'est si ce n'est pas la grâce divine ?

Amma a refusé de quitter l'ashram avant que tout le monde ait été évacué. Si elle a accepté de s'en aller, c'est seulement parce que certains disciples ne seraient pas partis non plus si elle était restée. Elle a finalement traversé la lagune et rejoint le continent un peu après minuit. On voyait bien qu'elle n'avait rien pris de la journée, pas même bu tant elle avait les lèvres toutes gercées. Quand un brahmachari lui a demandé de boire quelque chose, elle a simplement répondu : « Comment pourrais-je avaler de l'eau alors que tant de gens sont morts ? »

Quand nous avons fait une ou deux choses de bien, nous sommes toujours prêts à nous reposer en nous disant : « J'ai fait ma bonne action pour la journée », mais quoi que puisse faire Amma pour les autres, elle a le sentiment que ce n'est jamais assez.

Il y a de cela quelques années, pendant une courte période, Amma portait une sorte d'attelle en plastique pour renforcer son poignet durant le darshan. Un jour, tout à coup elle a enlevé cette attelle et a continué à donner le darshan sans jamais plus la remettre. Un des brahmacharis lui a demandé pourquoi elle l'avait ôtée, et Amma a expliqué : « Quand Amma donne le darshan, il faut qu'elle touche les dévots de la main pour qu'ils ressentent un lien avec Amma et qu'ils reçoivent son affection maternelle. Une attelle en plastique entre la main d'Amma et eux les empêche d'avoir cette sensation. » Amma est toujours prête à oublier sa propre souffrance par amour pour les autres. En fait, elle ne porte plus jamais rien pour lui maintenir le poignet.

Dans le *Viveka Chudamani, le Fleuron du Discernement*, Shankaracharya déclare : « Les mahatmas ont traversé le terrible océan de la naissance et de la mort. Sans aucune raison ni attente particulière, ils aident les autres à le traverser aussi. » Leur compassion n'est pas le fruit d'une décision logique ni motivée par l'intérêt. Ils agissent ainsi simplement par compassion infinie pour nous.

Lorsqu'on a demandé sans détour à Amma pourquoi elle a consacré sa vie à essuyer les larmes de l'humanité souffrante et à l'élévation spirituelle des êtres, elle s'est contentée de hausser les épaules en disant : « C'est comme si on demandait à la rivière pourquoi elle coule ou au soleil pourquoi il brille. C'est leur nature. Ils ne peuvent pas faire autrement. »

Amma ne sent jamais qu'elle en a assez fait pour ses enfants. Même avant le tsunami, Amma travaillait plus dur et plus long-temps que quiconque dans toute l'histoire de l'humanité, se consacrant à élever le niveau spirituel et matériel du plus grand nombre de gens possible, voire, semble-t-il parfois, de l'humanité tout entière.

Même si presque tout le monde a déjà oublié le tsunami et ses victimes, Amma dit que ses pensées sont encore pleines des souffrances et des besoins de ceux qui ont été touchés par la catastrophe. La majorité des gens sont persuadés qu'après un long darshan, Amma regagne sa chambre pour s'allonger et se reposer. Mais la vérité, c'est que la plupart du temps, elle ne se repose pas du tout.

Pendant la tournée des États-Unis en 2005, six mois après le désastre, un soir de Dévi Bhava, le darshan s'est déroulé de dix-huit heures trente jusqu'au lendemain midi. Et pourtant, quand Amma a terminé, elle est partie directement dans sa chambre pour passer quatre heures au téléphone à s'entretenir avec les résidents de l'ashram qui coordonnaient les secours portés aux réfugiés du tsunami.

Durant les mois qui ont suivi la catastrophe, certains brahmacharis ont remarqué en plaisantant que pour attirer l'attention d'Amma, il fallait commencer sa phrase par le mot « tsunami ». À propos de son dévouement pour toutes ces personnes touchées par le tsunami qu'elle a prises sous son aile, au Kérala, au Tamil Nadou, à Pondicherry, aux Îles Andaman et Nicobar, et à Sri Lanka, Amma a dit qu'elle ne serait satisfaite que lorsque les victimes auraient retrouvé un foyer et pourraient reprendre une vie normale.

Au moment où j'écris cela, en août 2005, l'ashram d'Amma est la seule institution en Inde qui ait donné leur nouveau logement aux victimes du tsunami. Le tsunami a vraiment été une tragédie terrible qui a brisé la vie et l'espoir de beaucoup de gens. Mais sans Amma qui a fait sienne leur souffrance, ces gens n'auraient eu aucune lumière dans leur vie, ni le moindre espoir de retrouver une vie normale. Ainsi, l'une des plus grandes catastrophes que le monde n'ait jamais vues, a attiré la compassion infinie et la grâce illimitée du plus grand mahatma que le monde ait connu.

Ce beau poème décrit la façon dont la grâce divine peut nous combler de manière inattendue :

J'ai demandé à Dieu la force d'accomplir de grandes choses,

Mais j'ai été affaibli pour apprendre à obéir humblement à Dieu.

J'ai demandé la santé pour réaliser des choses très importantes,
Mais il m'a été donné d'être infirme afin de pouvoir faire de meilleures choses.

J'ai demandé la richesse pour être heureux,
Mais j'ai reçu la pauvreté pour devenir plus sage.

J'ai demandé la puissance pour recevoir les louanges des hommes,
Mais j'ai reçu la faiblesse pour que je ressente le besoin de Dieu.

J'ai tout demandé pour savourer la vie,
Mais j'ai reçu la vie pour tout savourer.

Je n'ai rien obtenu de ce que j'avais demandé,
Mais j'ai reçu tout ce que j'espérais.
Presque malgré moi, les prières que je n'avais pas exprimées ont été exaucées.

De tous les êtres humains, je suis celui qui a reçu les plus grandes bénédictions.

La vie nous fait toujours des cadeaux. Le problème, c'est de savoir si nous sommes capables ou pas de les apprécier en tant que tels. Amma affirme : « Dieu est là, le guru est là, et la grâce est là en permanence. Vous disposez de toutes les facultés nécessaires pour le savoir et en faire l'expérience. Vous avez une carte et les paroles du guru vous indiquent le chemin à suivre. La brise de la grâce du guru souffle tout le temps. La rivière de son être divin coule constamment, et le soleil de sa connaissance brille continuellement. Il a fait sa part du travail. Il l'a finie il y a très longtemps. »

Maintenant, c'est à nous de faire notre part. Nous nous trouvons toujours sous une pluie de grâce divine. Il ne tient qu'à nous de nous ouvrir à cette grâce et de permettre à notre cœur de s'épanouir dans l'amour divin, ou bien au contraire de sombrer toujours plus profondément dans l'égoïsme, l'illusion et le désespoir.

C'est la grâce qui nous permet de rencontrer un maître spirituel. C'est la grâce qui nous permet de reconnaître un maître quand nous sommes en sa présence. Par la grâce d'Amma, la plupart d'entre nous sommes capables d'appréhender au moins un peu de sa divinité et de sa grandeur. Si nous gardons à l'esprit cette divinité et que nous nous ouvrons à elle en accomplissant de bonnes actions et en cultivant l'innocence d'un cœur d'enfant, notre vie recevra assurément de grandes bénédictions, et deviendra plus paisible et plus enrichissante. Il ne peut en être autrement. Puisse Amma nous bénir tous !

Glossaire

Adharma – Iniquité. Ce qui détourne de l'harmonie naturelle.

Advaita – Traduction littérale : « pas deux. » Fait référence au non-dualisme qui est le principe fondamental du Védanta, la philosophie spirituelle la plus élevée du Sanatana Dharma.

Amrita Kutiram – Projet du Mata Amritanandamayi Math qui a pour but de fournir des logements gratuits aux familles très pauvres. À ce jour, il a été construit et alloué plus de trente mille maisons dans toute l'Inde.

Amrita Vidyalayam – Écoles maternelles primaires et secondaires créées et gérées par le Mata Amritanandamayi Math et qui s'emploient à prodiguer une éducation reposant sur les valeurs humaines et spirituelles. Aujourd'hui, il existe plus d'une cinquantaine d'écoles Amrita Vidyalayam réparties dans toute l'Inde.

Amritapuri – Le siège international du Mata Amritanandamayi Math situé en Inde dans le village natal d'Amma au Kérala.

Amritavarsham 50 – Des chefs d'entreprise, des militants pour la paix, des éducateurs, des chefs spirituels, des écologistes du monde entier, des leaders politiques et des artistes de premier plan sont venus de toute l'Inde pour assister à ces quatre jours de fêtes, ainsi que plus de deux cent mille participants par jour ; parmi eux, des représentants de chacun des 191 pays de l'ONU.

Archana – Mot couramment utilisé pour désigner la récitation des 108 ou des 1000 noms d'une déité particulière. (Par exemple : Le Lalita Sahasranama).

Arjuna – Grand archer, l'un des héros de l'épopée du Mahabharata. C'est à Arjuna que Krishna s'adresse dans la Bhagavad Gita.

Asana – Tapis de méditation.

Asura – Démon.

Atman – Le Soi ou la Conscience.

AUM – (également : « OM ») Selon les Écritures védiques ; c'est le son primordial de l'univers et la source de toute la création. Tous les autres sons émanent du OM et y retournent.

Avatar – Incarnation divine. De la racine sanscrite « ava-tarati » qui signifie « descendre ».

Avil – Flocons de riz.

Bhagavad Gita – « Le Chant du Seigneur. » Les enseignements prodigués par le Seigneur Krishna à Arjuna au début de la Guerre du Mahabharata. Il s'agit d'un guide pratique pour faire face à une crise éventuelle dans notre vie personnelle ou sociale ; il présente l'essence de la sagesse Védique.

Bhajan – Chant dévotionnel.

Bhakti – Dévotion, service et amour pour le Seigneur.

Bhava – Attitude intérieure ou état.

Bhiksha – Aumône.

Bhishma – Patriarche des Pandavas et des Kauravas. Bien qu'ayant combattu du côté des Kauravas pendant la guerre du Mahabharata, c'était un défenseur du dharma et il se sentait solidaire des vainqueurs, les Pandavas.

Brahmachari – Disciple homme ayant fait vœu de célibat et qui fait des pratiques spirituelles sous la direction d'un maître. (Brahmachari ni est l'équivalent pour les disciples femmes.)

Brahmacharya – Célibat et contrôle des sens en général.

Brahman – La Vérité ultime au-delà de tout attribut. C'est également le substrat omniscient, omnipotent et omniprésent de l'univers.

Brahmane – La caste des prêtres en Inde.

Brahmasthanam (Temple) – Ces temples uniques en Inde sont nés de l'intuition divine d'Amma ; ils sont ouverts à tous sans distinction d'appartenance religieuse. L'icône centrale a quatre faces, montrant Ganesha, Shiva, Dévi et le Serpent (Rahu), soulignant ainsi l'unité des multiples aspects du Divin. À ce jour, il existe 17 temples Brahmasthanam situés dans toute l'Inde ainsi qu'un à l'Île Maurice.

Damam – Contrôle des sens.

Darshan – Se trouver en présence d'un saint ou vision du Divin.

Daya – Compassion.

Dévas – Êtres célestes.

Dévi – Déesse. La Mère Divine.

Dévi Bhava – « Aspect ou attitude de Dévi. » État par lequel Amma révèle son unité et son identité avec la Mère Divine.

Dharma – En sanskrit, dharma signifie « ce qui soutient (la création) ». Plus couramment, c'est l'harmonie de l'univers. Parmi les autres sens : droiture, devoir et responsabilité.

Draupadi – Épouse des Pandavas.

Duryodhana – L'aîné des cent frères Kauravas qui a usurpé le trône dont Yudhishthira, le frère aîné des Pandavas était l'héritier présomptif. La haine que Duryodhana portait aux Pandavas et son refus de leur accorder la moindre terre, pas même un brin d'herbe, a rendu la guerre du Mahabharata inévitable.

Gopi – Les gopis étaient les jeunes laitières qui vivaient dans le village de Brindavan où Krishna a passé son enfance. Ferventes dévotes de Krishna, elles incarnent l'amour brûlant pour Dieu.

Gurukula – Littéralement : « Le clan du guru. » École traditionnelle où les enfants vivent avec leur guru. Celui-ci leur enseigne les Écritures et les matières académiques tout en leur inculquant des valeurs spirituelles.

Homa – Culte rendu au moyen d'un feu.

Japa – Répétition d'un mantra.

Jiva ou Jivatman – L'âme individuelle. Selon l'Advaita Védanta, le jivatman n'est pas une âme individuelle et limitée. Elle forme un tout avec le Paramatman, ou Brahman, c'est à dire l'Âme Suprême unique qui constitue la cause tout à la fois matérielle et intelligente de l'univers.

Jnana – Connaissance.

Kaimanis – Petites cymbales.

Karma – Actions conscientes. Également la chaîne des effets produits par nos actions.

Kauravas – Les cent enfants du Roi Dhritarashthra et de la Reine Gandhari. L'inique Duryodhana était l'aîné. Les Kauravas étaient les ennemis de leurs cousins, les bons Pandavas contre lesquels ils se sont battus dans la Guerre du Mahabharata.

Krishna – Principale incarnation de Vishnu. Il est né dans une famille royale, mais a été élevé par des parents adoptifs. Dans sa jeunesse, il a été pâtre à Brindavan où ses compagnons, les gopis et les gopas, l'adoraient. Plus tard, Krishna a fondé la ville de Dwaraka. C'était l'ami et le conseiller de ses cousins, les Pandavas et surtout d'Arjuna, dont il a conduit le char pendant la guerre du Mahabharata, et à qui il a révélé son enseignement : la Bhagavad Gita.

Krishna Bhava – « Attitude, aspect, état divin de Krishna. » État par lequel Amma a révélé son unité et son identité avec Krishna. Au début, Amma donnait le darshan du Krishna Bhava juste avant celui du Dévi Bhava. Pendant le Krishna Bhava, elle ne s'identifiait pas aux problèmes des dévots qui venaient au darshan, elle gardait une position de témoin. Elle a senti que dans le monde actuel, les hommes avaient surtout besoin de l'amour et de la compassion de Dieu sous la forme de la Mère divine. Elle a donc cessé en 1985 de donner le darshan du Krishna Bhava.

Kurukshetra – Le champ de bataille où s'est déroulée la Guerre du Mahabharata.

Lalita Sahasranama – Les mille noms de la Mère Divine. Récités quotidiennement dans tous les ashrams et centres d'Amma et par les dévots réunis en groupe ou bien individuellement chez eux.

Lila – Jeu divin.

Lokah samastah sukhino bhavantu – Mantra pour la paix et l'harmonie qui signifie : « Puissent tous les êtres de tous les mondes être heureux ! » Les disciples et les dévots d'Amma le récitent quotidiennement partout dans le monde.

Mahabharata – L'une des deux grandes épopées de l'histoire indienne, la deuxième étant le Ramayana. C'est un grand traité sur le dharma. L'histoire raconte principalement le conflit des bons Pandavas aux prises avec les iniques Kauravas et la grande bataille de Kurukshetra. Avec ses cent mille vers, il s'agit du plus long poème épique au monde écrit environ 3 200 ans avant J.C. par le sage Véda Vyasa.

Mahatma – Littéralement : « Grande âme ». De nos jours, on donne à ce terme un sens plus large, mais dans cet ouvrage, le mot mahatma représente celui qui est établi dans la conscience de son unité avec le Soi Universel (ou Atman).

Mala – Rosaire.

Mananam – Réflexion. Deuxième des trois étapes du processus qui mène à la Réalisation du Soi tel qu'il est exposé dans le Védanta.

Mata Amritanandamayi Dévi – Nom monastique officiel d'Amma qui signifie Mère de la béatitude immortelle, souvent précédé de Sri pour exprimer son caractère auspicieux.

Maya – Illusion. Selon l'Advaita Védanta, c'est à cause de Maya que le jivatma commet l'erreur de s'identifier au corps, au mental et à l'intellect, et non pas au Paramatman, sa véritable identité.

Minakshi Dévi – Forme de la Mère Divine consacrée dans le célèbre temple de Madurai.

Nidhidhyasanam – Contemplation. La dernière des trois étapes du processus qui mène à la Réalisation du Soi tel qu'il est exposé dans le Védanta.

Nirguna – Sans Forme.

Pada puja – C'est un rituel pendant lequel on lave les pieds du Guru, ou ses sandales, en signe d'amour et de respect. Ce rituel se fait habituellement en versant de l'eau pure, du yaourt, du beurre clarifié, du miel et de l'eau de rose.

Pandavas – Les cinq fils du Roi Pandu, héros de l'épopée du Mahabharata.

Payasam – Dessert sucré à base de riz ou de vermicelles et de lait, avec des noix de cajou...

Puja – Rituel où l'on vénère une déité.

Prarabdha – Fruits des actions accomplies au cours des vies antérieures dont nous sommes destinés à faire l'expérience dans cette vie-ci.

Prasad – Offrande ou don béni, souvent de la nourriture, venant d'un saint ou d'un temple.

Rama – Héros divin de l'épopée du Ramayana. Une des incarnations du Seigneur Vishnu, il est considéré comme l'idéal du dharma et de la vertu.

Ravana – Puissant démon. Vishnu s'est incarné sous la forme du Seigneur Rama dans le but de supprimer Ravana et de restaurer ainsi l'harmonie du monde.

Rishi – Voyant ou sage ayant réalisé le Soi et qui a la faculté de percevoir les mantras.

Sadhana – Pratique spirituelle.

Saguna – Avec forme.

Sakshi Bhava – Attitude de celui qui reste témoin du corps, du mental et de l'intellect.

Samadhi – Unité avec Dieu. État transcendantal dans lequel on perd tout sens d'identité individuelle.

Samsara – Cycle de la naissance et de la mort.

Sanatana Dharma – « L'éternel mode de vie. » Nom traditionnel d'origine de l'hindouisme.

Sankalpa – Résolution divine.

Sannyasin – Moine qui a pris les vœux officiels de renoncement (sannyasa). Traditionnellement, le sannyasin s'habille en ocre, ce qui signifie que tous ses désirs ont été brûlés et ont disparu.

Satguru – Littéralement : « Maître véritable. » Tous les satgurus sont des mahatmas, mais tous les mahatmas ne sont pas des satgurus. Tout en faisant l'expérience de la béatitude du Soi, le Satguru choisit de descendre au niveau des gens ordinaires pour les aider dans leur croissance spirituelle.

Satsang – Être en communion avec la Vérité Suprême. Également, être en compagnie de mahatmas, assister à une conférence spirituelle, participer à un débat spirituel, et faire des pratiques spirituelles en groupe.

Séva – Service désintéressé, dont on offre le fruit à Dieu.

Shankaracharya – Mahatma qui a, grâce à ses ouvrages, rétabli la suprématie de la philosophie de l'Advaita, ou non–dualité, à une époque où le Sanatana Dharma était en déclin.

Shiva – Vénéré comme le premier et le plus grand dans la lignée des gurus, et comme le Sans-Forme, le substrat de l'univers, en relation avec la créatrice Shakti. Seigneur de la destruction (de l'ego) dans la trinité de Brahma (Seigneur de la création), Vishnu (Seigneur de la préservation) et Shiva. Il est souvent représenté comme un moine tout enduit de cendre, avec des serpents dans les cheveux. Il a pour tout vêtement un morceau d'étoffe autour des reins. Il tient un bol de mendiant dans une main et dans l'autre, un trident.

Shruti – « Ce qui s'est transmis oralement de génération en

génération.» Fait référence aux Écritures du Sanatana Dharma, qui jusqu'à une époque récente, se transmettaient selon une tradition orale.

Sita – La sainte épouse de Rama. En Inde, on considère qu'elle représente la femme idéale.

Sravanam – L'écoute. Première des trois étapes du processus qui mène à la réalisation du Soi tel qu'il est exposé dans le Védanta.

Srimad Bhagavatam – Texte dévotionnel qui décrit les diverses incarnations du Seigneur Vishnu et qui détaille plus particulièrement la vie de Sri Krishna. Écrit par le sage Véda Vyasa après qu'il ait achevé le Mahabharata.

Sudhamani – Nom que ses parents ont donné à Amma à la naissance et qui signifie « Joyau d'ambroisie. »

Tapas – Ascèse, pénitence.

Upanishad – La portion des Védas qui traite de la philosophie du non–dualisme.

Vairagya – Détachement. Particulièrement le détachement de tout de qui est éphémère, c'est-à-dire la totalité du monde visible.

Vasana – Tendance latente ou désir subtil dans le mental qui se manifeste sous forme d'action et d'habitude.

Védanta – « La fin des Védas. » Cela fait référence aux Upanishads qui traitent de Brahman, la Vérité Suprême et de la voie qui mène à la réalisation de cette Vérité.

Védantin – Celui qui met en pratique la philosophie du Védanta.

Védas – Les plus anciennes de toutes les Écritures. Les Védas ne sont pas l'œuvre d'un auteur humain. Elles ont été révélées aux Rishis de l'Antiquité au cours de leurs profondes méditations. Les mantras qui composent les Védas sont toujours présents dans la création sous forme de vibrations subtiles ; les Rishis étaient si profondément absorbés dans le Soi qu'ils arrivaient à percevoir ces mantras.

Vishwarupa – Forme cosmique.

Vivéka – Discernement. Plus particulièrement le discernement entre l'éphémère et le permanent.

Vivéka Chudamani – Le Fleuron du Discernement. Texte qui peut servir d'introduction au Védanta, écrit par Adi Shankaracharya. Il est recommandé de l'étudier avant d'aborder les Upanishads.

Yagna – Sacrifice, dans le sens où l'on offre quelque chose pendant le culte ou bien on accomplit une action pour notre bénéfice personnel autant que pour la communauté.

Yoga – « Unir ». Union avec l'Être Suprême. Au sens large, il s'agit des diverses méthodes pratiques par lesquelles on peut atteindre l'unité avec le Divin. Chemin qui mène à la Réalisation du Soi.

Yogi – Pratiquant ou adepte du Yoga.

Yudhishthira – L'aîné des cinq Pandavas ; héritier légitime du trône des Kurus qui avait été usurpé par le méchant Prince Duryodhana. On dit de Yudhishthira qu'il était l'incarnation humaine du principe du dharma.